PROTECTION INTERNATIONALE

des

Œuvres Littéraires et Artistiques

Protection Internationale

des

Œuvres Littéraires

ET ARTISTIQUES

ÉTUDE DE LÉGISLATION COMPARÉE

PAR

LOUIS RIVIÈRE

AVOCAT A LA COUR D'APPEL
DOCTEUR EN DROIT

PARIS

ANCIENNE LIBRAIRIE THORIN ET FILS
A. FONTEMOING, Éditeur
LIBRAIRE DES ÉCOLES FRANÇAISES D'ATHÈNES ET DE ROME
DU COLLÈGE DE FRANCE, DE L'ÉCOLE NORMALE SUPÉRIEURE
ET DE LA SOCIÉTÉ DES ÉTUDES HISTORIQUES
4, RUE LE GOFF, 4
1897

AVANT-PROPOS

*Plus que jamais, la protection littéraire et artistique
est à l'ordre du jour. Grâce à l'initiative d'hommes émi-
nents, un mouvement d'idées puissant s'est produit dans
la seconde moitié de ce siècle : d'interne et privée, la question est devenue internationale, et en quelque sorte universelle. La Conférence de Berne tenue en 1886 a fait
pour notre cause ce que les années précédentes avaient vu
réalisé dans le domaine économique et industriel. Elle
nous a donné le spectacle encourageant et consolant de
peuples rivaux unis dans une œuvre de justice et de paix
tendant à faire reconnaître et respecter des droits impres-
criptibles, sans distinction de pays, sans égard aux frontières. Une telle œuvre menée à bien suppose des travaux et des efforts antérieurs ; elle se rattache à tout
un passé. Il faut connaître ce passé, si l'on veut comprendre et apprécier ce qu'il a engendré.*

*Le but de cette étude, qui vient après tant d'autres,
érudites et compétentes, est de grouper et condenser tout
ce qui se rattache essentiellement, tant au point de vue
spéculatif qu'au point de vue historique, à la protection*

internationale des droits des auteurs ; rechercher le fondement, la nature et la portée de cette protection ; puis comparer aux idées théoriques les résultats acquis, en suivant pas à pas les progrès marqués et les étapes franchies.

L'année qui vient de finir a apporté une pierre nouvelle à l'édifice que nous allons explorer : la Conférence internationale de Paris a modifié et perfectionné la Convention de Berne. Nous pourrons, un des premiers, en donner une analyse spéciale.

Janvier 1897.

BIBLIOGRAPHIE

ACCOLAS. *De la Propriété littéraire,* 1888.

Actes des Conférences internationales tenues à Berne pour la protection des œuvres littéraires et artistiques en 1884, 85 *et* 86. *Berne,* 1884, 85 *et* 86.

Annales de la propriété industrielle, littéraire et artistique, 1855-93.

BATBIE. *Traité du Droit public et administratif.*

BÉLIME. *Philosophie du Droit.*

BENOIDT et DESCHAMPS. *Commentaire législatif de la loi du 22 mars 1886 sur le droit d'Auteur.*

BERTRAND. *Thèse de Doctorat,* 1896.

BLANC. *De la Contrefaçon en tous genres,* 1855.

Bulletin de l'Association littéraire et artistique internationale.

CALMELS. *De la propriété et de la Contrefaçon des œuvres de l'intelligence,* 1857.

CATTREUX. *Etude sur le droit et la propriété des œuvres dramatiques et musicales,* 1883, *Bruxelles.*

CHARPENTIER. *De la prétendue propriété littéraire.*

CONSTANT. *Code des Théâtres,* 1876.

CLUNET. *Etude sur la Convention d'Union internationale,* 1887.

DALLOZ. *Jurisprudence générale (périodique).*

Darras. *Des droits intellectuels. T. I : Du Droit des auteurs et des artistes dans les rapports internationaux*, 1887.

Droit d'auteur, organe officiel du Bureau de l'Union internationale, 1888-96.

Dupré. Lasale. *Discours et réquisitoires.*

Fliniaux. *Essai sur les droits des auteurs étrangers en France*, 1879.

France judiciaire : Etudes juridiques, 1877-96.

Franck. *Philosophie du droit civil.*

Gastambide. *Historique et Théorie de la propriété des auteurs.* 1862.

Gazette des Tribunaux, 1825-96.

Hélie et Chauveau. *Théorie du code pénal*, 1887.

Hérold. *Sur la perpétuité de la propriété littéraire*, 1862.

Hetzel. *La propriété littéraire et le domaine public payant.*

Huard et Mack. *Répertoire de legislation, doctrine et jurisprudence en matière de propriété littéraire et artistique*, 1891.

Journal du Droit international privé (Clunet), 1874-96.

Journal des Economistes, 1842-96.

Laboulaye. *Etude sur la propriété littéraire en France et en Angleterre*, 1858.

Lacan et Paulmier. *Législation et jurisprudence des Théâtres*, 1853 ; 2 vol.

Laurent. *Le Droit civil international.*

Lyon-Caen et Delalain. *Lois françaises et étrangères sur la propriété littéraire et artistique, suivies des conventions internationales conclues par la France pour la protection des œuvres de littérature et d'art*, 1889 ; 2 vol. Supplément, 1896.

Maillard. *Examen des travaux de la Conférence de Paris de 1896. (Publié par l'Association littéraire et artistique internationale).*

MASSÉ. *Le droit commercial dans ses rapports avec le droit des gens et le droit civil*, 1874.

MORILLOT. *De la personnalité du droit de copie*, 1872.

NION. *Droits civils des auteurs, artistes et inventeurs*, 1846.

Nouvelle Revue, 1877-96.

PAQUY. *Thèse de Doctorat*, 1884.

PASSY, MODESTE et PAILLOTTET. *De la propriété intellectuelle.*

PATAILLE. *Annales* (*vid. supra.*)

PATAILLE et HUGUET. *Code international de la propriété industrielle, artistique et littéraire*, 1865.

POUILLET. *Traité théorique et pratique de la propriété littéraire et artistique et du droit de représentation*, 1894.

POINSARD. *Etudes de droit international conventionnel*, 1894.

PROUDHON. *Les Majorats littéraires*, 1863.

RAUTER. *Droit criminel.*

RENAULT (Louis). *De la propriété littéraire et artistique au point de vue international*, 1878,

Rapport présenté à la Conférence de Paris au nom de la Commission par la délégation française, 1896.

RENDU et DELORME. *Traité pratique du droit industriel*, 1855.

RENOUARD. *Traité des droits d'auteurs*, 1838 ; 2 vol.

Revue critique, 1851-96.

Revue du droit international public, 1895-96.

Revue générale du droit.

Revue pratique, 1856-96.

SERRIGUY. *Traité du droit public des Français*, 1846.

SIREY. *Recueil général des lois et arrêts* (*périodique*).

SOLDAN. *L'Union internationale pour la protection des œuvres littéraires et artistiques, commentaire de la Convention de Berne*, 1888.

VAUWERMANS. *Du droit des auteurs en Belgique.*

VILLEFORT. *De la propriété littéraire et artistique au point de vue international*, 1854.

WALTER. *Système du droit privé allemand*, 1855.

WEISS. *Traité du droit international privé ; T. II : le Droit de l'étranger.*

WORMS. *Etude sur la propriété littéraire*, 1878, 2 vol.

DE LA
PROTECTION INTERNATIONALE

DES

ŒUVRES LITTÉRAIRES ET ARTISTIQUES

CHAPITRE I

ETUDE THÉORIQUE SUR LE DROIT D'AUTEUR.

§ I.

Avant d'aborder un sujet aussi complexe que l'étude de la protection internationale de l'œuvre littéraire et artistique, il nous a paru bon de poser les bases de cette protection ; avant d'envisager le point de vue particulier, d'émettre la théorie générale d'où ressortiront d'elles-mêmes les solutions recherchées. S'entendre sur le point de départ, c'est fermer la voie à bien des discussions et à bien des controverses.

Etablissons donc la légitimité du droit quelconque que peut avoir un auteur sur son œuvre, en montrant l'origine et le fondement de ce droit.

Ce fondement semble double ; il réside d'abord dans la personnalité de l'auteur : de même que tout homme

a droit au respect de cette personnalité, de même il peut
faire respecter tout ce qui en est l'émanation volontaire.

La seconde considération consiste dans le travail et
le service rendu. Le travail fourni par l'écrivain ou par
l'artiste est indéniable, et il équivaut certes, bien que la
sphère soit différente, au travail de l'artisan ou de
l'ouvrier ; or, n'est-ce pas une idée ancienne, et vieille
comme le monde, que d'assurer une récompense à tout
labeur ? Cette récompense, que nul ne songe à contester
au travailleur manuel, de quel droit la refuser au travailleur intellectuel, dont l'ouvrage n'est pas une transformation, mais en quelque sorte une création ? Pourquoi les manifestations de l'esprit humain seraient-elles
soumises à un régime d'exception, et déclarées hors la
loi ? — Parce que la sphère est plus élevée, la protection ne saurait-elle monter jusque-là ?

L'auteur est un travailleur : il doit donc être rémunéré.

En outre, le rôle de l'écrivain ou de l'artiste au sein
de la société est considérable. Les produits intellectuels
d'une nation constituent sa richesse autant que ses produits matériels. Ce sont les penseurs qui alimentent la
source où viennent s'abreuver les esprits ; et la chute
morale d'un peuple ainsi que sa déchéance sociale ont
toujours marché de pair avec sa décadence intellectuelle. Sans doute, toutes les manifestations de l'esprit
ne sont pas également bonnes : il en est infiniment de
médiocres ; il en est beaucoup de néfastes. Nul n'a jamais songé à trouver le bien ni l'utile dans les œuvres

du marquis de Sade ni dans certaines éditions belges ou hollandaises. Mais ce fait, tout contingent, ne nous atteint pas. Dans toute théorie, il faut considérer la substance et l'ensemble, non la forme et le détail. Or, l'on ne peut nier que, vue en général et dans son essence, la production intellectuelle n'apprenne à l'homme à penser et à sentir, qu'elle ne l'élève au-dessus de lui-même, qu'elle ne lui procure les jouissances les plus délicates et les plus désintéressées : cela suffit pour qu'elle constitue un bienfait (1). Et la règle ainsi engendrée ne peut s'arrêter à des cas particuliers (2). La société est donc vis-à-vis de l'auteur dans la situation d'un débiteur envers son créancier, ou, tout au moins, d'un obligé envers son bienfaiteur ; or, là où il y a dette contractée, il y a droit à remboursement ; là où il y a service rendu, il y a lieu à retour. Si donc la société n'acquitte sa dette, ne reconnaît le bienfait par la protection qu'elle peut et doit accorder, elle enfreint par là-même le principe éternel de justice distributive, qu'elle devrait être la première à pratiquer envers ses enfants.

L'auteur est un bienfaiteur, il doit donc être traité comme tel (3).

---

(1) « Un livre est un écrit par lequel l'auteur adresse la parole au pu- « blic,... c'est un service qu'il rend à la société en lui communiquant ses « pensées. » KANT, cité par RENOUARD, t. I, p. 457.

« Les difficultés s'évanouissent si, renonçant à confondre les idées pour « agrandir les mots, on consent à reconnaître dans la publication d'un livre « ce qu'il est si beau, si facile, si satisfaisant d'y voir : un service rendu ». *Id.*, p. 472.

(2) V. POUILLET, p. 38. GASTAMBIDE, p. 49.

(3) « L'auteur a droit à recevoir de la société un juste prix de son ser-

D'après l'avis commun, ce double principe engendre pour l'auteur deux droits distincts : le droit moral et le droit pécuniaire.

Le droit moral porte sur l'essence de la production, et se dédoublant lui-même, permet d'une part à l'auteur d'exiger que nulle atteinte ne soit portée à l'identité de son œuvre, tandis que, d'autre part, il le laisse libre de modifier, transformer, ou même supprimer le fruit de ses travaux : qui a créé peut détruire (1) ; c'est la reconnaissance de l'idée de personnalité.

Le droit pécuniaire — sous quelque forme qu'il s'exerce — est le profit exclusif que l'auteur peut, sous certaines conditions, retirer de la publication de son ouvrage. C'est la sanction de l'idée de travail et de service résidu.

« vice ». — « Récompensez les auteurs : payez leur la dette sociale. — « Priver un travailleur quelconque de son salaire, c'est toujours une « injustice. En priver un auteur, le premier des travailleurs, l'artisan du « premier des biens de l'humanité, d'une circulation des idées plus étendue, « plus rapide, plus complète, ce serait une ingratitude ; ce serait, par le « plus imprévoyant des calculs, frapper de stérilité la mine la plus abon- « dante des richesses, la source de toutes les richesses ; ce serait un trouble « social ». RENOUARD. t. I, p. 457 et 460.

V. en ce sens MORILLOT, p. 127 et 145. — De BORCHGRAVE (Benoidt et Deschamps, p. 54). — Contre : DARRAS, p. 5, *note*. — MASSÉ, t. III, n° 1417, p. 595. — DUPRÉ LASALLE, p. 117.

(1) V. MORILLOT, p. 108 et suiv. L'on a nié ce droit à l'auteur, en disant qu'il livre en quelque sorte son ouvrage par le fait de la publication et qu'il ne lui appartient plus de le retirer. C'est méconnaître la personnalité de l'auteur, et la responsabilité qu'elle engendre sur l'œuvre qui en émane ; celui qui a la responsabilité morale et pénale de son travail qui, seul en supporte le discrédit, doit pouvoir le modifier, le mettre en harmonie avec ses idées et ses convictions actuelles ; le faire disparaître, si besoin est. C'est un sophisme que de prétendre que la publication est une concession. Où donc est le contrat la constatant ? La mise au jour d'une œuvre, bien loin

Toutefois, il nous faut apporter un correctif à cette manière de voir. Nous admettons naturellement les deux droits indiqués ; mais nous devons leur refuser toute existence distincte, séparée, du moins en ce qui concerne le droit pécuniaire. En effet, les deux éléments vitaux sont indissociables : le premier, seul, ne régirait que le point de vue moral — et dans le domaine pratique, ce serait peu pour l'auteur ; le second, par lui-même, ne vaudrait même pas au point de vue pécuniaire, car pour être rémunéré, le travail doit être libre et personnel (1). Puisque donc tout dépend de la reconnaissance du droit moral, l'on peut dire qu'au point vue absolu, seul il existe. Dans le monde des idées, le principe générateur doit être exclusivement pris en considération : qui connaît la lumière connaîtra ses reflets.

Nous prévoyons les objections à notre système. — Dans l'antiquité — nous dira-t-on d'abord, — le droit moral seul était connu : il a donc une existence séparée. Que l'on remarque d'abord que c'est pour le droit pé-

de consacrer un droit, en serait au contraire l'extinction : singulière consé- quènce. L'on admet en général cette faculté pour l'auteur aussi longtemps qu'il a un droit de jouissance privative sur son œuvre. Pour l'auteur seul, disons-nous, car ses héritiers on ayants-cause, simples détenteurs du droit, n'étant pour rien dans la production, n'ayant aucune part de responsabilité, ne sauraient sans danger avoir dans les mains une arme aussi redoutable.

(1) V. a ce propos Franck :

« Ce n'est pas assez de dire que la propriété se justifie par le travail, il « faut ajouter que le travail lui-même se justifie et devient digne de respect « par la liberté ; il n'y a que le travail libre qui se distingue du travail « aveugle et forcé de l'animal » (*Compte rendu des séances et travaux de l'Académie des Sciences morales et politiques*, t. CXXV, p. 361) cité par Darras, p. 33, note 1.

cuniaire que nous nions toute individualité propre. Ensuite, nous répondrons qu'alors, ce dernier droit étant inconnu, il ne pouvait être question d'associer ou de séparer deux choses dont l'une n'existait pas.

Le droit d'auteur — invoquera-t-on en outre — passe aux héritiers ; or, ceux-ci, de l'avis unanime, ne bénéficient dans son intégrité que du droit pécuniaire : il vaut donc par lui-même. Nous nions précisément, bien que ce soit la formule législative, que le droit d'auteur passe aux héritiers. Dans la disposition de la loi qui leur accorde la jouissance temporaire des œuvres du défunt, nous ne voyons qu'une mesure de faveur et d'humanité — pleinement justifiée — mais sans aucun fondement juridique, le droit de l'auteur étant essentiellement personnel. Il leur est permis d'exploiter une mine qui a appartenu à autrui, dont ils ont l'usufruit ou attendant qu'elle devienne « res communis » mais il ne faudrait pas conclure de ce fait à une transmission, à une appropriation.

Enfin, l'on dira que l'auteur démembre son droit au profit de ses cessionnaires, à qui ne passe pas l'attribut moral. Sans doute, il le démembre ; mais encore faut-il que celui-ci se soit fixé intégralement sur sa tête ; qu'à l'origine, il l'ait possédé plein et en entier. Il importe de ne pas confondre l'existence d'un droit et son exercice.

Certains esprits se sont élevés contre la légitimité de notre droit en considération de ce que l'auteur ne créait rien. Les idées, disent-ils, sont dans le fonds commun des connaissances humaines ; tout le monde peut les exploiter, mais il faut leur refuser toute appropriation individuelle. Quant à la forme, elle consiste dans la langue, qui est l'instrument mis à la disposition de tous.

C'est surtout l'Américain Carey (1) qui s'est fait le champion de cette théorie. Il compare l'auteur à la personne qui irait cueillir des fleurs en un jardin voisin ; elle pourrait jouir du parfum s'exhalant du bouquet, mais ne deviendrait pas pour cela propriétaire des fleurs appartenant à autrui. « Le droit d'un auteur sur le livre qu'il « publie est exactement semblable, et n'est pas plus « grand que celui de l'homme qui cueille les fleurs et « arrange le bouquet (2) ». La boutade est humoristique, et le paradoxe ingénieux ; mais, il ne supporte pas un examen approfondi. Il n'y a pas analogie de situation entre les deux cas ; « l'amateur de jardins » prend le bien d'autrui ; l'auteur, de l'aveu même de nos adversaires, puise en un fonds commun ; pour rendre la comparaison exacte, il faudrait donc supposer les fleurs cueillies en un endroit désert, et n'appartenant à personne. Elles seraient au premier venu par occupation, comme le sont les idées pour l'auteur, et dès lors, les choses, remises au point, se retournent contre celui-là même qui s'en voulait forger une arme.

La réfutation du fond de la théorie n'est pas moins aisée. Sans doute, les idées forment un bien commun,

(1) V. *Letters ou international Copyright*, 1853, 1868.

(2) Cité par DARRAS, p. 7, d'après Ironœus Prime : *International Copyright meeting of authors and publishers ; april 9*, 1868, p. 19.

et qui les exploite ne crée pas — au sens propre du mot (1). Les auteurs mêmes l'ont reconnu. « Tout est dit « et l'on vient trop tard depuis sept mille ans, qu'il y a des hommes, et qui pensent ». (Labruyère, *Caractères*) Musset l'a proclamé.

> « Il faut être ignorant comme un maître d'école.
> « Pour se vanter de dire une seule parole
> « Que personne ici-bas n'ait pu dire avant nous »

Mais, si les idées existent « a principio » si les choses ne changent pas objectivement, est-ce que leur identité subjective, est-ce que la conception que l'on peut en avoir ne varie pas suivant les siècles, les générations, les individus ? et cela n'équivaut-il pas à une création véritable ?

Prenons un exemple dans le domaine artistique ; la faculté de reproduction par le dessin et la couleur existe presque au berceau de l'humanité, et nous la retrouvons dans toutes les civilisations. Mais la peinture n'apparaît guère, comme art séparé, que vers le xve siècle. Jusque là, elle est la tributaire, la parasite de l'architecture qu'elle accompagne, qu'elle complète sans avoir de manifestation isolée. L'art du tableau ne date, à proprement parler, que de la Renaissance, n'y a-t-il pas là une conception nouvelle, une voie jusqu'alors inconnue ou du moins inexplorée ?

Et dans cette voie même, la notion vraie du paysage

(1) V. dans la *France judiciaire* (*Études juridiques*) 1882-83. l'article de M. EDMOND VILLEY, professeur à la Faculté de droit de Caen (p. 212).

n'est-elle pas, au cours de notre siècle, une tendance toute récente remontant à de courtes années. Jusque-là, ce genre n'est pas digne d'être traité à part ; quand il l'est, c'est une chose de convention ; tout est accordé à la composition, à la figuration, rien à la vérité. Ce n'est que d'hier qu'on s'est décidé à regarder la nature, et à la voir telle qu'elle est, simple, vivante et complète par elle-même, et qu'on a su rendre toute l'intensité de cette vie.

Dans toutes ces tentatives, dans tous ces efforts, n'y a-t-il pas autant qu'une création ?

Il en est de même en littérature. La matière première y est-elle tout, et la mise en œuvre ne doit-elle être comptée pour rien ? Quel travail ne faut-il pas au penseur, à l'écrivain, pour assembler les idées, pour les comparer, les éclairer les unes par les unes, et faire de matériaux épars un édifice complet et harmonieux portant le sceau de son originalité. Mais c'est l'auteur qui anime ce qu'il touche, qui fait un être vivant d'un corps inanimé. Et la meilleure preuve en est que le même sujet, pétri par telle main, tombera lourdement à terre, tandis qu'il s'envolera avec des ailes, de telle autre main. Le « Faust » de Goëthe, a été préeédée de dix créations du même genre ; Corneille et Racine ont exploité la même mine dans une de leurs tragédies ; et pourtant « Tite et Bérénice » n'est pas née viable, tandis que nous saluons « Bérénice » comme une œuvre durable. Combien d'auteurs espagnols et de « facchini » italiens avaient, avant Molière, esquissé les types que le génie du « grand maladroit » a immortalisés. Et, de nos jours, la magie évocatrice d'un Flaubert, la verve folle d'un Dumas, l'impeccable correction d'un Renan, la naïveté voulue et l'ironie exquise d'un Anatole France, la mélancolie douce d'un Daudet, la puissante envergure d'un Zola, tout cela n'est-il pas bien à eux ? Où donc est l'emprunt, où le plagiat ?

Si nous passons du fond à la forme, nous voyons qu'elle n'est pas moins particulière à chaque auteur. Aucun style ne ressemble à un autre, car il est le reflet de l'âme de l'écrivain. Sans doute, l'instrument, — la langue, — est le même pour tous, mais le travail d'un ouvrier s'est-il jamais apprécié à son outil ? c'est la façon de l'employer qui fait tout : là réside le talent.

Ce serait, en vérité, nous procurer un triomphe trop facile, que de nous acharner après une théorie qui croule d'elle-même.

Nous ne nous attarderons pas davantage à combattre d'autres doctrines aussi captieuses, et qui prétendent arriver au même résultat par des raisonnements différents. L'une d'elle invoque, pour dessaisir l'auteur de tout droit privatif « la liberté naturelle des professions « industrielles, qui milite en faveur du droit de contre-« façon (1) ». A quoi l'on doit répondre avec Darras (2) « que la liberté n'est pas la licence ; autant l'une est « respectable, autant l'autre est détestable ; la liberté « devient la licence, quand son exercice blesse des droits « légitimes ».

(1) WALTER. *Système du droit privé allemand.* Bonn, 1885. p. 362 ; Revue critique 1860, t. XVI, p. 263, cité par DARRAS.
(2) page 9.

Troisième théorie : Tout acheteur d'un livre, disent ses partisans, en acquiert la pleine propriété ; il a donc, suivant la vieille définition, l'usus — droit de le lire, de s'en servir — et l'abusus — droit de le reproduire, de le modifier, de le détruire. — Voilà certes une trouvaille de génie : assimiler l'œuvre à sa reproduction matérielle, déclarer que non seulement l'acheteur acquiert la propriété de l'exemplaire qu'il a entre les mains, mais que le principe immatériel est devenu sien, qu'il peut s'approprier à sa guise le droit intellectuel (1) ! Il est vrai que certaines idées ne peuvent naître que dans des cerveaux civilisés !

Une légère variante consiste à dire que notre acquéreur pourrait prêter le livre acheté à mille, dix mille personnes, ce qui équivaudrait à une reproduction(2) ». D'abord, il ne le fera pas. Ensuite, le fît-il, il ne porterait atteinte ni au droit moral, ni au droit pécuniaire.

§ II.

Ces sophismes écartés, passons à la définition du droit d'auteur, et cherchons à dégager sa nature juri-

(1) V. là-dessus loi Belge du 22 avril 1886, art. 19 (Lyon-Caen et Delalain, t. I, p. 170). « La cession d'un objet d'art n'entraîne pas cession du droit de reproduction au profit de l'acquéreur ». Et pourtant il s'agit ici d'un objet unique, dont la cession pourrait, à la rigueur, comporter abandon de tout droit, nous pouvons donc raisonner *à fortiori* dans le cas d'une œuvre littéraire, dont les exemplaires peuvent être tirés à l'infini.

(2) Gros Lehrbuch des Naturrechts. P. 167. cité par DARRAS, page 8. — Bélime, Philosophie du Droit, t. II, P. 285.

dique. Nous abordons par là une des controverses les plus fameuses en matière de protection, et dans laquelle se sont entredéchirés ceux-là mêmes qui sont parfaitement d'accord sur les mesures pratiques qu'il importe de prendre. C'est le propre de certaines querelles de passionner d'autant plus qu'elles sont plus vaines et plus stériles, et, qu'au fond, tout le monde s'entend parfaitement.

Le droit de l'auteur est-il un droit réel ? Doit-on pro·noncer le mot de propriété littéraire et artistique, que les uns saluent et acclament comme le principe sauveur, que les autres repoussent et honnissent ?

La question est malaisée à résoudre d'un trait de plume, et de bons arguments militent des deux côtés ; des deux côtés, se rangent des suffrages imposants. Chose bizarre : la propriété est la première forme que l'on ait assignée à la protection alors que celle-ci était toute embryonnaire. Voici ce que dit Chapelier, dans son rapport à l'Assemblée Constituante sur le décret de 1791 (1) : « La plus sacrée, la plus légitime et, si je puis « ainsi m'exprimer, la plus personnelle de toutes les « propriétés, est l'ouvrage, fruit de la pensée de l'écri-« vain ». Écoutons parler Diderot : « L'auteur est pro-« priétaire de son œuvre, ou alors, personne dans la so-« ciété n'est maître de son bien ». Sterne exprime la même pensée avec son humour ordinaire. « Les sueurs qui sortent du front d'un homme sont sa propriété, aussi bien que la culotte qu'il porte ». Voltaire, Séguier,

(1) V. page.

Linguet, Mirabeau, d'Héricourt (1) et, parmi les juristes modernes, Acollas (2), Batbie (3), Franck (4), Laurent (5), etc., se montrent d'un pareil sentiment. A noter un suffrage curieux, celui du prince Napoléon alors prisonnier au fort du Ham (6). Le législateur a même semblé un moment adopter cette formule (7).

Le grand argument des « propriétaristes » si l'on peut ainsi les nommer, est l'assimilation complète du travail intellectuel au travail manuel, pour arriver au même résultat. Dans le premier cas, la propriété devrait même, s'il était possible, être plus entière, plus

(1) Voici ce que dit d'Héricourt : « Quel est le bien qui puisse appar-
« tenir à l'homme, si la portion de lui-même la plus précieuse, celle qui
« ne périt pas, celle qui l'immortalise, ne lui appartient pas ? quelle com-
« paraison entre l'homme, la substance même de l'homme, et le champ
« que, dans les commencements, la nature offrait également à tous, que
« le particulier ne s'est approprié que par la culture (1725) ». Cité par
Darras (p. 26) d'après Eug. Billard : *Du principe de la propriété littéraire*,
Rev. prat. ; T. LIII, p. 438.

(2) p.p. 5, 6, 12.

(3) T. I, p. 463.

(4) p. 334-5.

(5) T. III, pp. 567-8.

V. encore pour la propriété : Pouillet, p. 25 — Pataille et Huguet,
p. 1 et suiv. — Nion, p. 1-25 — Pataille, 1866, P. 132 — Pour la nomenclature complète, V. Darras, p. 28, note.

(6) « Lettre du prince L. Napoléon à Jobart (1844) : « L'œuvre intellec-
« tuelle est une propriété comme une terre, comme une maison : elle
« jouit des mêmes droits, et ne peut être expropriée que pour cause d'uti-
« lité publique. »

(7) V. Lois françaises du 13-19 janvier 1791 et du 19 juillet 1793 ; Décret du 5 février 1810 ; Code pénal de 1810, art. 425 : Décret-loi du
28 mars 1852 ; loi espagnole du 10 janvier 1879 (Lyon-Caen et Delalain,
t. I, p. 15 et 207), etc.

complète, parce qu'aucun des agents naturels, condition
première de l'autre travail, n'apparaît dans celui-ci. De
plus, c'est là, dit-on, la seule façon d'assurer la subsistance et le sort des écrivains et des artistes. Cette théorie a été vivement battue en brèche, et non sans raison.
C'est d'abord une argutie que de s'appuyer sur la terminologie adoptée à l'origine, elle n'avait certes pas
la portée qu'on lui prête ; sans être aussi sévère
qu'une jurisprudence récente, qui la qualifie « d'ex-
« pression en harmonie avec le goût de notre langue
« moderne pour les mots ambitieux et abstraits (1), »
l'on peut dire que, souvent, elle a été employée sans
intention formelle, et ne prétendait pas résoudre un
problème. Si d'ailleurs l'on invoquait ici le vieil argument scholastique du consentement universel, il serait
facile de le rétorquer, car, à l'heure actuelle, la France
est à peu près le seul pays où soit connue la dénomination de « propriété littéraire », et encore a-t-elle été
bannie du domaine législatif (2). — Nous trouvons dans
les pays étrangers les expressions de : *Copyright* (Angleterre) *Urheberrecht* (Allemagne); *Diretti degli autori*
(Italie), etc. Et le courant actuel est tellement dans ce
sens que, lors de la Conférence internationale tenue à

(1) Rapport de M. Lepelletier, conseiller-rapporteur en appel des sieurs
Grus et Gérard d'un jugement du tribunal de la Seine en date du
28 mars 1884.

(2) Le rapport qui précède le décret de 1852, ne parle que du « droit
d'auteur » et la loi du 14 juillet 1866 est le premier texte législatif français
où il ne soit pas question de « propriété » de même dans la loi belge du
22 mars 1886. (V. Lyon-Caen et Delalain, t. I, p. 37 et 43).

Berne en 1884 (1), le gouvernement français ayant proposé l'insertion des mots « propriété littéraire et artistique » la grande majorité des représentants repoussa cette formule comme incorrecte et peu juridique (2).

Car c'est la raison qu'invoquent, au fond, les adversaires de la propriété. Ils voient une incompatibilité entre l'œuvre intellectuelle et la conception même de la propriété. Certes, en principe, celle-ci est engendrée par le travail, et, si l'essence de l'œuvre intellectuelle ne la rangeait au dehors des règles communes, il faudrait lui appliquer ce principe. Seulement, à raison même de son caractère — simple obstacle de fait, empêchement d'ordre contingent — notre œuvre ne semble pas susceptible d'appropriation individuelle. Le droit réel de propriété est, en effet, un droit absolu, exclusif, dont se trouve banni tout autre que le titulaire. Or, il n'en peut être ainsi pour le droit de l'auteur : la publication d'une œuvre est incompatible avec la propriété privative de qui l'a produite ; du jour où elle paraît, tous sont appelés à y participer (3). Il en est tout différemment de la chose matérielle, destinée à un seul, possédée par un seul « alors que celle-ci est une œuvre subjective, celle-

(1) Voir page.

(2) V. Actes de la conférence de Berne de 1884.

(3) « Le droit des auteurs, artistes et inventeurs sur leurs œuvres et in-
« ventions n'est pas une propriété véritable, parce que ces choses ne sont
« pas susceptibles d'appropriation privée, et que cela constituerait une
« manifeste usurpation de la propriété sur le domaine de la Communauté. »
(*France judiciaire*, 1882-83, p. 213, E. VILLEY.

« là est une œuvre objective (1) » ; différentes dans leur essence, elles doivent l'être également dans leurs manifestations. Le droit qu'elles donnent à leur producteur ne saurait donc être semblable (2).

Actuellement, cette théorie semble consacrée par la jurisprudence. « Le droit d'auteur et le monopole qu'il » confère, ordinairement désignés sous la dénomination » de « propriété littéraire et artistique », ne constituent « pas, à proprement parler, une propriété ; ils confè- « rent seulement aux personnes qui en sont investies « le privilège exclusif d'une exploitation commerciale « temporaire » (Cassation, 25 juillet 1881 ; Grus contre Ricordi ; Dalloz. 83, 1, 5.)

Toutefois, ceux qui combattent la propriété ne prétendent nullement ruiner la protection. L'on a voulu y arriver par une autre voie, plus rationnelle, a-t-on dit, et plus juridique. L'œuvre littéraire n'est pas susceptible d'appropriation individuelle ; mais elle a droit à une rémunération. Au lieu de placer celle-ci dans le droit de propriété, on le fera tenir dans le juste salaire ; ce salaire consistera dans l'un des privilèges particuliers qui seront examinés plus loin.

Pour nous, aucune de ces deux théories — propriété ou salaire — ne vous satisfait complètement, bien que chacune d'elles soit juste jusqu'à un certain point. — Sans

(1) CHARPENTIER : *De la prétendue propriété artistique et littéraire.* — Extrait de la *Revue nationale*, nos des 10 et 25 février 1862.

(2) V. contre la propriété. — RENOUARD, t. I, p. 441-557. — HUARD et MARCK, p. 171-176. DARRAS, p. 32. WEISS, p. 219. V. pour la nomenclature complète DARRAS, p. 34, note 2.

doute, le droit de l'auteur participe de la propriété ; mais il est moindre ou plutôt autre, que la propriété, qui ne serait entièrement vraie qu'en face du droit moral ; pour l'autre droit, il y a, comme on l'a dit, des incompatibilités. — Sans doute, il tient du salaire ; mais il est plus que le salaire qui ne s'applique qu'au droit pécuniaire, qui, de plus, ne présente pas de caractère privatif. En outre, le salaire (1) apparaît à la suite d'un contrat ; or, il n'y a pas contrat entre l'auteur et la société. Enfin, ce dernier système a le tort de ne pas résoudre la question, en ce qu'il ne montre pas la nature du droit.

Et les théoriciens ont si bien senti l'insuffisance de leurs thèses, qu'ils ont dû les étayer l'une par l'autre, en se faisant des concessions mutuelles. L'on admet, d'une part, qu'il y a une propriété particulière, amoindrie, dépouillée au besoin de son attribut de perpétuité (2) ; l'on reconnaît de l'autre que le salaire en question n'empêche pas des mesures privatives, qu'il pourrait même être perpétuel. Les deux théories désormais se touchent et se pénètrent respectivement.

Mais alors, si nous ne sommes pas en face d'un droit de propriété, quel est-il ? L'on ne fait pas connaître une chose en montrant ce qu'elle n'est pas. Certes, c'est un procédé commode que d'éliminer successivement toutes les hypothèses possibles, puis de ne pas conclure. Cette « via remotionis » de Bacon est l'apanage des destruc-

(1) Au sens purement juridique du mot, et non au sens économique.

(2) La perpétuité n'est pas unanimement reconnue comme essence de la propriété ordinaire. — V. M. Hérold : *Étude sur la perpétuité de la propriété littéraire* ; Revue pratique 1862, p. 395.

teurs qui ne peuvent édifier. Cependant, ici, il nous serait bien malaisé de chercher la catégorie d'où ressort
notre droit et de lui trouver une définition. Nous le considérons comme un droit tout nouveau ; sa double nature, indissolublement liée à elle-même, l'empêche, selon
nous, de se ranger là où il le pourrait sans ce bi-indivi-
dualisme. Aucune place ancienne ne lui convient donc ;
et cela se comprend. La vieille classification des droits
ne pouvait embrasser que ceux qu'elle connaissait. Mais
voici qu'un objet nouveau surgit, et l'on est étonné qu'il
ne puisse rentrer dans aucun des moules préexistants.
Qu'importe ? laissons-le à part, et créons la catégorie nouvelle des « droits intellectuels ». Longtemps ignorés, ils
ont nécessairement échappé aux prévisions des classifi-
cateurs ; mais, ils devaient, à leur apparition, obtenir une
place spéciale au foyer juridique. En un mot, nous avons
affaire à un droit *sui generis*, né d'hier, sans famille et
sans parenté directe (1).

Que l'on nous permette ici un rapprochement frap-
pant. Qu'est-ce qu'un contrat innommé, sinon un phé-
nomène juridique qui ne peut se rattacher à aucune des
formes prévues, bien qu'il participe de plusieurs d'entre
elles : Et cependant, a-t-on cherché à préciser ou à pro-
hiber les contrats innommés ? Nullement. Ils ont consti-
tué une branche spéciale ; l'on a fait exactement pour eux
ce que nous faisons pour les droits intellectuels.

Nous savons à quoi nous nous sommes exposés, en

(1) V. sur les « droits intellectuels » l'excellente théorie de M. PICARD,
qui a fait de nombreux adeptes. (*Journal du dr. intern.*) 1883. P. 565 et
suiv. : *Embryologie juridique ; nouvelle classification des droits.*

prononçant le mot fatal de « droit *sui generis* ». L'on
va nous exhumer le reproche de M. Accolas : « Les légistes
« adorent les cas particuliers, et les cas *sui generis*,
« ainsi qu'ils les nomment. Cela engage si peu, les cas
« particuliers ; les droits *sui generis*, cela permet si bien
« de pêcher en eau trouble ; et si bien aussi cela dispense
« de généraliser, d'harmoniser, de réfléchir ». La dia-
tribe, pour être violente, ne laisse pas que d'être judi-
cieuse, dans bien des cas ; mais elle ne saurait pas nous
atteindre, la question ne comportant pas d'autre solution.

Nous ne sommes pas les seuls à professer notre opinion. Un homme éminent, et qu'on ne peut taxer d'in-
compétence, M. J. de Borchgrave, se laisse aller à
prononcer le mot de propriété, et comme pour le
rattraper, ajoute aussitôt «... C'est une propriété d'une
« valeur très relative, et d'une espèce toute parti-
« culière (1) », plus loin, il parle d'un « droit spécial ».
Il faut avouer que cette « propriété particulière » que ce
« droit spécial » ressemblent terriblement à notre droit
sui generis.

D'ailleurs, puisque la solution, quelle qu'elle soit, et
de l'aveu général, n'influe en rien sur l'existence du droit
d'auteur, sur son étendue et ses manifestations, qu'avons-
nous besoin de nous briser la tête pour savoir dans quel
casier le ranger (2) ? C'est vraiment une manie de notre

(1) Rapport lu par M. Jules de Borchgrave à la chambre belge des
représentants, le 19 février 1878.

(2) « Il importe assez peu, en définitive, dans la pratique, que le droit de
« l'auteur soit ou ne soit pas une propriété, dans le sens juridique du mot,

siècle que la classification à outrance, que l'étiquetage
et le numérotage des idées. Le monde spéculatif n'est
pourtant pas un bureau d'administration. Rien de fécond
est-il jamais sorti d'une définition ? La science n'a pu encore définir l'électricité, la lumière, la pluralité des manifestations physico-chimiques : l'homme y perd-il dans
la vie journalière ? Ne vaut-il pas mieux s'affranchir de
ces querelles de mots, de ces arguties dignes du Bas-Em-
pire, et s'orienter franchement vers les questions de
pratique et d'application — sans toutefois, répétons-le,
perdre de vue les idées et les principes.

Exacte, croyons-nous, en elle-même, cette considération prime toutes les autres dès qu'il s'agit d'une
question internationale. Là, en effet, tout doit tendre au
résultat immédiat et à l'entente commune. Comme
nous le verrons plus loin, le but poursuivi en notre
matière est la réunion sous une même loi des Etats
protecteurs. Or, étant donnée la diversité des con-
ceptions législatives sur le droit d'auteur, exiger un
accord formel sur ce point serait retarder, sinon
entraver l'union. Ne vaut-il pas mieux adopter une
rubrique assez large pour comprendre toutes les formules particulières sans en contredire aucune ? L'unification rêvée dans les rapports internationaux doit
porter sur la garantie même du droit, sur son étendue,
sur ses conditions d'exercice ; nous n'en avons que faire
relativement à la terminologie. Il importe assez peu à

« dès l'instant qu'il est clairement défini, déterminé par la loi dans ses effets
« dans son étendue, dans sa durée ». (POUILLET,) p. 25.

l'auteur étranger à un pays d'y être logé à telle ou telle enseigne, pourvu qu'il y trouve abri et protection.

Cependant que nous étudions la nature du droit de l'auteur, retournons le sous une autre de ses faces, qui nous fournira un examen autrement important, autrement fertile en conséquences :

Est-ce un droit naturel ? Est-ce un droit purement civil (1) ?

Les partisans mêmes de la protection se divisent sur ce point. Les uns n'y veulent voir qu'une création factice, œuvre du législateur, qu'une faveur légitime, mais toute conventionnelle. Les autres prétendent qu'il y a là un droit naturel, existant en dehors de la loi, et que celle-ci n'a fait que reconnaître, consacrer et réglementer (2).

Le droit d'auteur, dit-on en faveur de la première opinion, est un droit restrictif de la liberté de tous au profit d'un seul ; il est donc tout arbitraire. « Pour re-« connaître un droit à l'auteur, il faut que la loi entrave « la liberté des autres hommes. Si ce droit n'existe pas « en dehors de l'intervention de la loi, c'est un droit « civil (3) ». Mais, c'est là poser la question, et non

(1) Pour la distinction entre les droits naturels et les droits civils. V. LAURENT, t. II, n° 31. p. 63. — AUBRY et RAU, t. I, § II, P. 3. MOURLON. Revue pratique, t. XVII, p. 410. — DARRAS, p. 16, note 2.

(2) Nous ne parlons pas du système intermédiaire qui, après avoir défini le droit intellectuel « un droit de propriété, que la loi ne crée pas, mais ne fait que réglémenter, » nie ensuite que ce droit « ait son fondement dans la loi naturelle ». (V. Congrès de la propriété industrielle. — *Journal officiel*, 12 sept. 1879, p. 9151). Il ne faut pas vouloir être trop conciliant.

(3) DARRAS, *loc. cit.*, p. 83. — V. AUBRY et RAU, § 190, note 8,

la résoudre. Un autre argument consiste à dire que, l'instinct d'imitation étant une faculté innée chez l'homme, les principes d'équité pure ne suffisent pas pour le condamner en matière d'imitation des œuvres intellectuelles. Sans doute, des motifs sérieux nécessitent cette prohibition; mais c'est là une mesure purement législative, consacrant un droit d'ordre purement civil.

Au fond, les législations ont embrassé cette idée, inconsciemment peut-être, toutes les fois qu'elles ont exigé de l'auteur une réserve expresse pour l'une quelconque de ses prérogatives; c'est ce qui se passe encore en Angleterre et aux Etats-Unis; l'auteur dramatique y doit, lors de la première représentation, se réserver le droit exclusif d'exécution publique. La mémoire — dit-on à l'appui de cette idée — est une faculté naturelle que tout homme peut en principe utiliser à sa guise. Si donc un spectateur supérieurement doué à cet égard arrive à se rappeler la pièce entendue, le droit naturel lui permet de se servir comme bon lui semble du fruit de sa mémoire, de reproduire et de faire représenter à nouveau le spectacle primitif. L'on trouvera en ce sens une décision de la justice américaine, ainsi motivée. « Se rappeler est une conséquence naturelle d'avoir « entendu, et se servir d'un tel souvenir découle natu- « rellement de cette possession (1) ».

t. II, p. 171. — E. VILLEY, *France Judiciaire*, 1882-83, p. 213 et suiv. BÉLIME, t. II, p. 286. — MOURLON, rev. pratique, t. XVII, p. 407. — SERRIGNY, t. II, p. 286.

(1) Aff. KEENE contre KLARKE (5 nov.) N.-Y., 59, 60.

Encore un principe faux d'où l'on fait découler des conséquences d'apparence logique. Sans doute l'esprit d'imitation est instinctif chez l'homme ; mais tous les instincts sont-ils bons ? et doit-il y être donné libre cours ? D'instinct, l'homme est égoïste ; il tend à tout s'approprier, il supprimerait son semblable quand celui-ci le gêne ; et pourtant ces tendances n'ont pas engendré de principes moraux (1).

On ne peut mieux répondre que ne l'a fait Drone. « Avec ce raisonnement, ne pourrait-on dire que, « puisque les hommes ont les mains pour des usages « légitimes, ils peuvent les mettre dans les poches de « leur voisin (2) ? »

Pour réfuter l'argument exposé en premier lieu, il suffit de remarquer que tout droit individuel est limitatif d'un droit, ou plutôt d'un intérêt général, sans pour cela cesser d'être naturel. Le droit primordial, le droit de propriété n'est-il pas éminemment un droit privatif ? et cependant il est l'essence du droit naturel.

Quant au fait, pour la protection, d'avoir été réglée par la loi, ce n'est là qu'une nécessité pratique, qui n'entache en rien son caractère ; la réglementation n'a jamais été reconnue comme attributive *ipso facto*, mais comme déclarative et interpétative. Sans cela, il faudrait considérer tous les droits comme civils, car tous ont été réglementés et comme aménagés suivant les besoins de chaque législation. Comme le fait justement observer Darras, la faculté qu'a l'homme de se marier ne cesse

(1) V. 60, PASSY, MODESTE, PAILLOTTET, p. 66.
(2) DARRAS, p. 21.

pas d'être un droit naturel, parce que la loi lui impose des formalités, et apporte des conditions à son libre exercice (1).

§ III.

La nature du droit d'auteur étant fixée — et l'on verra plus loin les conséquences que nous en pourrons tirer — cherchons sous quelle forme il s'exercera.

Pour le droit moral, nous avons déjà la solution. Mais bien des modes peuvent être employés pour sauvegarder le droit pécuniaire.

Le plus simple, en apparence, consisterait en une rétribution payée à l'écrivain ou à l'artiste par la société, qui rendrait ainsi immédiatement à l'auteur ce dont elle est redevable. C'est la théorie émise par Proudhon, dans ses « Majorats littéraires ». Il n'accepte pas la protection proprement dite. Assimilant le philosophe, le savant, l'artiste, au magistrat, il s'indigne que les idées, qui appartiennent à tous, comme le droit de se faire rendre la justice, deviennent vénales, et que ceux qui les répandent sur un peuple les mettent à l'encan. Toutefois, comme il lui semble juste d'assurer leur subsistance, il admet une subvention leur permettant de satisfaire à leurs besoins matériels (2).

Nous ne serions pas éloignés de partager les scru-

(1) V. LAURENT, t. II, n° 31, p. 63.

(2) *Majorats littéraires*, p. 57 et 69 — V. MOURLON, *Revue pratique*, t. XVII, p. 144 et 315.

pules de Proudhon ; il est toujours pénible de voir des préoccupations mercantiles se joindre à des questions d'esprit, de morale ou de religion. Toutefois, il faut se rappeler que l'auteur, lui aussi, lutte pour la vie, et qu'il doit vivre par son œuvre, en même temps que pour son œuvre. Mais c'est justement pour diminuer la dureté de cette nécessité que nous repoussons le système de Proudhon, que nous ne voulons pas assister au marchandage du talent, à l'aunage du génie. Il faut en effet envisager la réalisation pratique. Comment se fixerait, comment se répartirait la subvention prônée ? Ce travail serait évidemment l'œuvre d'un jury littéraire ou artistique. Or, les jurés ne sont que des hommes, accessibles à toutes les passions, et qui souvent manqueraient de l'impartialité nécessaire pour prononcer suivant les lois de l'équité. Et cette équité même ne saurait exister d'une façon absolue, la valeur d'une œuvre étant souvent relative et changeante, et susceptible d'appréciations diverses. Qui ne voit que les auteurs seraient liés, enchaînés par les idées du jury, qu'ils perdraient toute indépendance et toute initiative. La flatterie et l'adulation seraient à l'ordre du jour, et l'on verrait renaître le temps où les écrivains aux gages d'un seigneur ne songeaient qu'à baiser et à caresser la main qui les entretenait... et parfois les châtiait (1).

Enfin, nous ne pouvons admettre l'ingérence directe

____

(1) « Avec de telles formes de salaire, la justice distributive serait impossible » RENOUARD, t. I, p. 462.

de la puissance publique dans ces questions si personnelles, où l'individualité joue un si grand rôle. Ce serait là du véritable socialisme d'Etat, et nous considérons son intervention comme la mort du principe fécond de l'individualisme.

Le système de Proud'hon doit donc, avec tant de ses semblables, être rejeté dans le domaine de l'utopie.

Il en est un autre qui se rapproche plus de l'idée de simple protection. Le rôle de l'Etat y est plus effacé, en ce qu'il fixe seulement le taux de la rétribution, qu'il laisse au public le soin de payer à l'auteur. C'est le système dit du « domaine public payant ». D'après ses promoteurs, dès qu'une œuvre a été présentée à la société, celle-ci a en quelque sorte acquis certains droits exclusifs d'un monopole. Pour concilier les deux intérêts en présence, l'ouvrage tombera à son apparition dans le domaine public ; mais toute personne qui le reproduira devra acquitter un droit de tant pour cent : ce sera l'exploitation commune.

En général, ce système n'est proposé que pour la période qui suit la mort de l'auteur : c'est à ses héritiers que seraient payés les tantièmes. Ainsi l'entendait le comte Walewski, dans le rapport qu'il adressait en 1860 à Napoléon III. C'est ce qu'admettait également un projet imaginé en 1862 par l'éditeur Hetzel. Enfin, telle est la solution consacrée par la loi italienne de 1882 (art. 9) qui adopte en partie le principe du domaine public payant. M. Montagnon a soutenu cette pratique, en faisant observer que seul le droit pécuniaire survit à l'auteur ; qu'il importe donc, de ce jour, d'adopter le système précité, qui protège le plus équitablement le droit pécuniaire, le monopole, tolérable pendant la vie de l'auteur « gênant le commerce, et mettant obstacle à la diffusion des lumières ». Mais c'est précisément là ce qu'il faudrait démontrer. Or, le monopole ne mérite nullement le reproche qu'on lui fait, car l'auteur est le premier intéressé à la diffusion de son œuvre, et prendra ses mesures en conséquence. En fût-il autrement, « l'on ne saurait jamais, en grossissant « un intérêt, le transformer en un droit (1)». D'ailleurs, l'idée du domaine public est encore en opposition avec l'indépendance de l'auteur. Là encore, il y a intervention de l'Etat, qui assimile la production intellectuelle à un produit mercantile en lui imposant un tarif, comme à une denrée alimentaire. C'est ce que l'on ne peut admettre (2).

Il faut donc franchement recourir au monopole en faveur de l'auteur. Seul, ce dernier a mis son œuvre au jour ; seul, il doit fixer quand elle vivra, comment elle vivra, et dans quelles conditions il la communiquera au public ; celui-ci, qui n'a rien fait, qui n'a pas collaboré doit accepter ce qui lui est offert, et s'estimer l'obligé. L'auteur aura donc le droit exclusif de son œuvre : c'est bien le « copyright » anglais (3). Dans la pratique, il

(1) DARRAS, p. 88. — V. PAILLOTTET, *J. des Ec.*, t. LXXI, p. 435.

(2) Nous n'avons pas à nous préoccuper de l'argument qui voit dans le système du domaine public payant le seul moyen d'empêcher les héritiers de détruire une œuvre littéraire. (V. ALFRED de VIGNY, *Revue des Deux-Mondes*, 15 janvier, 1840), d'après nos données, ce droit ressortant de l'attribut moral, ne passe en aucune façon aux héritiers.

3) « Un seul mode de paiement me paraît juste et possible : c'est celui

cédera ce droit à un éditeur qui l'exploitera : toute reproduction émanant d'une autre source sera illicite ;
elle constituera la contrefaçon, et sera punie comme
telle par les lois civiles et criminelles (1).

Et c'est bien là le système conforme aux principes.
L'Etat n'accorde sa protection qu'en proclamant l'existence du droit, sans intervenir arbitrairement dans son
exercice. Il remplit son rôle sans blesser ni gêner personne ; que voudrait-on de plus ?

§ IV.

Le monopole d'exploitation : telle est donç la forme
rationnelle de la protection. Mais, ici se place une grave
difficulté : sera-t-il perpétuel ou temporaire ?

L'on conçoit que les partisans de la propriété le soient
également de la perpétuité (2). Et nous avouons que
nous-mêmes, pour l'honneur des principes, serions assez portés vers ce système : la durée de la protection peut

« qui attribue à l'auteur , sur chaque édition ou sur chaque exemplaire de
« ses ouvrages, un droit de copie. Ce moyen est celui que l'expérience a
« fait reconnaître comme le plus simple ; c'est aussi le plus équitable ».
— « Le raisonnement juge cette question comme l'expérience l'a tranchée ».
RENOUARD, t. I, p. 462 et 465.

(1) V. en cette question RENOUARD, t. I, p. 462 ; DARRAS, p. 88 et
suiv. — Nous regrettons de ne pouvoir lui donner tous les développements
qu'elle comporte.

(2) La protection perpétuelle est en général peu recommandée par les
auteurs ; et de rares législations (*Mexique, Guatemala, Vénézuela* avec
exception relative aux œuvres dramatiques) l'ont adoptée. Elle fut proclamée
en Saxe vers le milieu du XVIIIe siècle, mais ne tarda pas à être abandonnée.

se concevoir adéquate à la durée de l'œuvre. Toutefois, nous ne devons pas oublier que nous sommes en face du droit pécuniaire, et que l'une des sources que nous lui avons assignées : le travail, ne nous permet pas d'aller jusque-là. Toute rémunération doit être proportionnée au travail fourni — *in qualitate*, s'entend. Une rémunération successive, comme l'est la nôtre, ne saurait donc durer indéfiniment. En outre, la société, par sa protection, acquiert à la longue quelques droits ; ces droits se réaliseront par l'abandon à son profit de ceux de l'auteur, lorsque ces derniers auront obtenu satisfaction.

Reste à savoir quand cette satisfaction aura été accordée. C'est la portée pratique de la question ; et il est difficile à ce propos de rien formuler d'absolu, car les appréciations personnelles ont libre jeu.

L'on conçoit qu'il ne saurait y avoir de détermination spéciale pour chaque ouvrage, et qu'il faille une règle commune, un même poids pour tous.

Deux systèmes s'offrent tout d'abord : le premier, fixant un laps de temps immuable ; le second, tablant sur deux périodes distinctes : la vie de l'auteur, quelle que soit sa durée, plus un délai variable au profit de ses héritiers. Le premier mode offre l'avantage de la simplicité ; il a l'inconvénient de dépouiller l'auteur, si celui-ci survit au terme fixé ; à quoi l'on peut remédier en prolongeant, en ce cas, la durée de la garantie. C'est ce que fait la loi hollandaise, dont le délai est de cinquante ans, extensible en cas de survie. Ce délai aux Etats-Unis est de 28 ans ; si le défunt laisse une veuve et des enfants, il continue à leur profit durant quatorze ans. On peut encore concevoir la concession d'un privilège supplémentaire, tel qu'il existe au Chili (1).

En Italie, pendant une première période de 40 ans, l'auteur a le monopole d'exploitation qui, une fois expiré, fait place pour une égale période au domaine public payant (2). Le mieux serait encore de fixer un chiffre d'années assez élevé pour qu'il englobât nécessairement une vie d'homme; c'est ce qu'avait compris le Congrès artistique tenu à Paris en 1878, en proposant d'adopter pour commune mesure une durée de cent ans.

Un autre inconvénient du délai préfix réside dans la détermination de son point de départ; celui-ci devra évidemment coïncider avec l'apparition de l'œuvre. Or, comment la constater? Par des formalités d'enregistrement et de dépôt. Mais tous les vœux des écrivains, mais tous les efforts des associations et des congrès tendent précisément vers la suppression de ces formalités. En outre, la pluralité d'ouvrages ferait naître la pluralité de délais; les divers volumes des œuvres complètes d'un auteur auraient donc une inégale durée de garantie, scission qui ne saurait être sans inconvénients. Pour la question des formalités, on a beau dire, comme Darras, qu'elles existent dans l'intérêt même de qui doit les remplir, que celui-ci est libre de les réquerir ou non en vue de conserver son droit : il n'en reste pas

(1) En principe, la protection au Chili est de 5 ans.
(2) La redevance est de 5 p. º/o.

moins que l'exercice — nous ne dirons pas l'existence — de ce droit demeure subordonné à une mesure dont tous réclament l'abolition.

Arrivons au second système : protection de l'œuvre au profit de l'auteur durant sa vie entière, puis de ses héritiers pendant un certain temps.

Il est indéniable que des motifs d'humanité obligent à reconnaître aux descendants de l'auteur la jouissance du patrimoine intellectuel laissé par celui-ci. Est-il juste de voir, comme en Angleterre, les enfants d'un des illustrateurs de la patrie (1) réduits à la mendicité, tandis que des éditeurs cupides vendent au poids de l'or les œuvres de leur père ; ou, comme chez nous, les descendants du grand Corneille mourir dans l'indigence (2) ?

Nous avons dit que cette protection posthume ne peut être que temporaire : de même, en effet que le patrimoine a perdu son identité juridique après plusieurs générations, de même le droit intellectuel finit par perdre son caractère patrimonial ; l'œuvre est en quelque sorte devenue bien national ; le monopole « in æternum » serait un accaparement. Pour justifier la différence entre cette restriction et le droit perpétuel qu'ont les héritiers sur les autres bien recueillis, Darras considère qu'ils semblent se fonder à eux-mêmes un nouveau titre de propriété par les actes continuels d'entretien et d'amélioration que nécessitent les choses laissées par le

(1) MILTON. V. discours de Macaulay prononcé le 5 février 1841 devant la Chambre des Communes.

(2) V. Rapport de Lakanal sur la loi de 1791 (LYON-CAEN et DELALAIN, t. I, p. 18).

défunt ; de là, droit à une rétribution, qui sera la propriété perpétuelle. Or, cet élément faisant défaut dans la possession des biens intellectuels, la rétribution doit également tomber ; il ne reste plus que le droit temporaire énoncé plus haut.

Le raisonnement de Darras ne nous semble pas tout-à-fait juste, bien que partisan de ses conclusions. Il est téméraire d'avancer que tout bien exige soins et entretien ; qu'avons-nous à nous occuper d'un titre de rente transmis par succession, si ce n'est pour en toucher les coupons : d'une créance de notre auteur, sinon pour en poursuivre le remboursement ? Ce sont des considérations d'ordre public, qui, selon nous, doivent expliquer le caractère temporaire du droit des héritiers (1).

La durée en est variable suivant les législations ; en Allemagne et en Suisse elle est de 30 ans ; de 24 ans en Espagne ; au Chili, elle est, en principe, réduite à cinq années.

En France, le délai qui était de 10 ans sous l'empire de la loi de 1793, puis avait été portée à 20 ans par celle de 1844, a été élevé à 50 ans par la loi de 1866. La portée de cette loi — notons-le en passant — est considérable, la durée qu'elle fixe est immuable, quelle que soit la qualité des héritiers ou ayants-cause ; en outre, le point de départ est toujours le même : la mort de l'auteur (2).

---

(1) V. DARRAS, p. 70.

(2) D'après la législation antérieure, la durée du droit des héritiers ou des ayant-cause variait suivant leur qualité. En outre, si, pour les héritiers ou ayant-cause autres que les descendants le « dies a quo » était toujours le même, il n'en était pas ainsi pour les descendants ; il fallait

Enfin, l'on ne peut que se réjouir de voir le droit très respectable des héritiers accru dans de notables proportions.

§ V.

Maintenant que nous connaissons la base et la forme de la protection, parcourons son domaine d'application.

La rubrique « œuvres littéraires et artistiques » est quelque peu vague, et demande à être précisée. Nous pensons qu'elle doit comprendre toute œuvre supposant un travail de l'esprit, toute émanation de l'activité intellectuelle revêtant n'importe quelle forme : orale, graphique ou plastique (1). En principe donc, tout travail littéraire doit être protégé, original ou dérivé, quelles que soient sa forme, sa longueur son importance ou son mérite, quel que soit aussi son mode de publication.

Nous croyons nous être ainsi mis en mesure de résoudre les cas particuliers. Doit-on assimiler à un ouvrage littéraire les nouvelles, les romans-feuilletons, les articles parus dans des publications périodiques quelconques, revues ou journaux. Nous nous reportons à notre criterium sur l'essence de l'œuvre intellectuelle, et arrivons à une distinction. Toutes les productions « de

alors considérer, suivant les cas, soit la mort de l'auteur, soit la mort de sa veuve.

(1) La Jurisprudence étend la protection légale à « tous les travaux « exigeant pour leur exécution une certaine conception de l'esprit ou un « certain discernement du goût ». Paris, 3 décembre 1867, PATAILLE, 67, 404). — Pour autres jugements, V. POUILLET, p. 38.

fonds », tous les articles de discussion, où sont émises ou agitées des idées sur lesquelles l'auteur a un droit rentrent dans la sphère de protection (1) ; en sont exclus les « faits divers » les articles d'information et de reportage, qui ne répondent plus à notre définition. On leur assimile généralement — *utilitatis causa* — les articles de discussion politique (2).

Un auteur peut-il prétendre exclusivement au titre qu'il assigne à son ouvrage ? Nous admettons en principe l'affirmative. Le titre est l'enseigne du livre ; c'est le nom sous lequel ce livre va affronter les bonnes ou les mauvaises fortunes. Chacun a un droit personnel au nom qu'il porte, il convient à un honnête homme de ne pas être confondu avec un homme taré. L'écrivain a le même intérêt à empêcher toute confusion entre son œuvre et une production étrangère : il jouit du même droit (3).

(1) Il n'y a pas à distinguer, selon nous, suivant que la reproduction aurait lieu dans d'autres journaux ou dans un recueil.

(2) V.Pouillet, p. 58. — Darras, p. 116, — Renouard, t. II, p. 114. — Jurispr. : Paris, 25 nov. 1836; *Sirey*, *36*, *2*, *529*. — Trib. comm. Seine 31 mars 1835, Blanc, p. 78. — Trib. corr. Seine, 10 mars 1881, *Pataille 83*, *214*.

(3) V. Renouard, p. 116. 128; Gastambide, nᵒˢ 15 et 195 à 201. — La jurisprudence considère l'usurpation de titre comme délit de contrefaçon. V. Cassation, 18 floréal an XII, (8 mai 1804). Trib. correct. Seine, 27 dec. 1831 (*Gaz. des trib. 28 dec. 31*) et Paris 6 fév. 1832. (*Gaz. des trib. 7 fév. 32*) ; Voir les motifs de cet arrêt : « Considérant que l'auteur d'un ouvrage n'est pas moins propriétaire du titre de son ouvrage, « que du corps de l'ouvrage lui-même ; qu'en effet le titre est le moyen à « l'aide duquel un ouvrage est connu du public, soit dans la librairie, soit « dans la littérature ; que c'est le titre qui empêche les confusions qui « pourraient résulter au préjudice des auteurs, ou même des acheteurs,

Ceci n'est toutefois rigoureusement vrai qu'à l'égard de titres imaginatifs, qui sont une invention propre de l'auteur, et peuvent être suppléés, si le sujet traité vient à être repris. Il n'en est plus de même de ce que nous appellerons les titres nécessaires, qui ne sont plus œuvre d'imagination, mais s'imposent et font corps avec le sujet. Il est certain, que, s'il y a fraude à l'heure actuelle de la part d'un romancier à baptiser un livre « Fleurs du Mal », « Thaïs » ou « Pêcheurs d'Islande », il appartient à tout historien d'écrire de nouveau une « Histoire du Consulat » une « Histoire des ducs de Bourgogne » ou une « Histoire de la Restauration ». De même que le sujet de ces ouvrages n'a pu être monopolisé, le titre n'en a pu être spécialisé. La distinction pourra donner lieu à des cas embarrassants et délicats : aux tribunaux de les résoudre en s'inspirant des circonstances.

Pour ce qui est des discours, nous n'hésitons pas à demander pour eux la garantie ordinaire : émanation de l'intelligence créatrice, ils méritent à ce titre nos prérogatives ; nous ne distinguerions même pas entre les conférences littéraires, les plaidoyers judiciaires et les discours politiques (1). Sans doute, dans la pratique, ces

----

« entre des ouvrages différents, et qu'enfin le titre d'un ouvrage est, rela-
« tivement au public, une partie importante et notable de l'ouvrage... etc ».
Trib. Seine, 5 fév. 1836 (*Gaz. des trib.*, 7 *fév.* 36). Relativement à des titres de journaux : Trib. Commerce Paris, 2 mai 1832, (*Dalloz*, 32, 3, 57) ; Paris, 8 dec. 1833 (*Dalloz*, *34*, 2, *111*) ; 15 février 1834 (*Dalloz*, *34* 2, *53*) — 8 octobre 1835 (*Dalloz*, *36*, 2, 23). — Caen, 25 mars 1886.

(1) Cette distinction est établie par la loi belge du 22 mars 1886, art 6. (V. Lyon, Caen et Delalain, t. I, p. 570) : — elle l'avait également été à propos d'articles de journaux, par la convention franco-allemande du 19 avril 1883.

discours sont reproduits, et les orateurs ne protestent pas ; mais c'est là une simple tolérance de leur part, qui ne saurait entraîner la perte d'un droit imprescriptible. Toutefois, en cette particularité, nous devons nous incliner devant l'avis général, qui s'est formé en sens contraire (1).

Les cours rentrent également dans la catégorie des productions orales. Selon nous, ils ne peuvent être publiés qu'avec l'autorisation du professeur. Et nous maintenons cet avis, lors même que ce professeur appartiendrait au corps enseignant de l'État. Le traitement qu'il perçoit dans ce cas a pour but de faire profiter des élèves de sa science et de ses travaux, et non d'en faire tomber le fruit dans le domaine public : il pourrait résulter pour lui un trop grand préjudice de voir ses leçons mal interprétées ou inexactement reproduites.

Enfin, il faut assimiler aux œuvres protégées les recueils, notices, annotations, etc., qui accompagnent la publication d'une œuvre originale ou la réimpression d'un ouvrage tombé dans le domaine public (2) (Paris-Caen, 5 août 1884).

Pour les œuvres artistiques, la question est plus complexe, car il est difficile de tracer exactement la frontière qui sépare l'œuvre d'art de l'objet commercial. Il est du reste à remarquer que dans tel pays, la protection litté-

(1) V. sur la question : DARRAS, p. 119. — POUILLET, p. 67. — RENOUARD, t. II, p. 140. — GASTAMBIDE, n° 23. — BLANC, p. 288.

(2) En ce sens POUILLET, p. 160. — RENOUARD, p. 106. — GASTAMBIDE, p. 53 note.

raire a précédé la protection artistique. Maints auteurs, Kant entr'autres, accordent à l'écrivain des droits qu'ils refusent à l'artiste. D'autres, établissant une division, veulent garantir les arts de création — peinture, sculpture, gravure originale, — mais non les arts de reproduction — gravure, copie, photographie, etc., — où ne se retrouve pas le même effort personnel. Sans doute, cet effort n'existe qu'à un degré moindre, mais il existe toujours et donne naissance aux mêmes privilèges. Nous réclamons donc des droits identiques pour le peintre, le dessinateur (1), le graveur, le statuaire, l'architecte (2), le pho-

(1) Et nous n'établissons aucune distinction entre les dessins purement artistiques et les dessins dit industriels. Les uns et les autres ont également droit à garantie, car, dans toute œuvre « ce n'est pas la destination qu'il « faut considérer, c'est la création ». (POUILLET, p. 89). L'on doit donc refuser sur cette question toute initiative aux tribunaux : « Ce n'est pas à « la jurisprudence, c'est à là législation qu'il appartiendrait d'introduire des « différences dans les encouragements à accorder au travail d'artiste et au « travail de fabrication » (RENOUARD, t. II, p. 81). Dans le même sens ; GASTAMBIDE, p. 361. — ACCOLAS, p. 37, note. — RENDU et DELORME, p. 887. — DARRAS, p. 266. — Pour la législation et la jurisprudence, v. p.   et.

(2) Il y aurait beaucoup à dire sur l'architecture et sur la photographie. — L'impossibilité de réprimer efficacement la contrefaçon, ajoutée à l'exposition publique et à l'importance de l'exécution matérielle, pour l'une — la prétendue absence de travail personnel dans l'autre, ont été autant d'arguments mis en avant contre la protection. Le cadre de cette étude ne nous permet pas de traiter ces questions comme nous le voudrions. (V. toutefois, pour la photographie, ch. IV.

Sur l'architecture, V. POUILLET, p. 108 et suiv. — Lyon-Caen, Revue critique, 1885, p. 414. — DARRAS, p. 86. — RENDU et DELORME, n° 928. CALMELS, n° 90. V. aussi « Droit d'auteur », 1889, p. 54. — Contre : BLANC, p. 249.

Sur la photographie, V. POUILLET, p. 115 et suiv. — DARRAS, p. 124.

tographe, l'auteur de cartes topographiques, de plans en relief, en un mot de toute exécution relevant du domaine artistique et scientifique.

Enfin, les œuvres musicales, dramatiques et chorégraphiques appellent une protection spéciale, que nous étudierons plus loin.

§ VI.

Il importe maintenant de dégager les caractères de la contrefaçon envers les œuvres protégées ; d'examiner quand et comment celles-ci doivent être considérées comme contrefaites.

La contrefaçon peut revêtir bien des formes, c'est un Protée qui participe de bien des natures, qui parfois est presque insaisissable. « Contrefaire dit M. Nion, « c'est publier comme sien un ouvrage encore soumis à « la jouissance exclusive de son auteur ». La puissance la plus élevée de la contrefaçon en même temps que sa manifestation la plus ordinaire consiste dans la reproduction pure et simple. Lorsque cette reproduction — qui est la réimpression pour les œuvres littéraires — est complète, il ne peut y avoir de difficulté ni d'hésitation : elle tombe sous le coup des lois.

La question devient délicate quand il s'agit de reproduction partielle. Celle-ci peut être dissimulée, déguisée, involontaire même : nous la verrons plus loin.

— Pataille, 1864, 230. — Plaidoirie de Me A. Rendu ; Pataille 1862, 428. — V. aussi « Droit d'auteur » 1889, p. 39.

Elle peut au contraire se montrer franchement. Doit-elle être condamnée dans ce cas? C'est ce qu'il convient d'établir à propos des citations (1).

La citation est un emprunt de peu d'importance fait à un ouvrage, à un article, pour en faire apprécier le caractère ou pour corroborer une idée personnelle. Est-elle légitime? L'embarras provient ici de l'absence de critérium : où finit la citation, où commence la reproduction ? il est peu aisé de mesurer et de peser la valeur de l'emprunt, permis en-deça, prohibé au delà. Un autre écueil consiste dans la facilité avec laquelle on peut altérer une œuvre par des citations tronquées, ou perfidement choisies et mises en relief ; rien de plus aisé par ce procédé que de tout travestir et de faire dire blanc à qui voulut dire noir. Renouard cite à l'appui un fait personnel probant: « Dans un mémoire lu à l'Ins-« titut, dit-il, en 1837, j'ai une seule fois parlé de « l'opinion de Kant (2). J'avais eu le tort de m'en rap-« porter à des citations, qui m'avaient donné des idées « fausses de sa théorie. Elle repose... sur une argumen-« tation dont la déduction logique ne peut être saisie que « lorsqu'on étudie l'œuvre dans son ensemble. Les cita-« tions de confiance sont la source d'inévitables erreurs ».

(1) V. pour le droit de citation RENOUARD, t. II, p. 15 ; POUILLET, p. 497 ; DARRAS, p. 97 et note 1, p. 113. HÉLIE et CHAUVEAU, t. VI, p. 37. — GASTAMBIDE, p. 63.

V. pour « Compilations. » POUILLET, p. 43, 100, 141, 158, 502. — GASTAMBIDE, p. 59. — RENDU et DELORME, p. 739. — HÉLIE et CHAUVEAU, t. VI, p. 45, — RENOUARD, t. II, p. 97. — CALMELS, p. 136. — BLANC, p. 296.

(2) A propos de la fameuse question de propriété, t. I, p. 439, note.

Toutefois, nous ne croyons pas que ces inconvénients. très réels, doivent porter atteinte à la légitimité de la citation ; l'abus ne doit pas faire condamner l'usag. Du moment que l'emprunteur ne tire pas un profit évident de cet emprunt, qu'il ne fait pas tort à l'auteur, il nous semble difficile de l'empêcher de glaner un champ sur les fruits duquel nous lui avons interdit tout droit (1).

On peut d'ailleurs imposer des conditions ; exiger, comme l'ont fait certaines législations, l'indication de la source, le nom de l'auteur, etc. Ce n'est là que justice (2).

Le meilleur précepte à ce sujet est peut-être contenu dans la loi belge du 22 mars 1886, art. 13. « Le droit de « l'auteur n'exclut pas le droit de faire des citations, « quand elles ont lieu dans un but de critique, de polé- « mique ou d'enseignement (3) ».

Arrêtons-nous un instant, pour considérer si la tra- duction d'un ouvrage non tombé dans le domaine

(1) Jurispr. : « Des citations faites avec l'indication de la source, ont un « caractère abusif, lorsqu'elles comprennent des articles biographiques, et ne « sont pas intercalées dans un texte comme en ornement ou un témoi- « gnage documentaire (Trib. Seine, 11 juin, 1893. *Dalloz*, 1893, 2, 179.)

(2) V. pour les « Chrestomathies » l'étude du congrès de Berne, chap. IV, p.

(3) Il ne faudrait cependant pas, sous prétexte de critique, reproduire une œuvre en entier. Un fait relativement récent nous le montrera : quand parut le « Pater » de M. FRANÇOIS COPPÉE, qui donna lieu aux incidents que l'on sait, il fut publié une brochure dans laquelle l'œuvre qu'on prétendait analyser était préalablement mise sous les yeux du lec- teur ; c'était là une réimpression mal déguisée ; il y avait réellement contre- façon : c'est ce qui fut jugé.

public constitue une contrefaçon, et doit être considérée comme telle. La question se pose sous deux faces bien distinctes ; elle envisage deux droits différents : le droit de traduction, c'est-à-dire le monopole exclusif pour l'auteur de traduire ou faire traduire son œuvre ; le droit dit du traducteur, c'est-à-dire la garantie de la traduction licite, à l'instar de l'œuvre originale.

Le droit de traduction proprement dit a surtout une importance extrême au point de vue international, qui est celui de cette étude.

Etant donné que toute langue indigène est peu répandue dans d'autres pays, la traduction est le seul procédé pratique et lucratif pour le contrefacteur étranger. Si l'on veut donc assurer la protection internationale, la simple garantie contre la réimpression est une mesure illusoire ; pour être efficace, elle devra porter sur le droit de traduction, réservé à l'auteur. Ainsi qu'il a été dit à la conférence de Berne de 85 « la « traduction étant le mode normal de reproduction « entre pays ne parlant pas la même langue, il s'agit de « savoir si l'on défendra sévèrement ce que personne « ne serait tenté de faire, tandis qu'on laissera une assez « grande latitude pour la chose la plus dangereuse, et « souvent la seule possible (1) ».

Pour nous, la question ne saurait faire de doute : le droit de traduction doit être respecté comme le droit de reproduction, dont il est en quelque sorte le prolongement ; l'auteur doit rester maître de son œuvre sous

(1) Actes de la Conférence de Berne de 1885, M. L. RENAULT.

toutes ses formes, et en percevoir seul les profits quelconques. Et nous n'admettons aucune transaction : tant
que durera le droit primitif, le droit de traduction
subsistera (1). Ce serait une mesure arbitraire que de le
restreindre dans sa durée, d'exiger de l'auteur qu'il ait
publié sa traduction dans un délai donné, de même que
de lui imposer quelque formalité spéciale, ou l'obligation d'une réserve expresse (2). Nous demandons
l'assimilation complète des deux droits.

Cette opinion n'est pas partagée par tous. L'on n'a
voulu voir dans la traduction qu'une œuvre originale, qui
a demandé un effort créateur et doit, par conséquent,
être protégée au même titre que toute autre production.
En outre, loin de faire tort à l'auteur, a-t-on dit, le traducteur lui rend service : il le fait connaître : il répand
son ouvrage dans des pays qui lui eussent été fermés ; il
ne peut, par conséquent, être considéré comme acca-
pareur de bénéfices qui, sans lui, n'auraient pas existé (3).

Beaucoup ont adopté cette manière de voir (Renouard, Lévy, etc.), et Kant lui-même disait · « La tra-
« duction d'un écrit dans notre langue n'est pas une

(1) Nous ne faisons non plus aucune distinction suivant que la traduction est en vers ou en prose. (V. loi espagnole du 10 juin 1847). (V.
Calmels, no 97, p. 157, Villefort, *Gaz. trib.*, 3 nov. 1851) ou que l'œuvre
originale émane d'une langue morte ou d'une langue vivante.

(2) En France, où cette réserve n'est pas exigée par la loi, on la trouve
généralement en tête des publications ; mais c'est là une pure précau-
tion résultant du fait que beaucoup d'auteurs ne s'opposent pas à la traduction de leurs ouvrages.

En outre, cette réserve peut être nécessaire vis-à-vis des législations
étrangères, dont beaucoup l'exigent.

(3) V. Renouard, t. II, p. 38.

« contrefaçon ; car la traduction ne comprend pas litté-
« ralement les paroles de l'auteur ».

Sans doute, il y a travail, et travail considérable à bien
traduire ; mais comme l'observe magistralement Darras :
« Tout travail ne mérite pas salaire par lui-même ; pour
« forcer la serrure de mon appartement, le voleur doit
« se livrer à un travail parfois difficile. Avez-vous ja-
« mais entendu dire qu'un voleur ait la prétention de se
« faire payer de ses peines (1) ?

Pour ce qui est du service rendu à l'auteur, qu'il nous
soit permis d'être quelque peu sceptique à cet égard.
Au point de vue matériel, c'est une véritable perte pour
lui — non des bénéfices provenant de la vente à l'étranger
de son œuvre telle quelle, mais de ceux qu'il aurait re-
tirés d'une traduction faite par lui. Au point de vue moral, rien ne peut nuire davantage à une production littéraire qu'une traduction mauvaise ou médiocre ; or, l'on
ne s'imagine guère les difficultés immenses que rencontre le traducteur ; le génie différent des deux langues
rend son travail des plus épineux ; il doit concilier le
respect dû à l'intégrité de l'œuvre primitive avec le souci
de la faire revivre en la transplantant dans un sol nouveau, et au milieu d'une atmosphère différente ; c'est là
une entreprise devant laquelle presque tous ont échoué.
« Traduttore, traditore », dit le proverbe italien ; Byron (2) et Lamartine (3) se sont exprimés en termes iden-

(1) DARRAS, p. 101.
(2) BYRON : *Prophéties du Dante.*
(3) A. DE LAMARTINE : *Discours de réception à l'Académie française,*
1er avril 1830, édit. Furne, t. I, p. 13.

tiques. Pour une version de Plutarque par Amyot,
d'Homère par Leconte de Lisle, de Tacite par Burnouf,
combien de masques grimaçants et lamentables ap-
pliqués par des mains inhabiles sur les figures antiques.
Voilà le service pour lequel on réclame un salaire (1) !

Ceci indique notre opinion sur le droit du traducteur

(1) Nous croyons ne pouvoir mieux faire que de citer à ce propos une lettre du célèbre romancier russe Cte Leo Tolstoï, qui, ayant par désinté-ressement, renoncé à l'exercice de son droit d'auteur, a vu ses œuvres pillées et mutilées par les traducteurs et les éditeurs. Voici en quels termes il re-grette d'avoir abandonné son œuvre au domaine public :

« Ces derniers temps, la plupart de mes écrits ne sont pas imprimés en
« Russie, mais paraissent sous forme de traductions en langues étrangères.
« J'accorde le droit de traduction sans estriction aucune à quiconque veut
« se charger de la peine de traduire. Mais tout en désirant voir propagées
« mes idées parmi les hommes, je désire qu'elles soient reproduites fidèle-
« ment. Or, il arrive maintes fois que les traducteurs traduisent d'abord ou
« bien d'après une copie inexacte ou bien d'après une version souvent très
« défectueuse faite en une autre langue ; ensuite, ils possèdent très mal la
« langue russe et quelques-uns d'entre eux possèdent même si peu la langue
« en laquelle ils traduisent, qu'ils défigurent complètement l'original ; en troi-
« sième lieu, les éditeurs réunissent parfois plusieurs écrits arbitrairement
« sous un même titre, remplacent fréquemment les titres choisis par moi par
« les leurs, suppriment ce qui leur déplaît ou ce qu'ils jugent inopportun
« pour une raison quelconque, et déclarent quand même quelquefois que le
« travail publié par eux est l'unique édition autorisée par l'auteur. En raison
« de ces faits, je crois devoir déclarer ce qui suit : Bien que je continue à
« accorder comme par le passé à tous le droit d'utiliser mes écrits à leur gré,
« je séparerai pourtant les traductions reconnues bonnes des traductions dé-
« fectueuses et inexactes pour la gouverne des lecteurs qui désirent connaître
« mes écrits sous leur vraie forme, et je les désignerai comme ayant été faites
« d'après le texte approuvé par moi et avec mon autorisation. »

« LEO TOLSTOÏ. »

(*Lettre à M. W. Henckel, à Munich, 1894*).
(*Cité dans la brochure publiée par le Bureau international pour la protection*

proprement dit. Dès lors que la traduction ne portera
plus atteinte au droit de l'auteur — son œuvre étant
tombée dans le domaine public — que le travail du traducteur ne sera plus un pillage, le fruit de ce travail
devra être garanti. L'auteur qui aura pu donner pendant
longtemps une traduction exclusive de son œuvre et
exacte ne souffrira plus, s'il en paraît de médiocres, son
livre étant déjà connu à l'étranger ; et nulle atteinte
n'aura été portée à son droit pécuniaire (1).

Il est bien entendu que la garantie ne portera que sur
la version donnée par le traducteur, et ne lui conférera
aucun monopole de traduction ; il ne saurait accaparer
un droit qui, désormais, appartient à tous.

Les œuvres dramatiques et musicales sont susceptibles
d'un mode de contrefaçon spécial. Indépendamment de
la reproduction par l'imprimerie ou par la gravure de la
pièce ou de la partition, elles peuvent être contrefaites à
l'aide de la représentation ou de l'exécution publique,
qui doivent appartenir exclusivement à l'auteur ou au

*des œuvres littéraires et artistiques, relativement à la Révision de la Convention
de Berne ; Berne, 1896, Ch. I., p. 13).*
Cette page montre mieux que toute dissertation, que le droit pécuniaire
n'est pas tout, qu'à côté de la question d'argent, existe pour l'auteur le
souci moral de sauvegarder son œuvre. — V. en ce sens, POUILLET,
p. 515. — DARRAS. p. 99. — PATAILLE, 1856, 67. — HÉLIE et CHAU-
VEAU, t. VI, p. 46. — RENDU et DELORME, nos 814 et 869. — CALMELS,
p. 150, — BLANC, p. 176.
(1) V. POUILLET, p. 65. — GASTAMBIDE, p. 52. — RENOUARD, t. II,
p. 99. — HÉLIE et CHAUVEAU, t. VI, p. 46. — BLANC, p. 50. — RENDU
et DELORME, no 737.

compositeur ; et nous ne croyons pas qu'il y ait lieu de s'inquiéter, ainsi que l'ont fait certaines législations (1) (Suisse, Mexique, Portugal), si la représentation a été payante ou gratuite. Dès lors qu'elle a été publique, il y a contrefaçon (En ce sens, Riom, 14 mai 1890).

Nous reconnaissons toutefois que cette application est une de celles qui ont pénétré le plus difficilement dans les législations ; et le sort des auteurs dramatiques et des compositeurs a été longtemps des moins favorisés.

Actuellement, il existe donc en leur faveur deux droits distincts, dont l'exploitation sera séparée, l'un pouvant être exercé avant que l'autre n'ait fait son apparition. Ils sont d'ailleurs régis par des lois différentes, qui consacrent leur autonomie (2).

Ce que nous avons dit des œuvres musicales doit également s'appliquer aux airs de danse (Lyon. 4 janvier 1884).

A la représentation publique doit-on assimiler la lecture publique de vers ou de prose ? La jurisprudence a eu raison, selon nous, de se prononcer pour la négative.

---

(1) Plusieurs pays ont même adopté vis-à-vis du droit de représentation le système du domaine public payant. (V. Suisse. Le droit est de 2 o/o sur la recette brute).

(2) Le droit de représentation et d'exécution est déterminé en France par la loi du 19 janvier 1791, et sanctionné par l'article 428 du Code pénal.

V. sur le droit de représentation et d'exécution : RENOUARD, p. 69. — POUILLET, p. 712. — DARRAS, p. 95, 111 et note, 135. — CALMELS, p. 225 et suiv. — GASTAMBIDE, p. 270, NION, p. 60.

Sur la question des instruments mécaniques sonores, boîtes à musique,

(Douai, 11 juillet 1882. Dalloz, 1882, 2, 153. Société des auteurs Dramatiques contre dame Ernst (1).)

Un mode tout particulier qu'il est bon de signaler à cause de son caractère louche et hybride est l'adaptation. Le mot est relativement récent, mais la chose est vieille. Elle consiste à prendre l'essence d'une œuvre, à la parer, à la travestir, puis à la présenter ainsi accommodée au goût du milieu qui doit l'accueillir.

N'est-ce pas là le procédé de certains écrivains que Voltaire compare « à ces voleurs qui changent les habits dérobés de peur qu'on ne les reconnaisse ». C'est surtout sur la scène que se rencontre cette pratique ; nous la voyons, dans un autre genre, transformer un roman en pièce de théâtre, et *vice versa*. L'adaptation musicale se rencontre partout : variation, transcription, étude, arrangement, pot-pourri, etc. Tout ce que nous avons dit à propos de la traduction s'applique au cas présent et la même solution doit être donnée — avec plus de rigueur peut-être, car il s'agit d'une atteinte plus dissimulée, par conséquent plus dangereuse. Qui ne voit que l'adaptation n'est qu'un plagiat, un emprunt fallacieux, un vol mal déguisé ? « C'est le travestissement d'une œuvre, » a dit M. Louis Ulbach. Si l'on ne s'accorde pas pour la définir, presque tous les auteurs

etc. V. infra, p. — Pouillet, p. 734. — Darras, p. 95. — Fliniaux, p. 84.

(1) Nous reconnaissons toutefois qu'il y aurait des distinctions à faire ; la lecture publique peut comprendre des morceaux choisis, être comme une anthologie orale. La question semble alors liée à celle des chrestomathies.

s'entendent pour la proscrire (1) et les discussions de la conférence de Berne de 1885 sont venues jeter sur ce point une heureuse lumière (2). La plupart des législations sont d'accord avec la doctrine, et dans les pays même (Angleterre) (3) où l'adaptation est autorisée, les meilleurs esprits réclament sur ce point des dispositions nouvelles (4).

Nous avons essayé de préciser les limites de la contrefaçon. Mais cette tâche devient impossible quand il s'agit de l'appropriation indirecte. C'est alors affaire

(1) Pas tous cependant. M. Mendès Léal considère l'adaptation « comme la transfusion de la pensée dans ce qu'elle a de plus large et de plus complet, pour lui, c'est une naturalisation ; c'est une adoption. » (V. DARRAS, p. 114. Note.

(2) V. page.

(3) La loi anglaise interdit de tirer un roman d'une pièce de théâtre ; mais elle permet la dramatisation.

(4) Presque toutes les conventions condamnent expressément l'adaptation. V. art. 1 de la convention franco-belge, du 31 octobre 1881, art. 3. « La propriété des œuvres musicales s'étend aux morceaux dits « arrange- « ments » composés sur des motifs extraits de ces œuvres. » Lyon-Caen « et Delalain, t. II, p. 278). Art. 4 de la convention franco-espagnole du 10 juin 1880. « Sont également interdites les appropriations indirectes, « telles que adaptations, imitations dites de bonne-foi, transcriptions ou « arrangements d'œuvres musicales, et généralement tout emprunt quel- « conque aux œuvres littéraires, dramatiques ou artistiques, faites sans le « consentement de l'auteur (Lyon-Caen et Delalain, t. II, p. 293). Même disposition dans l'art. 10 de la convention de Berne de 1886, qui assigne comme nature aux « changements, additions ou retranchements » de n'être « pas essentiels » et de « ne pas présenter le caractère d'une œuvre origi- nale. » V. infra, p.).

V. sur l'*adaptation*, POUILLET, p. 55, 131, 524. — DARRAS, p. 113.

V. également pour « *Parodies* » POUILLET, p. 528. — DARRAS, p. 113, note 2. — CONSTANT, Code des théâtres, p. 182.

d'appréciation dans les cas particuliers, car l'on doit
forcément reconnaître à l'auteur une certaine latitude,
une certaine liberté dans les gestes. S'inspirer d'une
œuvre n'est ni la copier, ni la dénaturer et ne peut être
défendu. L'imitation est féconde, quand elle n'est ni
une platitude, ni « un esclavage ». Le plus souvent
même elle est involontaire, — que de réminiscences in-
conscientes, d'emprunts faits de bonne foi ! — Nous dirons même qu'elle est forcée ; toute littérature s'est
nourrie de ses devancières, et l'on ne peut reprocher à
un auteur d'en faire autant à l'égard de ses prédécesseurs ;
ce n'est pas commetter un vol que de s'éclairer à la lumière d'autrui. Goëthe déclarait que « le plus grand génie
ne fait rien de bien, s'il ne vit que sur son propre fonds ».
Le seul critérium que l'on puisse tenter d'émettre, la
seule chose que l'on puisse demander, c'est que l'emprunt indirect, quand il a quelque portée, ne soit pas
trop visible, qu'il ne fasse pas tort à l'auteur qui l'a
fourni, qu'il soit une assimilation, et non une usurpation. Le mot de la fin semble être cette boutade de La-
motte-Levayer, citée par Nodier. « On peut dérober à
« la façon des abeilles sans faire de tort à personne ;
« mais le vol de la fourmi qui enlève le grain entier ne
« doit jamais être imité (1) !

Les caractères de l'emprunt licite et illicite semblent
assez nettement indiqués dans un exemple que nous
empruntons à la jurisprudence ; il s'agit de la contrefaçon d'une œuvre de sculpture. Voici les considérants

(1) Ch. Nodier « *Questions de littérature légale. Du plagiat, de la supposi-
tion d'auteur, des supercheries qui ont rapport aux livres.* »

de l'arrêt : « L'artiste est propriétaire de sa conception
« artistique et de sa composition ; nul ne peut le copier
« sans être contrefacteur ; sans doute, il appartient à
« tout autre de s'emparer de la même idée, de traiter le
« même sujet, mais sans porter atteinte à ce qui carac-
« térise l'expression particulière et originale que l'artiste
« a donnée à sa pensée. Il y a contrefaçon même si
« l'œuvre copiée présente quelque différence avec le mo-
« dèle primitif, du moment que ces différences, loin de
« constituer une création nouvelle, indiquent la préoc-
« cupation de la part de l'imitateur, de modifier l'œuvre
« originale, de faire illusion au public, et d'échapper à
« l'application de la loi pénale » (Paris, Cour, 16 novembre 1893, Massé contre Defes. V. conformes Huard
et Marck. *op. cit.*, n° 1068).

La jurisprudence admet que la bonne foi peut excuser
la contrefaçon (1) : il est bien évident qu'elle n'entend
parler que du délit pénal, sans écarter la réparation civile, qui reste toujours due. Vis-à-vis de l'auteur spolié
la contrefaçon est une question de fait, laquelle doit
s'analyser objectivement et non subjectivement. En décider autrement « ce serait anéantir dans un grand
« nombre de cas tout droit des auteurs (2) ».

---

(1) Arrêts : En matière de contrefaçon artistique et littéraire, le prévenu
peut exciper de sa bonne foi. (Cassation, 23 juin 1893. DALLOZ. 94, 1,
616.

Le délit de contrefaçon est soumis, comme tous les autres délits, à la
double condition d'un fait matériel causant préjudice et d'une pensée coupable (Nancy, 11 décembre 1890. — DALLOZ, 94, 2, 375.

V. POUILLET, p. 476 et 479.

(2) RENOUARD, t. II, p. 13.

Si l'on veut accorder à ce droit une garantie réelle, il convient d'assimiler à la contrefaçon certains faits qui la permettent ou la consomment. C'est d'abord la vente des ouvrages contrefaits — puisqu'elle « est le but même « de la contrefaçon (1) » — et même la simple mise en vente ou exposition (2).

C'est ensuite l'introduction, qui permet la vente des contrefaçons étrangères. Elle doit être prohibée même au cas où le délit n'existerait qu'au pays destinataire, l'auteur ayant fait à l'étranger abandon de son droit (3).

De plus, si l'on admet notre sentiment sur la protection internationale, il faut punir l'exportation des œuvres étrangères contrefaites.

Enfin, le transit, objet d'une tolérance douanière, doit être soustrait à cette tolérance, quand il permet la circulation d'œuvres contrefaites « la fiction d'exterrito- « rialité se limitant d'elle-même à son application, qui « est la non-perception de droits de douanes à l'égard « de marchandises qui ne font que transiter (4) » et non l'extension de la fraude.

Telles sont les mesures pratiques à adopter, pour que le droit d'auteur ne soit pas un vain mot.

(1) POUILLET, p. 567.
(2) HÉLIE et CHAUVEAU, t. VI, p. 69. — GASTAMBIDE, p. 124. — Pour présomptions de vente, V. RENOUARD, t. II, p. 55 ; jurispr. : Toulouse, 3 juillet 1835, HOCQUART, SIREY, 36, 2, 39.
(3) POUILLET, p. 575.
(4) DARRAS, p. 110.

§ VII.

Nous avons posé plus haut un principe éminent, et qui régit toute notre matière (1). Le moment est venu d'en déduire la conséquence la plus intéressante, la plus importante au point de vue de notre étude : les droits naturels appartiennent en tout lieu à tous sans distinction ; le droit d'auteur ressort de cette catégorie. Dans toute législation, l'œuvre étrangère doit donc être protégée à l'égal de l'œuvre indigène (2).

Cette vérité n'a pas toujours été reconnue. L'on verra dans le chapitre suivant combien longtemps la théorie contraire fut en honneur, et quels efforts il fallut pour réagir. A peine est-il besoin de montrer combien il est étroit et mesquin dans sa conception ; maladroit et stérile dans son application. Voyons, en effet, ce qui se passera dans un pays qui, sous prétexte de favoriser l'acheteur en abaissant le prix de vente ne garantit pas l'œuvre étrangère : les éditeurs, peu soucieux de payer fort cher les productions de leurs compatriotes, s'adresseront de préférence à celles de l'étranger qu'ils pourront reproduire à leur aise, sans bourse délier. En sorte que finalement, les auteurs nationaux se trouveront pâtir,

(1) V. supra, p.

(2) V. en ce sens le vœu émis par le conseil fédéral suisse : « L'auteur « d'une œuvre littéraire ou artistique, quels que soient sa nationalité et le « lieu de reproduction, doit être protégé partout à l'égal des ressortissants « de chaque nation. » (Note circulaire adressée le 3 décembre 1883 par le conseil fédéral aux gouvernements étrangers, en vue de la formation d'une union générale pour la protection des œuvres littéraires et artistiques).

et l'expérience a montré que le public n'y gagnait
rien.

En outre, ce système a le tort d'aller directement
contre les principes évidents que nous avons émis. On
ne peut mieux l'exécuter, que ne le faisait dès le
xviiie siècle, un jurisconsulte d'Augsbourg, Putter,
qui dans son « Traité sur la propriété littéraire » (1)
proclamait « qu'il y a aussi peu de différence entre la
« contrefaçon des auteurs étrangers et celle des auteurs
« nationaux, qu'il en existe entre une infidelité commise
« envers un citoyen et celle dont un étranger serait la
« victime. »

Et que l'on remarque combien la protection internationale est en harmonie avec la nature du droit auquel
elle s'adresse. Il est vrai que « la propriété littéraire et
« artistique a un caractère aussi cosmopolite que la pensée elle-même (2). » Le représentant d'une nation peu sus-
pecte de tendresse pour les auteurs étrangers — les Etats-
Unis — ne pouvait s'empêcher d'admettre que « le droit
d'auteur doit être reconnu et garanti sans distinction de
nationalité, et sans égard aux frontières politiques (3) »
L'on ne peut faire en faveur de cette cause plus éloquent
plaidoyer que n'en contiennent ces lignes : « Ne serait-
« il pas juste d'accorder à un auteur dont la pensée,
« dont l'âme parcourant un pays, y laissent une trace
« lumineuse, ce que l'on ne refuse plus au voyageur pro-

(1) Goettingue, 1774.
(2) Actes de la conférence de Berne de 1884.
(3) Discours de M. Ch. Winchester, délégué des Etats-Unis à la conférence de Berne de 1886.

« menant son désœuvrement sur les grandes routes, et qu'on admettrait à revendiquer en justice le bagage qu'on « lui aurait volé » (Mr Cochut, *Revue des Deux-Mondes*, 1839, T. I. p. 393). L'art et la pensée n'ont d'autre patrie que l'humanité ; ils doivent y régner et s'y faire reconnaître sans tenir compte des frontières tracées par l'arbitraire humain (1).

Mais les partisans mêmes de cette idée se séparent sur son application: les uns réclament la protection pure et simple, les autres veulent l'astreindre à la règle de la réciprocité, et n'accorder de droits aux auteurs d'une nation étrangère que dans la mesure où celle-ci protège les auteurs de l'autre pays. Si la protection dérive des lois internes, c'est la réciprocité légale ; si elle découle d'accords diplomatiques, c'est la réciprocité conventionnelle. Nous rencontrons la formule-type de la réciprocité dans l'ancien code général des Etats prussiens (Titre XI, art. 1033). « Les contrefaçons sont « permises à l'égard des éditeurs étrangers en tant que, « dans ces états, elles sont permises au préjudice des li- « braires prussiens ».

Même après l'abandon du système barbare dont nous croyons avoir fait justice, la réciprocité a joui jusqu'à

(1) « C'est un des caractères principaux du droit dit de propriété littéraire que d'être essentiellement international... Comme les lettres elles-mêmes, il ne connaît pas de barrières ; et, comme elles, il doit contribuer à détruire les derniers vestiges d'égoïsme national qui peuvent encore séparer les peuples. » (LABOULAYE, p. 86).

« L'étranger a le droit de penser ; il a... le droit de publier sa pensée ; pourquoi lui refuserait-on celui de percevoir les revenus du capital qu'il a créé, le prix du service rendu à l'humanité ? » (WEISS, p. 222).

nos jours d'une grande faveur, et nous verrons par la suite quelles racines profondes elle a poussées. Les penseurs eux-mêmes, les protecteurs des lettres et des arts ne craignaient pas de s'y rallier. La commission formée en r836 sous la présidence de Mr Villemain l'avait adoptée ; et Lamartine, rapporteur à la Chambre des Députés de la loi de 1841, ne la répudiait pas. Elle a pris place dans la plupart des législations modernes, (1) et se retrouve dans toutes les conventions.

Néanmoins, nous repoussons ce système, en apparence plus juste et plus modéré que le précédent, aussi faux en réalité. Pas plus qu'il ne peut être omis, un droit naturel ne peut être restreint, ne peut être soumis à des conditions.

Le grand argument des promoteurs de la réciprocité est l'arme puissante qu'elle fournit à un gouvernement, en forcant les autres nations à protéger pour être protégées ; s'il abandonne cette arme, il ne pourra plus rien exiger, et l'étranger s'abstiendra de toute mesure qui ne lui serait pas dictée par l'intérêt, car il serait puéril de s'attendre à un retour de générosité : les nations, comme les individus, n'obéissent qu'à la voix de l'égoïsme. C'est en ce sens que parlait, en 1844, M. Guizot devant les Chambres Françaises.

(1) V. loi espagnole du 10 juin 1879 ; Bavière, loi du 9 mars 1840 ; Saxe, loi du 22 février et ordonnance du 27 février 1844. — Loi italienne de 1882, Législations du Danemarck, Suède, Norwège, Grèce, etc. — Le projet de loi déposé en 1890 sur le bureau de la Chambre des députés par M. PHILIPPON (art. 29) admettait le principe de la réciprocité (V. *Journal officiel*, 13 février, 1890).

Nous protestons, avec Darras contre « cette dange-
« reuse habitude qu'ont certains jurisconsultes de ne ré-
« soudre les questions de droit, que par des considéra-
« tions d'intérêt (1). » L'utile n'a jamais été une règle morale que dans les œuvres d'Adam Smith, et serait une
base bien fragile pour un édifice juridique. Ainsi que
l'a dit M. Lherbette « La contrefaçon est un vol : pour
« punir chez nous le vol commis au préjudice des au-
« teurs étrangers, est-il nécessaire que les gouverne-
« nements étrangers en agissent de même avec nos au-
« teurs. La morale ne serait donc plus un devoir, mais
« un marché ». Et lors de la discussion du Code Civil,
qui pourtant s'est inspiré du principe de la réciprocité
Boissy-d'Anglas la flétrissait en ces termes : « Cette con-
« dition n'a pas de sens ; elle aboutit à dire que nous de-
« vons attendre pour faire ce qui est juste et utile, que
« les peuples étrangers fassent de leur côté ce qui est
« utile et juste (2) ».

Que les utilitaires d'ailleurs se rassurent ; loin d'être
une cause de dommage et de ruine, la protection pure et
simple n'est que profit et avantage pour nos auteurs,
dont le sort nous intéresse autant que tout autre. En
1851. M. Barthélémy St-Hilaire, dans son discours à
l'Assemblée nationale, prononçait ces paroles prophé-
tiques : « Quand nous aurons commencé par déclarer

(1) Darras, p. 81-83.

(2) Séance du tribunat du 29 fructidor, an X, V. également dans ce sens,
discours de M. Vivien, rapporteur devant la Chambre des députés de la
loi de 1844, — 24 juillet 1844, *Moniteur*, p. 2343. — Villefort, p. 53-
54. etc.

« que la contrefaçon chez nous est un délit puni par les
« lois, je crois que nous obtiendrons bien plus facile-
« ment des gouvernements qu'ils l'abolissent chez
« eux ». Le décret loi de 1852, dont l'essence est la protection sans réciprocité, est venu donner à cette assertion
une confirmation éclatante. « La France put négocier
« alors, non plus comme nation industrielle marchan-
« dant un tarif à des peuples commerçants, mais comme
« souveraine d'un empire moral forçant pour ainsi dire
« l'Europe à signer avec elle une seconde déclaration
« des droits de l'intelligence (1) ». Et notre pays, qui de
1841 à 1852, n'avait pu conclure que quatre conventions pour la protection de ses nationaux à l'étranger
obtint, de 1852 à 1865, cinquante-sept traités. Les
chiffres ont leur éloquence.

Au reste, le système de réciprocité perd chaque jour
du terrain, pour faire place à la protection pure et
simple. En 1858, les littérateurs et artistes réunis en
congrès à Bruxelles souhaitaient que ce principe « fût
admis de pays à pays, même en l'absence de réciprocité. » En 1861, le congrès artistique d'Anvers proclamait que « le principe de la reconnaissance interna-
« tionale (sans condition) des œuvres artistiques en
« faveur de leur auteur doit prendre place parmi les
« législations modernes ». A l'heure actuelle, tous les
vœux se sont affirmés en ce sens ; les considérations
petites et égoïstes ont disparu ; l'idée s'impose et res-
plendit, dégagée des nuages qui l'obscurcissaient.

(1) DARRAS, p. 83.

Mais précisons nos vues personnelles : ce que nous réclamons, c'est l'assimilation complète, absolue, sans condition, de la production étrangère à la production nationale ; c'est la protection de l'œuvre, sans distinction, quelle que soit la nationalité de l'auteur ou de l'éditeur, quelle que soit celle du contrefacteur, et cela, sans aucune formalité spéciale. Nous ne voulons même pas, comme l'ont fait les lois les plus libérales — celles qui admettent le principe du traitement national (1) — mesurer cette protection à celle du traitement originaire. C'est là une restriction souverainement illogique ; du moment que l'on traite une œuvre comme nationale, il faut aller jusqu'au bout. Quel mal y a-t-il à ce qu'elle soit protégée plus, ou plus longtemps à l'étranger qu'au pays d'origine (2) ? En sens inverse, si l'on préfère le traitement étranger, il faut l'admettre in globo, dut-il dépasser la loi indigène. « Il est contradictoire et injuste de traiter « tour à tour une œuvre « comme nationale ou étrangère du moment que cette « qualité est de nature à restreindre les droits de « l'auteur (3) ». Par là même, nous supprimons une

(1) V. infra decrét, loi de 1852. — Le principe du traitement national est évidemment le meilleur, mais dénué de toute restriction.

(2) Nous ne comprenons donc pas l'argument suivant : « Ce système « (celui de l'assimilation complète) présente un inconvénient : celui de pro-« téger dans le pays étranger qui a une durée de protection plus longue, « une œuvre tombée dans le domaine public, dans le pays d'origine. » Nous avouons ne pas saisir l'inconvénient de cette pratique.

(3) DARRAS, p. 380. Comme il faut, dans la pratique, opter entre les deux systèmes, nous préférons de beaucoup celui de la territorialité, comme répondant le mieux au caractère de l'œuvre littéraire ou artistique, qui s'ins-

autre difficulté relative à la détermination de la nationalité de l'œuvre, suivant que l'on admet à cet effet le
système de l'indigénat ou celui de la territorialité : c'est
là une contingence qui disparaît devant notre principe
absolu (1). Pour nous, la personnalité de l'auteur s'efface
derrière la personnalité de l'œuvre ; or, celle-ci est universelle et doit être traitée comme telle (2).

Ces idées pourront paraître entachées d'exagération ;
nous les croyons conformes à la vérité des principes ;
nous croyons que les règles qu'elles engendrent sont les
plus larges et les plus fécondes qui puissent entrer dans
une législation.

pirent largement du milieu où elle est composée. C'est la pratique suivie
dans la plupart des législations.

(2) C'est l'idée qu'avaient essayé de faire triompher les délégations
française et suisse au sein des conférences préparatoires de la Convention
d'Union. M. Louis Ulbach protestait ainsi contre son rejet : « Vous avez
repoussé la rédaction qui semblait la plus simple, en même temps qu'elle
était de la part de la délégation française l'expression d'un sentiment dé-
sintéressé, puisque nous offrions aux étrangers plus que nous ne recevions
de leurs pays. »

(1) L'on remarquera que, dans cette étude, nous avons toujours parlé de
l'*œuvre* étrangère, et non de l'*auteur* étranger. Cette dernière manière de
voir entraînerait une distinction, suivant que l'auteur étranger fait paraître
son œuvre dans le pays dont il réclame protection, ou dans son pays d'origine ; dans le premier cas, en effet, cette œuvre prend, en quelque sorte,
— comme nous l'expliquerons plus loin — la nationalité du pays où elle a
paru ; elle n'est donc plus regardée comme étrangère, mais comme nationale ; dans le second cas seul, il y a vraiment garantie de l'œuvre étrangère.
— Cette distinction peut être utile pour qui n'accepte la protection que
dans le premier cas. Elle n'a pas de raison d'être avec notre théorie, qui
englobe toutes les hypothèses possibles. C'est une difficulté de moins, et
nous croyons qu'il est bon de déblayer le plus possible le terrain en cette
matière.

Nous ne songeons d'ailleurs pas à jeter la pierre au législateur qui, tout en reconnaissant la protection étrangère, ne l'a pas établie d'une façon aussi absolue. Nous savons que bien des obstacles pratiques s'opposent à la réalisation immédiate des théories reconnues les meilleures. « Natura non fecit saltus » disaient les anciens ; il en est de même pour les pays et pour les lois.

Notre étude théorique est finie. Nous allons rechercher, dans le chapitre suivant, comment et dans quelle mesure la protection des œuvres étrangères a été consacrée dans le domaine législatif.

L'examen des accords internationaux nous fera connaître une nouvelle face de la question : la protection conventionnelle, dont les résultats ont été immenses. Ne pourrait-on espérer aboutir par ce moyen à une entente universelle ? C'est ce que nous verrons dans les deux derniers chapitres.

CHAPITRE II

§ I.

Il s'en faut que les principes que nous venons d'émettre aient toujours été reconnus, et que l'œuvre littéraire ou artistique ait été protégée de tout temps. Lors même qu'elle l'a été, l'on pourrait souvent appliquer aux mesures prises en sa faveur ce que Drone, l'un des premiers juristes anglais, disait en 1879 des lois de son pays, à savoir qu'elles avaient été rédigées dans une complète ignorance des principes. Bien que n'envisageant ici que le sort de l'œuvre étrangère, il nous est utile de jeter un rapide coup d'œil sur l'histoire de la protection en général, et de considérer quelle a été, dans les siècles, la marche ascendante des idées.

Dans l'antiquité, nous ne pouvons rien rencontrer de semblable à la manifestation pécuniaire du droit d'auteur ; les conditions sociales et matérielles l'expliquent suffisamment, la diffusion des œuvres étant extrêmement difficile et lente en l'absence de tout moyen pratique de reproduction. Sans doute, en gardant par devers

lui l'objet artistique ou le manuscrit, l'auteur conservait
par là même tous les droits possibles : il n'avait alors
nul besoin de protection ; et guère il ne pouvait lui
venir à l'esprit de céder ses droits, en présence du peu
d'intérêt qu'aurait eu le cessionnaire à les exploiter. De
fait, nous ne trouvons aucun texte, aucun document
éveillant l'idée d'un droit exclusif de copie, d'un privilège au profit de l'auteur.

Mais voici venir la découverte de l'imprimerie.
D'abord tenue secrète par ceux-la même qui l'exploi-
tent (1) elle finit par se dévoiler, et l'on peut croire que
son apparition va changer la face des choses. Maintenant
que toute œuvre peut être reproduite en quelque sorte
à l'infini, que l'exploitation en est une source de richesse, cette exploitation ne va-t-elle pas être réglementée au profit de l'auteur ? Nullement. Cette protection large et éclairée n'apparaît pas encore. Chose
curieuse, la première mesure de garantie va dériver
d'un droit de contrôle et de censure que les souverains
s'étaient arrogé sur les choses de l'esprit. Tout ouvrage
à publier, devait, au préalable, être revêtu de l'autorisation royale (2). Par une conception nouvelle, cette auto-

---

(1) Les imprimeurs, en effet, firent passer pour copies manuscrites les
premiers ouvrages sortis de leurs presses. Et cela se comprend, quand l'on
songe au prix que représentait un seul exemplaire. Louis XI, désirant em-
prunter à la Faculté de Médecine un manuscrit des œuvres du médecin
arabe Rhazès, dût, dit-on, consigner en dépôt cent écus d'or, plus douze
marcs de vaisselle d'argent.

(2) Cette mesure date de François Ier. La plus ancienne manifestation en
semble remonter à 1475 (V. M. PEIGNOT, *Manuel du bibliophile*, t. I, p. 42,
cité par RENOUARD, t. I, p. 32). Ce n'est pas qu'auparavant l'on ne trouve

risation, dûment accordée, comporta un privilège (1)
pour l'éditeur qui l'avait obtenue. L'Edit de Moulins,
rendu sous Charles IX — et qui confond le privilège et
la permission — défendait « à toute personne que ce
« soit d'imprimer ou de faire imprimer aucun livre ou
« traité sans congé et permission du Roi et lettres de
« Privilège, expédiées sous le grand scel ». Le Privilège,
voilà donc la première forme de la protection (2).

Qui ne voit son imperfection ? D'abord il s'adressait

trace d'autorisation royale ; mais elle intervenait sur demande volontaire,
et non comme mesure obligatoire.

V. là-dessus Bulle de Léon X du 4 mai 1515. Ordonnance royale du
13 juin 1521, portant « défense du Roi aux libraires et imprimeurs de rien
« vendre au public sans autorisation de l'Université et de la Faculté de
« théologie, et sans visite préalable ». — Arrêts du Parlement en date du
18 mars et du 15 novembre 1521 — du 5 février 1525 — du 2 mars 1535
— du 1er juillet 1542. — Ordonnance royale du 8 décembre 1537, pres-
crivant dépôt et examen préalable des livres imprimés à l'étranger. Edits de
Henri II du 11 décembre 1547 et du 27 juin 1551. — Ordonnances du
24 juillet 1557 et de mai 1560. — Déclaration du 17 janvier 1561. —
Lettres patentes du 10 septembre 1563, défendant « d'imprimer aucun
« livre sans permission du Roi, sous peine d'être pendu et étranglé ». — Ordonnance de Moulins (février 1566). — Article 21 de l'Edit de Nantes
(avril 1593). — Règlement de police du 20 novembre 1610. — Déclaration
du 11 mars 1612. — Règlement de 1618. — Lettres patentes de 1624,
créant les « censeurs royaux ». — Edits de 1626 et de 1627. — Ordonnance du 15 janvier 1629. — Règlement général de 1686. — Lettres patentes du 2 octobre 1701, etc., etc. (V. RENOUARD, t. I, p. 31-106).

(1) A l'origine, le privilège pouvait être délivré par toute autorité. Les
édits de 1626 et de 1627, rendus par Louis XIII, réglementèrent étroitement la matière ; désormais, le privilège dut émaner du « Grand scel »,
faute de quoi il n'était valable. — V. à ce propos arrêt du Conseil (16 janvier 1835) rendu sur plainte du cardinal Bentivoglio, contre Quinet, éditeur ;
rapporté par Séguier.

(2) Le privilège avait en réalité un double but : réserver à la corporation

à l'éditeur et non à l'auteur (1). Cette mesure se comprend tant que les productions anciennes sont la seule mine à exploiter ; mais, quand le pays se fait producteur, que la sève de la Renaissance amène cette éclosion puissante d'œuvres nouvelles et originales (2), elle devient une injustice flagrante en méconnaissant d'une façon inouïe les droits de l'auteur. En outre, le privilège n'est qu'une concession gracieuse, toute arbitraire et dépendant du bon plaisir de l'autorité du roi : rien d'étonnant d'ailleurs à ce procédé, qui cadre fort bien avec l'idée qu'on se faisait de l'omnipotence du pouvoir royal, grand dispensateur des droits et des faveurs. Enfin, par une singulière méconnaissance des principes, le privilège n'est pas regardé comme simple constatation au droit : il est censé le créer, et s'identifie avec lui.

Un tel état de choses ne pouvait aller sans soulever les protestations des esprits éclairés. L'une d'elle est particulièrement intéressante ; elle émane de Luther : « Que « signifie ce moyen, que l'un dérobe ouvertement à « l'autre, et lui vole ce qui lui est propre ? C'est une « chose particulièrement déloyale que nous sacrifiions « notre travail et notre dépense, et que d'autres y trou-

des libraires l'industrie du livre ; protéger chaque libraire en particulier contre ses confrères.

(1) Il donnait lieu aussi à des abus : « Il n'était pas rare que des privi- « lèges fussent donnés en cadeaux à des individus qui n'étaient ni libraires « ni auteurs » RENOUARD, t. I, p. 110.

(2) Le premier privilège connu semble avoir été octroyé en 1494, par la République de Venise à Hermann Lichtenstein, éditeur du « *Speculum historiale* » de Vincent de Beauvais. — RENOUARD, t. I, p. 106, — POUILLET, p. 5.

« vent leur profit, et nous, notre ruine (1) ». Il semble
que ces doléances aient produit quelque effet ; car nous
voyons, en 1530, un Anglais, Jean Palsgrave, auteur
d'une grammaire française, se faire concéder, en Angleterre, un privilège de vente pour sept ans ; il est vrai
que Palsgrave publia lui-même son livre, et l'on peut
admettre que le privilège ait été accordé à l'éditeur
plutôt qu'à l'auteur. Mais, vers la même époque,
Henri VIII accorde un privilège à Renaud Wolf, et
l'Arioste en obtient un de la Seigneurie de Florence (2).
Nous devons malheureusement le constater, c'est en
France que l'idée même du privilège resta le plus pro-
fondément ancrée. Les arrêts même de 1777 la recon-
naissent et la consacrent. En vain des juristes, tels que
Linguet (3), d'Héricourt (4), font entendre d'énergiques
récriminations : les ordonnances n'en restent pas moins
formelles. Il faut aller à l'étranger pour trouver une
législation éclairée. En 1668, les électeurs de Saxe pro-
clament la protection en dehors de tout privilège. Il
en est de même dans les Provinces-Unies. L'Angleterre

(1) *Œuvres de Luther*, t. XI, p. 34, à propos de la réimpression d'une
traduction faite par lui, de la Bible. — V. aussi dans ce sens : Lettres
d'Erasme, 27 janvier, 1522.

(2) Cités par DARRAS, p. 171, *passim*.

(3) LINGUET : *Mémoire sur les propriétés et privilèges exclusifs de la librairie*,
Paris 1774. — V. également ses « *Annales* ».

(4) Ce dernier avait compris que le privilège ne crée pas le droit de
l'auteur. — « C'est, dit-il, une reconnaissance faite par l'autorité publique
« de la propriété de l'auteur. Le privilège est le sceau, la garantie de
« la jouissance paisible ; mais il n'est pas la source de cette jouissance. Le
« privilège ne donne rien à l'auteur ».

et les Etats-Unis précédèrent la France dans la voie de l'abolition des privilèges (1).

La situation des écrivains dans les siècles derniers était donc loin d'être enviable. Ils trouvaient bien rarement dans la vente de leurs œuvres la rémunération de leur travail. Exploités par les libraires, dépouillés, peu en faveur auprès des tribunaux, il ne leur restait guère qu'à se mettre — quand ils le pouvaient — à la solde de quelque riche seigneur, ou d'entrer dans les bonnes grâces d'un ministre se piquant de protéger les lettres et les arts. Le sort des auteurs dramatiques était particulièrement précaire : le Privilège ne concernait pas le droit de représentation, seule source de profit. Aussi Corneille devait-il se rendre chez son bottier pour faire réparer son unique paire de brodequins « tandis que le « Comédien, couché dans son carrosse, lui jetait de la « boue (2) » ; et les richesses de Jean-Baptiste Poquelin étaient en raison inverse de son génie. Rien d'étonnant à cela : les comédiens pillaient les auteurs sans vergogne, jouant leurs pièces et s'en faisant finances ; mais ils oubliaient toujours de leur bailler la moindre part du loyer ; et criaient bien fort si quelque malavisé les entreprenait là-dessus. Il y avait bien par-ci par-là quelques règlements épars : mais si commodes à éluder, que tous s'en faisaient un jeu. L'idée d'un droit de représentation équivalait — aux dires des entrepreneurs dramatiques — à la ruine de leur art. A quoi ripostait un jour

(1) Actuellement, la Turquie et la Chine sont les seuls pays où soit encore connu le système des privilèges.

(2) LABRUYÈRE : *Caractères* ; Chapitre des jugements.

Beaumarchais « qu'il engageait ces messieurs à se servir
« du même argument à l'égard des costumiers, du souf-
« fleur et du moucheur de chandelles, afin de voir si
« ceux-ci trouveraient la raison bonne (1) ».

Ce n'est qu'en 1791 que parut le premier monument
législatif accordant des garanties sérieuses. Nous l'étudierons plus loin.

§ II.

Si la protection de l'œuvre indigène a été longue à
s'implanter, plus difficilement encore s'est acclimatée
celle de l'œuvre étrangère. Pendant longtemps la contrefaçon internationale a été considérée comme légitime,
et les encouragements ne lui ont pas fait défaut. Un
nommé Marine, contemporain de Scudéri, dans la préface qu'il écrivait des œuvres de celui-ci, déclarait que
« prendre à ceux de sa nation, c'est larcin ; mais pren-
« dre sur les étrangers, c'est conquête » ; et Scudéri
approuvait fort cette manière de voir. Certains pays
s'étaient fait une spécialité de cette piraterie internationale, et, comme l'observe judicieusement Darras, « elle
« était exercée par des peuples qui se montraient pleins
« de respect et d'égard pour la propriété ordinaire »·
Au siècle dernier, les Pays-Bas rendirent de réels ser-

(1) Cité par M. Bertrand ; *Thèse de Doctorat* (25 mars 1896) : Du
droit de représentation en France des œuvres dramatiques et musicales
françaises. — V. pour les démêlés de Beaumarchais avec la Comédie-
Française, Renouard, t. I, p. 218. — Relativement à la protection des
œuvres artistiques, V. spécialement, M. Albert Vaunois : « *La con-
« dition et les droits d'auteur des artistes jusqu'à la Révolution, 1892* ».

vices à la cause littéraire en publiant des ouvrages pro-
hibés en France ; mais ces services ne sauraient justifier
le tort qu'ils firent à nos écrivains par des reproductions imparfaites et tronquées, ni le dommage pécuniaire qu'ils leur valurent.

La Belgique avait élevé la contrefaçon étrangère à la
hauteur d'une institution. Un moment arrêtée dans son
essor, ainsi que la Hollande, par son annexion à la France
— Napoléon Ier promulgua à cette époque les décrets
du 29 décembre 1810 et du 24 août 1811 — elle revoit
de beaux jours à la chute de l'Empire. Elle peut alors
invoquer le semblant de justification indiqué plus haut.
Mais, quand ce prétexte disparut en 1830 avec l'asser-
vissement des idées, les presses belges n'en continuèrent
pas moins à contrefaire avec fureur les œuvres françaises.
Ce qui n'allait pas sans déplaire à certains qui, comme
Bignon, proposaient « d'user envers les Belges de la
« contrainte qu'il faut imposer à certains peuples pour
« l'accomplissement des obligations les plus morales »
(Lettre à Didot). Un seul fait cité vaudra mieux que
tous les commentaires: en quatre ans, de 1834 à 1838,
quatorze millions furent versés en vue de la fondation
de sociétés dont le but avoué était la contrefaçon des
œuvres étrangères. Et les noms de personnages con-
sidérables s'étalaient en tête des listes de souscription !

D'autres pays ont pu revendiquer la même célébrité.
A la suite d'une différence de législation issue du premier acte anglais relatif au Copyright, (1) l'Irlande se

____

(1) Statut de la reine Anne, 1710, 8e année, ch. XIX, art. 1.

trouvait avoir libre jeu pour contrefaire les œuvres anglaises et écossaises. Elle n'eut garde de n'en profiter, et inonda l'Angleterre de ses produits ; une loi rendue sous Jacques II prohiba cette importation ; les Irlandais y perdirent un de leurs débouchés ; ils se rattrapèrent chez eux et auprès des autres pays.

Passons au Nouveau-Monde : Le Brésil a toujours vécu sur les productions européennes ; il est vrai que l'on voit chez lui les corsaires de la littérature « l'un l'autre s'attaquant ». Aussi le congrès de Lisbonne (1) lui votait-il en 1880 l'avertissement suivant : « Le Congrès... « émet le vœu que l'Empire du Brésil, qui a aboli la « traite et émancipé les esclaves, poursuive son œuvre « honnête et civilisatrice en reconnaissant les principes « de la propriété littéraire (2) ».

Les Américains, qui font tout en grand, n'ont pas menti à leur renommée. Maîtres chez eux, formant à eux seuls un monde, ils n'ont de concession à faire à personne ; n'ayant aucun intérêt à répudier la contrefaçon, ils se sont lancés dans cette voie avec la belle activité qui les caractérise. Ils n'ont d'ailleurs pas de préférence, et copient tous les auteurs étrangers avec une impartialité parfaite. Cependant les Anglais ont peut-être particulièrement à souffrir d'un favoritisme justifié par la communauté d'idiome, qui rend la réimpression plus simple et plus lucrative. Chose étrange, tandis que Jonathan vole ainsi son cousin John Bull, il se trouve

(1) V. *infra*, p.
(2) Bull. assoc. litt. intern.. 1re série, no 10, p. 36.

protégé chez ce dernier lorsqu'il a eu le soin préalable
d'y faire paraître son œuvre ; de par la loi anglaise, en
effet, elle devient nationale — *jure soli* — et garantie
comme telle ; et les Yankees peuvent rire de l'autre côté
de l'Atlantique du bon tour qu'ils ont joué à leurs con-
génères. Ceux-ci d'ailleurs semblent ne pas l'avoir
goûté, ainsi qu'il résulte des procès-verbaux des Congrès
de Vienne (1881) et de Rome (1882 (1). A ce dernier,
M. Engel flétrissait énergiquement la pratique coupable des Etats-Unis, « laquelle n'est pas « tolérable
« avec les sentiments d'honneur et de dignité d'un
« grand pays libre ». Toutefois, l'Angleterre s'est constamment refusée, malgré les demandes formulées lors
de l'enquête de 1875, à exercer vis-à-vis des ¿Etats-
Unis des mesures de représailles, ne voulant pas subordonner à une condition de réciprocité l'application d'un
grand principe (2).

§ III.

Dès à présent que nous avons montré les maux résultant de la contrefaçon internationale, et combien
s'imposait sa répression, voyons comment, surtout en
France, cette répression a été conçue et réglementée.

Quel était le sort des étrangers sous le régime des
Privilèges ? Nul ne le sait d'une façon exacte, et l'on est
loin d'être d'accord sur ce point. Pour résoudre le pro-

____

(1) Tenus par l'Association littéraire et artistique internationale.

(2) Depuis 1891, la loi américaine protège les auteurs étrangers qui se
soumettent à la refabrication (V. *infra*, p.)

blème, nous aurons recours à une distinction déjà énoncée (v. p). suivant que l'œuvre a été publiée en France ou à l'étranger (1).

Dans le premier cas, croyons-nous, l'auteur était assimilé au regnicole. L'on ne peut donc dire qu'il y eût là protection de l'œuvre étrangère au sens strict du mot, puisque, par le fait de sa publication dans notre pays, l'œuvre devenait française ; c'était en quelque sorte une naturalisation de faveur. Et que l'on remarque combien cet état de choses était en harmonie avec les idées d'alors : le *jus soli* faisait la loi ; l'état des personnes dépendait du lieu de leur naissance ; elles acquéraient ainsi une nationalité indépendante de celle de leurs parents. N'y a-t-il pas identité absolue avec le cas présent ? Le lieu de naissance d'un ouvrage, c'est l'endroit où il a été publié ; de cet endroit dépendra sa nationalité en dehors de celle de son auteur. Et cette théorie est confirmée par les faits : en 1625, Grotius fit paraître à Paris son « Traité du droit de guerre et de paix » ; aussi, quoique Hollandais, obtint-il un monopole de quinze ans de durée : une première impression en France ouvrait donc la voie à l'obtention d'un privilège.

Nous aurions été tenté d'admettre cette solution même au cas de publication à l'étranger : il ne faut pas oublier que le privilège descend en ligne directe de la permission royale ; or, celle-ci s'octroyait évidemment dans notre cas, puisqu'une ordonnance rendue en 1537 par François Ier prescrit la formalité du dépôt et de l'examen

(1) Pour savoir ce qui constitue le fait de la publication, nous renvoyons au chapitre V, p.

préalable des livres publiés à l'étranger (1). Il semble qu'en vertu de leur lien de parenté, l'on doive étendre au privilège ce qui est vrai pour la permission. Mais l'étude de la jurisprudence d'alors détruit ce raisonnement. Deux arrêts, l'un du 7 décembre 1579, l'autre du 15 mars 1586, consacrent la faculté d'imprimer les œuvres étrangères. Ce dernier arrêt annulait un privilège de 6 ans accordé pour l'édition d'un livre ancien (*Œuvres de Sénèque*) parce que « il s'agissait d'un « auteur ancien ; quoiqu'illustré par Muret, il n'en était « pas moins un livre étranger, et, par conséquent, placé « dans la catégorie de ceux qu'il était libre à tout im- « primeur d'imprimer à son gré (Séguier) ».

Il faut bien s'incliner devant ces décisions : les auteurs étrangers jusqu'au XVIIIe siècle ne furent donc protégés, que si leur œuvre avait vu le jour en France.

Et notons, en passant, qu'à cette époque la protection uniforme était rendue bien difficile par le manque d'unité dans la législation, par la multiplicité des coutumes et des règlements. Cet état de choses était tel, que beaucoup de juristes, tels que Du Moulin (2) et Boullenois (3) tenaient pour chimère l'idée d'uni-

(1) Et l'on doit évidemment entendre par là les livres publiés à l'étranger par un auteur étranger. Cette solution n'est nullement contredite par les termes de l'ordonnance, qui parle, en général, de « livres imprimés par deça », puis des « livres imprimés hors du royaume ». (Pour le texte de l'Ordonnance, V. RENOUARD, t. I, p. 42.) — Nous savons en outre qu'il était interdit en France de faire imprimer « hors du royaume ».

(2) *Sommaire des contrats, usures, etc.* Paris 1658, t. II, p. 812.

(3) *Traité de la personnalité et de la réalités des lois*, préface, t. XVII, Paris, 1766.

fication. Le courant d'idées n'était d'ailleurs pas favorable aux gens du dehors : il n'y avait pas, comme aujourd'hui, contact et frottement continuel, chacun alors restant chez soi ; il y avait, de plus, rivalités et guerres incessantes. Aussi les étrangers ne jouissaient-ils chez nous que de droits très restreints. L'aubaine, puis la détraction, bien que qualifiés par les esprits éclairés de « droits haineux », s'appliquaient à leur égard, et l'on conçoit avec quelle peine l'on s'accoutuma à leur étendre ce qui passait pour faveur particulière, alors que des droits généraux leur étaient refusés.

Il semble que les idées aient gagné du terrain dans les fameux arrêts de 1177 (1) dont la parenté avec l'Edit de 1776 (2) n'est guère contestable. Celui-ci contenait de grandes innovations : il y était beaucoup fait pour les étrangers ; c'est ainsi que la porte des corporations leur était désormais ouverte, et que leur admission entraînait *ipso facto* l'abolition du droit d'aubaine et de détraction (3). C'est une ère nouvelle qui paraît s'ouvrir, si l'on en croit les paroles de Turgot, qui veut « abroger « ces institutions arbitraires... qui privent l'Etat et les « arts de toutes les lumières que les étrangers y apporte- « raient ». Voici poindre la reconnaissance des principes vrais : « Dieu, en donnant à l'homme des besoins,

(1) Les six arrêts réglementaires du Conseil rendus en 1777. V. Lyon-Caen et Delalain, t. I, p. 8.

(2) L'Édit de 1776 supprimait les Maîtrises et les Jurandes.

(3) Plusieurs parties en avaient été, il est vrai, supprimées par Édit enregistré au Parlement le 23 août 1776 ; mais les grandes lignes, que nous venons d'exposer, subsistaient.

« en lui rendant nécessaire la ressource du travail, a
« fait du droit de travailler la propriété de tout homme,
« et cette propriété est la première, la plus sacrée et la
« plus indestructible de toutes ». C'est bien là la pro-
clamation du droit de l'homme au travail — partant,
au fruit de ce travail — et sa consécration comme
droit naturel. Si nous rapprochons ces phrases des
mesures prises par l'Edit, nous devons constater que
la protection large des étrangers était dans l'esprit du
législateur. Or, ainsi que nous l'avons dit, les arrêts
de 1777 et l'Edit de 1776 se tiennent étroitement ;
l'on peut donc les éclairer l'un par l'autre et leur
attribuer la même tendance : amélioration du sort
des étrangers. Toutefois, en l'absence de textes formels,
il nous semble difficile d'adopter sur ce point l'avis
de Darras, et de reconnaître la garantie aux œuvres
parues hors de France — cela, sur un simple raisonnement d'analogie étendant aux auteurs un droit
que l'article 3 du règlement de librairie en date du
30 août 1777 accordait aux éditeurs (1). Une aussi
importante étape ne pouvait guère être franchie d'un
seul bond ; l'on n'eût pas abdiqué d'un coup un fond
d'idées dès longtemps admises. La preuve en est dans
le préambule d'un des six arrêts, qui, après avoir qua-
lifié de « droit de propriété » le droit de l'auteur, le
traite plus loin de « grâce fondée en justice ». Nous
assistons à la lutte entre les vieux préjugés et l'esprit
nouveau.

(1) Darras, p. 179.

§ IV.

Pour arriver à une législation complète, il faut attendre jusqu'à la Révolution, qui, tout d'abord, abolit les Privilèges. La première loi où apparaisse le droit d'auteur est dûe à l'Assemblée législative (1). Promulguée en janvier 1791 (2), elle est restreinte dans son objet, et ne concerne que le droit de représentation et d'exécution, qui se trouve ainsi être le premier protégé (3). L'article 3 porte que « les ouvrages des auteurs vivants ne pour- « ront être représentés sur aucun théâtre public, dans « toute l'étendue de la France, sans le consentement « formel et par écrit des auteurs, sous peine de confisca- « tion du produit total des représentations au profit des « auteurs (4) » et l'article 5 décide que leurs « héritiers ou cessionnaires seront les propriétaires de leurs ouvrages durant l'espace de cinq ans après leur mort ». Droit reconnu à l'auteur durant sa vie ; droit temporaire au

(1) Elle avait été élaborée par la Constituante.

(2) 13-19 janvier 1791. *Loi relative aux théâtres et au droit de représentation et d'exécution des œuvres dramatiques et musicales.*

(3) Cela provient de ce que, dès le début de la Révolution, une des premières réformes demandées fut la liberté des théâtres. Celle-ci a été établie par l'art. 1 de la loi. — V. la pétition à la Constituante suivie d'un discours de La Harpe (24 août 1790) — le rapport de Chapelier, et les discussions de l'abbé Maury et de Mirabeau (Renouard, t. I, p. 301 et suiv.). V. également « *Droit d'auteur* », 1890, p. 105 : *La lutte entre les auteurs dramatiques et les directeurs de théâtre sous l'Assemblée législative* (1791-92).

(4) Disposition reproduite par l'art. 28 du C. p. actuellement en vigueur.

profit de ses héritiers : l'on est entré dans la bonne voie (1).

Œuvre de la Convention, la Loi du 19 juillet 1793 est plus générale et plus compréhensive que sa devancière. Elle embrasse la protection de toute œuvre intellectuelle ; et l'énumération donnée en son article 1 (2) n'est nullement limitative, comme le montre l'article 7, qui parle « de toute autre production de l'esprit et du génie ». En outre de l'article déjà cité, les principales dispositions en sont : l'article 2, qui accorde aux héritiers ou cessionnaires « le même droit durant l'espace de dix ans, à partir de la « mort de leur auteur », et l'article 6, instituant la formalité du dépôt pour les œuvres de littérature et de gravure. L'on voit toute l'importance de la loi nouvelle.

(1) La loi de 91 a été suivie de la loi des 19 juillet — 6 août 1792, « *relative aux conventions faites entre les auteurs dramatiques et les directeurs* « *de spectacles* ».

(2) Article 1 : « Les auteurs d'écrits en tout genre, les compositeurs « de musique, les peintres et dessinateurs qui feront graver des tableaux ou « dessins jouiront, durant leur vie entière, du droit exclusif de vendre, faire « vendre, distribuer leurs ouvrages dans le territoire de la République, et « d'en céder la propriété en tout ou en partie ». — Relativement aux dessins, nous appliquerons à la loi de 1793 ce que nous avons établi en notre premier chapitre : il n'y a pas à distinguer entre les dessins purement artistiques et les dessins dits industriels ; la loi de 1793, par sa généralité, s'applique également aux deux. Il a été jugé en sens contraire : Paris, 22 avril 1875, *Pataille*, 75, 283 ; — Paris, 12 mars 1870, *Pataille*, 70, 260 ; — Seine, 30 mai 1877, *Pataille*, 77, 287 ; — Cassation, 17 janvier 1882, etc., etc. — Dans notre sens DARRAS, p. 266 ; Cassation, 2 août 1854, *Sirey*, 54, 1, 549. — Cassation belge, 5 nov. 1860, SERMON, *Pataille*, 65, 74. — Paris, 4 mai 1878, PAGUER, *Pataille*, 78, 123. — Paris, 11 juin 1885, DECAUVILLE, *Pataille*, 86, 125. — Seine, 22 juin 1896, *la Loi*, 19 août 1896. — V. état actuel de la jurisprudence : *Pataille*, 1895, 45 et 46.

Toutefois, il n'est question en cela des auteurs étrangers. Qu'induire du silence du législateur à leur égard? Doit-on conclure à la protection? Faut-il y voir une exclusion volontaire?

Les partisans de la première théorie se réclament de l'esprit général des lois de la Révolution, lesquelles « étaient passées de la nationalité à l'humanité ». Elles avaient aboli les droits d'aubaine et de détraction, qui frappaient l'étranger à l'époque même où nous lui avons reconnu l'aptitude à être protégé dans son œuvre ; or, comment supposer qu'elles aient autorisé contre eux le droit de contrefaçon « qui est en quelque sorte le droit « d'aubaine appliqué aux vivants (St-Marc-Girardin) », Enfin, les motifs mis en avant pour l'adoption des deux lois citées, motifs de justice et d'humanité (1), ne sont-ils pas également vrais pour tous, sans distinction d'origine?

A ces considérations s'ajoute un argument de texte : l'article de la loi de 1793 parle des « auteurs » en général sans se livrer à aucune distinction : il faut donc respecter son libéralisme.

Ces raisons nous semblent bonnes, et s'imposent dans le cas où l'étranger a fait paraître son œuvre en France. Nous pourrions répéter ici ce que nous disions touchant l'état de choses de l'ancienne monarchie. Sans doute, à l'époque qui nous occupe, le « jus soli » est déjà battu en brèche. Mais les inconvénients qui vont motiver sa disparition touchant la nationalité de l'indi-

(1) Rapport de Lakanal : « Si quelque chose doit étonner,... c'est qu'une « aussi grande révolution que la nôtre ait été nécessaire pour nous ramener « sur ce point... aux simples éléments de la justice la plus commune ».

vidu s'effacent dès qu'il s'agit de la nationalité de l'œuvre. La publication n'est pas. comme la naissance, soumise à des hasards et à des aléas ; rien ne force un étranger à publier en notre pays ; si donc il le fait, c'est dans une intention bien arrêtée, il se soumet d'avance à toutes les exigences de la loi française ; il s'expose à ses répressions et à ses pénalités. Concevrait-on qu'en échange, celle-ci ne lui donnât pas sa protection ?

La seule objection positive que l'on puisse faire consiste dans le mot « citoyen » employé par l'article 6 de la loi de 1793, pour désigner le titulaire du droit, ce qui, nous dit-on, exclut les étrangers. Cet argument perd toute sa valeur quand l'on observe que le mot « citoyen » était pris, lors de la période révolutionnaire, dans une acception beaucoup plus large qu'aujourd'hui. Il était censé contenir un principe, que l'on ne renfermait pas dans les limites d'un territoire. Il désignait donc aussi bien l' « extraneus » que celui que nous appellerions aujourd'hui « citoyens français (1) ».

L'on ne peut être aussi affirmatif quand il s'agit de publications faites à l'étranger. Cependant, les mêmes arguments généraux que nous avons adoptés nous semblent encore valables pour ce cas particulier (2). La principale ressource des opposants réside dans l'article 6 de la loi de 1793 « Tout citoyen qui mettra au jour un « ouvrage... sera obligé d'en déposer deux exemplai- « res... ». — « *Qui mettra au jour* » disent-ils, par consé-

---

(1) V. Pouillet, p. 759, note. — Darras, p. 224. — Gastambide, p. 91. — Nion, p. 98. — Calmels, n° 400. — Laurent, t. III, n° 326.

(2) V. en ce sens Blanc, p. 37 et suiv.

quent « *qui publiera en France* » voilà donc la condition de garantie !

Nous ne voyons franchement pas là de quoi nous arrêter. Nous ne dirons même pas que l'article 6 n'a trait qu'à la formalité du double dépôt, et pris au pied de la lettre, aurait un seul effet : celui d'en dispenser les étrangers en question (1). Il nous paraît plus simple de constater purement qu'il ne parle nullement du lieu de la mise au jour, qui, dès lors, devient indifférent. « Il « veut seulement dire que tout ouvrage mis au jour, en « quelque lieu d'ailleurs que l'édition se soit produite, « doit être déposé, pour que l'auteur puisse exercer le « droit de poursuite (2) ».

On a également invoqué contre notre théorie les termes de l'article 426 du Code pénal (3) ainsi conçu : « Le « débit d'ouvrages contrefaits, l'introduction sur le ter- « ritoire français d'ouvrages, *qui après avoir été imprimés* « *en France*, sont contrefaits chez l'étranger, sont un dé- « lit de la même espèce ». Or, dit-on, le Code pénal n'a fait que consacrer l'état de choses existant lors des lois de 1791 et de 1793 ; s'il prohibe l'introduction en France d'ouvrages qui, après y avoir été publiés, ont été contre- faits à l'étranger, il ne parle nullement de l'introduction en France d'ouvrages contrefaits à l'étranger après y avoir été publiés ; c'est donc que ceux-ci n'étaient pas protégés.

Pour justifier ce raisonnement il faudrait d'abord

(1) DARRAS, p. 225.
(2) POUILLET, p. 760.
(3) RAUTER, t. II, p. 554.

prouver que le Code pénal de 1810 procédât des lois de la Révolution ; c'est d'ailleurs un procédé dangereux, pour éclairer un document législatif, que de se servir de textes postérieurs. De plus, en admettant même que la répression pénale n'intervint ici, restait la protection des lois civiles, et nous croyons fermement qu'elle devait s'appliquer.

Nous n'avons pas encore envisagé une hypothèse spéciale : celle de l'auteur français publiant à l'étranger. Etait-il protégé par nos lois ? Beaucoup ne le pensent pas. M. Poinsard (1) pose comme un fait acquis que... « les « Français placés dans le même cas (c'est-à-dire édités « au dehors) restaient également sans protection » ; mais il se garde bien d'apporter aucune preuve à l'appui de cette assertion. Pour nous, notre opinion nous est dictée par nos conclusions précédentes ; si nous admettons que fût protégé en France l'étranger édité au dehors, *a fortiori* l'admettrons-nous pour le Français. Bien plus, son droit devait être respecté alors même que celui des étrangers eût été méconnu ; car ce droit fait partie pour le citoyen du statut personnel, qui le suit en quelque lieu qu'il soit ; *ambulat cum persona*. Où donc qu'il eût jugé bon de faire paraître son œuvre celle-ci devait être garantie par nos lois.

Nous ne saurions par conséquent souscrire, malgré l'autorité qui s'attache à son nom, à l'axiome émis par M. Renouard : « Le Français se fait étranger en publiant « hors de France la première édition de son ouvrage... »

____

(1) *Traité de Droit international conventionnel*, p. 496.

Un Français ne devient pourtant pas étranger par le fait de l'établissement, par conséquent du séjour transitoire, dans un autre pays ; les enfants qu'il peut y avoir ne sont pas étrangers, aux yeux de la loi française ; comment admettre une exception à l'égard de la procréation intellectuelle, et lui retirer de ce chef la nationalité de son auteur (1) ?

Nous prévoyons la riposte. On va de suite nous rétorquer un de nos arguments pour nous mettre en contradiction avec nous-mêmes : puisqu'une œuvre étrangère, à notre dire devient nationale *jure soli*, par le fait de son apparition en France, il doit en être de même pour l'œuvre française publiée à l'étranger : elle deviendra étrangère ; il ne saurait y avoir deux poids et deux mesures. A cela, nous répondrons que le droit que nous accordons étend la répression d'un acte coupable en soi : la contrefaçon ; si, dans le but d'en atteindre les auteurs nous favorisons les étrangers qui viennent chez nous, ce n'est pas une raison pour nous montrer hostiles à nos compatriotes publiant leurs œuvres dans un autre pays. En admettant même que ce pays protège désormais l'œuvre ainsi parue, comme ayant acquis une nationalité nouvelle, cette œuvre ne peut-elle, devant la loi française, conserver sa nationalité première ? Elle obtiendra ainsi deux garanties au lieu d'une. Cette conciliation serait toute avantageuse, et nullement contraire aux principes. En étudiant le droit international

____

(1) V. en ce sens POUILLET, p. 762. — DARRAS, p. 250. — RENAULT, *Journal du droit intern. privé*, 1878, p. 121. — PATAILLE, *Code intern.* p. 45.

privé, ne voyons-nous pas que l'enfant né par exemple en Angleterre de parents français se trouve posséder deux nationalités : celle de son lieu de naissance, que la loi britannique lui confère ; celle de ses parents, que la loi française lui conserve (1). Ce qui est possible pour les personnes ne le serait-il plus pour les choses ?

§ V.

Vient en 1803 la promulgation du Code civil. Nous avons enfin un corps de lois, un ensemble complet et coordonné. La matière qui nous occupe va sans doute être réglementée d'une façon nette et définitive. Point. Le Code est muet sur la protection des droits intellectuels ; il ne saurait donc nous fournir aucun renseignement.

Cependant, ce Code a un article ainsi conçu : « l'Étranger jouira en France des mêmes droits civils « que ceux qui sont ou seront accordés aux Français « par les traités de la nation à laquelle cet étranger ap- « partiendra ». Voilà bien, semble-t-il, adopté le principe de la réciprocité, et même de la réciprocité conventionnelle.

On a beaucoup épilogué sur ce fameux article 11. Nous ne lui voyons guère de portée en ce qui nous

(1) Autre exemple : avant la loi anglaise de 1870, la femme anglaise qui épousait un Français restait Anglaise aux yeux de sa loi ; devenait Française aux yeux de la nôtre (C. c. art. 12).

occupe. Les droits dont il parle sont, à n'en pas douter, des droit civils « stricto sensu », par opposition aux droits naturels, qui restent en dehors de ses prévisions ; or, nous avons rangé parmi ces derniers les droits intellectuels ; ils ne sont donc pas visés par l'article 11. Ils demeurent dès lors soumis à la législation antérieure qui, sur ce point, reste en vigueur, comme n'ayant point été abrogée expressément et n'offrant pas d'incompatibilités avec les lois postérieures. Il serait d'ailleurs étonnant qu'une formule aussi large que celle du Code eût la force de détruire les règles précises édictées par les lois de 1791 et de 1793.

Nous croyons intéressant d'explorer à ce propos, un petit coin du domaine législatif, en général peu connu. Il est certainement un cas où, sous l'empire du Code civil, un étranger ne pouvait en France bénéficier du droit d'auteur. Pour le connaître, il nous suffit d'interroger l'article 726. « Un étranger n'est admis à suc- « céder aux biens que son parent, étranger ou Français, « possède sur le territoire du royaume que dans le cas « et de la manière dont un Français succède à son pa- « rent possédant des biens dans le pays de cet étran- « ger »... Or, nul ne peut contester que le droit d'au- teur, — du moins sa manifestation pécuniaire qui passe aux héritiers — ne puisse être compris dans la catégorie des biens. Si donc un étranger se trouve appelé en France à la succession d'un parent ayant dans son patrimoine l'exploitation de droits intellectuels, il ne pourra recueillir ces droits, comme le reste de la succession, que si la réciprocité existe dans son pays. Les termes très précis de l'article 726 ne laissent aucun doute à cet égard.

L'article 726 a été abrogé avec l'article 912 par la loi du 14 juillet 1819. Tout étranger peut succéder en France sans condition. La règle posée est donc abolie. Cependant, il est une hypothèse toute spéciale où, croyons-nous, elle recevra encore application. La loi de 1819 concerne, à n'en pas douter, les étrangers d'origine. Mais que décider pour celui qui, Français de naissance, n'est devenu étranger que pour avoir perdu la qualité de Français, conformément à l'article 17 du Code civil (1). L'on considère souvent les dispositions de cet article comme bien platoniques, en l'absence de toute sanction. Mais cette sanction nous semble consister justement dans l'exclusion des ex-Français désignés par l'article 17, des mesures de faveur de la loi de 1819, qui ne pouvait les viser. L'article 726 reste donc valable à leur égard. Par le fait du Code civil, ils ne peuvent, s'il n'y a réciprocité de la part de leur nouveau pays, recueillir en France aucun bien, ni aucun droit. Et s'ils ont simplement perdu leur nationalité première sans naturalisation, ils n'ont plus rien à attendre en aucune façon. Le droit d'auteur qui leur compétait n'ayant plus de titulaire, l'œuvre tombera dans le domaine public (2).

(1) Remplacé par la loi du 26 juin 1889.

(2) Pendant longtemps, les lois pénales ont rendu inutiles les dispositions du Code, en y ajoutant une rigueur nouvelle. Les décrets de l'Empire prononçaient en effet la confiscation des biens du Français qui s'était fait naturaliser étranger sans autorisation (Décret du 26 août 1811, dis. 6) et le déclaraient inhabile à succéder (Décret du 6 avril 1809). La loi de 1816

§ VI.

Il nous faut arriver au décret de 1810 pour trouver une mesure précise concernant les étrangers en notre matière (1). Le point capital en est l'article 40 ; il a eu

ne l'avait certainement pas relevé de cette déchéance ; car l'objet des décréts était une disposition pénale prise contre des Français, échappant par conséquent à la loi de 1819, dont le but était d'abolir une mesure vexatoire dirigée contre les étrangers en tant qu'étrangers, c'est-à-dire contre les étrangers de naissance.

La loi du 26 juin 1889, en abrogeant les décrets, a fait disparaître leur sanction.

(1) Ce décret était une sorte de Code « *contenant règlement sur l'imprimerie et la librairie* » (5 janvier 1810). Il comprenait 8 titres, divisés en 51 articles. Le titre VI seul (*De la propriété et de sa garantie*) nous intéresse. Ainsi qu'on peut le voir, il ne concerne que les œuvres littéraires. Les œuvres artistiques en sont exclues. Cependant, la gravure est expressément visée par l'art. 40, qui parle de « tout ouvrage imprimé ou gravé ». Devant la généralité de ces termes, nous repoussons toute distinction, et croyons que la gravure de reproduction est aussi bien comprise que la gravure originale. — Ainsi l'entendait, selon nous, l'arrêt du Conseil du 16 avril 1785 ; ainsi également le décret du 14 octobre 1811 ; il serait étonnant que le mot de « gravure » fut pris, tantôt dans une acception large, tantôt dans un sens restreint. — (V. contre : Paris, Goupil et Cie contre héritiers Delaroche. — Conforme : Cassation, 20 février 1882).

Une disposition importante est contenue dans l'article 39, qui élève de 10 à 20 ans la durée du droit des héritiers de l'auteur.

Le titre VII (section 1) qui n'offre rien de spécial touchant les étrangers, traitait « des délits en matière de librairie, et du mode de les punir et de les constater ». Il a été abrogé par les articles 425 à 429 du Code pénal.

Nous ne discuterons pas ici la validité ou l'illégalité du Décret de 1810 ; en fait, il a toujours été tenu pour valable, et appliqué comme tel ; nous le supposerons donc ainsi.

trois rédactions successives (1), avant d'arriver à sa forme définitive, qui est la suivante : « Les auteurs soit « nationaux, soit étrangers, de tout ouvrage imprimé « ou gravé pourront céder leurs droits à un imprimeur « ou à un libraire ou à toute autre personne, qui est « alors substituée en leur lieu et place, pour eux et leurs « ayants-cause ».

Cet article est la clarté même, et il serait à souhaiter que tous les textes législatifs lui ressemblassent ; à n'en pas douter, il protège les étrangers à l'égal des nationaux ; puisqu'il parle des droits que les auteurs « soit nationaux, soit étrangers » peuvent céder, il est permis de croire que ces auteurs ont des droits « Nemo dat quod non habet (2) ».

Eh bien, depuis le décret de 1810, nous assistons à ce spectacle singulier d'une jurisprudence substituant son autorité à celle de la loi, et prétendant subordonner à des conditions imaginaires la protection si nettement établie. Les tribunaux, comme par le passé, tenant pour lettre morte la volonté du législateur, continuèrent à exiger des étrangers réclamant protection que leur œuvre eût été originairement publiée en France. Et la

---

(1) Le Décret n'a pas eu moins de 9 rédactions diverses. Dans les trois premières, notre article était ainsi conçu. « L'individu qui aura, le premier, « fait la traduction ou la publication d'un ouvrage imprimé et publié à « l'étranger, jouira en France des droits d'auteur ». Lors de la quatrième rédaction, une restriction fut apportée : « pour sa traduction ou publication en langue originale », et une disposition ajoutée : « Toutefois, tout autre « traducteur pourra imprimer une traduction nouvelle, et le texte en regard ». A la septième rédaction, tout cela est devenu l'article 40 actuel.

(2) V. BLANC, p. 37. WEISS, p. 224.

seule impression ne suffisait pas : il fallait qu'il y eût
réellement publication et mise en vente ; ainsi a prononcé la Cour de Paris dans l'affaire Escriche de
Ortega (1) (22 novembre 1853, Dalloz, 1894, 2, 162).
L'on voit les conséquences de pareille pratique. « En
« supposant en effet un auteur qui n'aurait pas cru le
« moment opportun et qui aurait conservé toute l'édition
« par devers lui, il aurait donc fallu dire qu'il était
« dénué de toute protection (Darras, p. 232) ».

Certains tribunaux apportaient cependant quelque
palliatif à ce mal : une publication originaire n'était plus
essentiellement requise : il suffisait que l'auteur étranger
eût fait en France une édition quelconque avant que

(1) Voici l'espèce dont il s'agissait : La veuve Escriche était légataire
universelle du sieur Escriche, jurisconsulte espagnol, qui avait fait imprimer en France, en 1830, un ouvrage intitulé « *Diccionario razonado de*
« *legislacion civil, pénal commercial y ferense* ». Cet ouvrage ayant été
contrefait en France, la veuve Escriche intenta contre le contrefacteur une
action, qui échoua deux fois, devant le tribunal et devant la cour, parce
que la publication et la formalité de dépôt n'avaient pas été faits en France.
On argumenta en ce sens de l'article 6 de la loi de 1793, dont le décret de
1810, disait-on, n'était que la reproduction. Voici, du reste, les considérants de l'arrêt : « Considérant, d'une part, que le Dictionnaire raisonné
« de législation espagnole n'a pas été publié en France ; qu'il résulte, en
« effet, de documents certains, qu'au fur et à mesure de l'impression, les
« feuilles ont été remises à l'auteur ; qu'après les avoir réunies en ballots,
« il les a transportées en Espagne, et que l'édition entière a été vendue soit
« dans la métropole, soit dans les colonies, auxquelles l'œuvre était desti-
« née ;... en droit, considérant que, si la propriété consacrée par la loi de
« 1793 au profit des auteurs a son principe dans la composition des ouvrages
« de littérature ou de gravure, *c'est de la publication que dérive son existence*
« *et ses prérogatives...*, etc. ». (Dame Escriche, C. Bouret et autres,
22 nov. 1853. *Dalloz*, 1854, 2, 161. — V. en ce sens, GASTAMBIDE,
p. 91. — NION, p. 80 et 98. — RENOUARD, t. II, p. 206.

son ouvrage ne fût contrefait (1) (V. Arrêt cassation, 3o janvier 1818, réformant un arrêt du 17 nivôse an XIII en sens contraire (2). — Paris, 26 novembre 1828, affaire Troupenas). L'intention était bonne ; mais ce n'était qu'une question de plus ou de moins dans l'arbitraire. Où le juge puisait-il le droit de légiférer ainsi ? Voilà ce que produit l'empiètement des pouvoirs (En ce sens, Paris, 23 avril 1857, — 10 janvier 1859).

Les arguments les plus invraisemblables ont été mis en avant pour expliquer ces prétentions, et pour même les dépasser. Relativement à l'exigence d'une première publication en France, l'on a invoqué les termes de notre article 40 ; les « droits à transmettre » dont il parle étant, paraît-il, des droits entiers, et non entamés par une publication antérieure à l'étranger. Il faudrait, d'ailleurs, restreindre la portée du décret au cas spécial qu'il aurait visé ; or, il serait intervenu à la suite d'un litige pendant devant la Cour de cassation (3), et provenant de la cession de droits faite par un étranger à un Français (V. Fœlix, *Revue de législation étrangère*, t. I, p. 756) ; l'on doit donc s'en tenir à cette hypothèse spéciale. Le décret ne protège l'étranger que par ricochet, en tant qu'il a cédé ses droits à un Français ; il a bien jusque-là la jouissance du droit d'auteur, mais

(1) V. Rauter, *Droit criminel*, t. II, n° 554.

(2) Dans ce premier arrêt, le demandeur, à la vérité, était un Français ; mais il avait fait sa première publication à l'étranger ; et la jurisprudence, dans ce cas, considérait l'œuvre comme étrangère.

(3) Affaire des dames Lehante et Bonnemaison, cessionnaires du sieur Cremer, contre Lieber, éditeur de musique à Paris (23 mars 1811).

non l'exercice, qui ne peut se fixer que sur la tête du cessionnaire ; celui-ci-ci le relèvera de son incapacité.

Nous avouons ne pas saisir ces arguties. Nous ne comprenons pas ce droit, qui ne devient utile qu'une fois qu'on s'en est dessaisi. Nous en revenons toujours à notre raisonnement : l'on ne transmet que ce que l'on a ; un droit ne peut être cédé, s'il n'existe antérieurement. En tout état de cause, il faudrait démontrer que le décret a été rendu en présence d'un cas particulier ; ce qu'il est difficile d'établir, en l'absence complète de travaux préparatoires.

Inutile de nous attarder à ces fantaisies, qui montrent à l'évidence jusqu'où l'on peut aller en voulant faire du droit une œuvre d'imagination.

Ce n'est pas seulement une considération théorique et rétrospective qui nous fait déplorer la voie suivie par la jurisprudence : il est une matière qui peut encore, à l'heure actuelle, se ressentir de ces erreurs. Le décret de 1810 ne concerne pas le droit d'exécution et de représentation (1), non plus que le décret-loi de 1852 (2) ; et la loi de 1844 ne dit rien des étrangers (3). Il nous faut donc

(1) C'est du moins l'opinion générale. V. MM. PATAILLE et HUGUET, — RENOUARD, t. II, p. 241. — DARRAS, p. 238, etc. — Contra : POUILLET.

(2). V. *infra*, p.

(3) La loi du 3 août 1844 a pour but d'étendre aux œuvres dramatiques, relativement au droit de représentation, le bénéfice des articles 39 et 40 du décret de 1810. Elle est ainsi conçue : « *Loi relative au droit de représentation et d'exécution des œuvres dramatiques et musicales* ». Article unique : « Les veuves et les enfants d'auteurs d'ouvrages dramatiques auront, à l'ave- « nir, le droit d'en autoriser la représentation et d'en conférer la jouissance « pendant 20 ans, conformément aux dispositions des articles 39 et 40 du « décret du 5 février 1810 ».

remonter, pour être fixé sur ce point, à la loi de 1791 ;
or, si, d'après nous, les étrangers peuvent en réclamer le
bénéfice, les tribunaux le leur ont constamment refusé.
Nous arrivons donc à être régis sur ce point par la jurisprudence étroite et égoïste du siècle dernier.

Toutefois, sous l'empire du Code, et même en adoptant les vues de cette jurisprudence, les étrangers étaient-
ils absolument dénués de protection pour leurs œuvres
publiées à l'étranger ? Ne pouvons-nous, dans l'arsenal
des lois, trouver une arme en leur faveur ? Il faut tout
faire pour la défense d'un droit, et ne l'abandonner
qu'en désespoir de cause. Or, il est un principe juridique
qui préside au rapport des hommes entre eux ; il est
contenu dans l'article 1382 du Code civil : « Tout fait
« quelconque de l'homme qui cause à autrui un dom-
« mage, oblige celui par la faute de qui il est arrivé à le
« réparer (1) ». Et comme c'est là un principe de droit
naturel, il est applicable pour tous et envers tous.
Quand un étranger est pillé en France, du fruit de ses
travaux, n'y a-t-il pas là fait éminemment dommageable ?
n'y a-t-il pas lieu à réparation ? D'où nous concluons, non
sans apparence de logique, que toute contrefaçon faite
sur notre territoire devait donner lieu à la réparation pécuniaire consistant en dommages-intérêts à fixer par les
tribunaux. Que l'on n'objecte pas le silence des lois spéciales : quand une règle aussi large et aussi juste est
posée dans une législation, elle doit être appliquée dans
tous les cas auxquels elle peut se rapporter ; refuser aux
étrangers la protection de l'article 1382 en matière de

(1) V. Darras, p. 239. — Weiss, p. 223.

contrefaçon, eût été, à notre avis, commettre un déni de justice (1).

§ VII.

Jusqu'ici, somme toute, le sort des étrangers en France est bien précaire ; leurs droits ssnt discutés avec âpreté, les textes qui semblent les favoriser sont faussés et dénaturés à plaisir. Darras a résumé la situation : « En vertu de la loi de 1793, les étrangers jouissaient, « sans aucune condition, de la protection des lois fran- « çaises ; le décret de 1810 n'eut qu'un but : rappeler « aux vrais principes la jurisprudence déjà chancelante. « Malheureusement, dans un étroit intérêt d'égoïsme « national, les tribunaux n'ont pas compris le vrai ca- « ractère de ce document, et ont rendu nécessaire le « Décret de 1852 (2) ».

Nous pouvons saluer l'apparition de ce décret comme le triomphe presque complet des idées que nous avons émises. C'est la première de nos lois qui protège ex- pressément toute œuvre publiée hors de notre pays. Grâce à elle, la France a poursuivi la tradition de jus- tice et de générosité qui forme son apanage. Elle n'a

(1) Au point de vue pénal, aucune disposition n'avait été prise par les lois de 1791 et de 1793 contre le délit de contrefaçon. La loi de 1793. fixait simplement le taux de la réparation civile, qui s'élevait à « une somme équivalente au prix de 3000 exemplaires de l'édition originale « (art. 4) ». Le Code pénal, abrogeant les articles 42 et 43 du décret de 1810 (a suivi un système opposé : il fixe le chiffre de l'amende, et laisse aux juges le soin de prononcer le montant des dommages-intérêts (V. articles 425-429)·

(2) DARRAS. p. 235.

d'ailleurs pas eu à le regretter, car elle n'en a retiré que profit ; au lieu de « payer sa gloire » elle en a été payée.

Le Décret-loi de 1852 (1) a donc une importance primordiale : c'est actuellement le seul texte à consulter en l'absence de traités spéciaux. Et même, en cas de guerre avec tel état, entraînant nullité des conventions, notre loi continue à protéger ses ressortissants. Enfin, elle réalise pour nos auteurs la condition de réciprocité exigée par certains pays (Danemark, Suède, Grèce, etc.). On voit combien est large et fertile son champ d'exploitation.

Avant d'en aborder l'étude, il importe de résoudre une question préliminaire. Le Décret de 1852 se sépare sur bien des points des conventions diplomatiques signées par la France. Comment, dès lors, le concilier avec ces conventions, antérieures ou postérieures, et quelle règle observer ? Nous réservons l'examen du second cas au chapitre des *Traités internationaux* (2). Examinons le premier.

Les accords conclus avant 52 se réduisent à quatre, savoir : avec la Sardaigne (28 août 1843 ; actes additionnels des 22 avril 1846 et 5 novembre 1850) — le Portugal (12 avril 1851) — le Hanovre (20 octobre 1851) — et l'Angleterre (3 novembre 1851). Ils se montrent en général moins larges envers les auteurs de ces pays que le Décret du Prince-Président. Celui-ci annu-

(1) Le Décret de 1852 a été rendu pendant la période dictatoriale : il a donc force de loi.

(2) V. *appendice.*

lera-t-il ceux-là ? Nous le pensons très fortement. Le nouveau régime emporte amélioration. Or, l'on enlèverait précisément le bénéfice de cette faveur à certains étrangers, dont le pays se serait montré plus accommodant et aurait consenti à traiter avec le nôtre, pour le réserver à ceux qui se seraient tenus à l'écart, et trouveraient profit dans leur abstention. Ce serait là une injustice flagrante, et que le simple bon sens suffit à répudier. — Toute autre serait notre solution, si le droit nouveau empirait la situation des étrangers : ils continueraient à bénéficier des anciens traités sans tenir compte de la législation nouvelle, la promulgation d'une loi interne étant impuissante à restreindre l'effet des conventions.

Toutefois, dans notre cas, l'effet de l'accord n'est pas détruit *ex utraque parte* ; il subsiste en faveur des Français, qui peuvent toujours s'en réclamer ; car une augmentation de droit au profit des étrangers ne doit pas entraîner une diminution de droit à l'encontre de nos nationaux.

Pour exposer la loi de 1852, nous ne pouvons mieux faire que reproduire les quatre articles qui la composent (1). « Article 1er. La contrefaçon, sur le territoire « français, d'ouvrages publiés à l'étranger, et mentionnés « en l'article 425 du Code pénal, constitue un délit.

« Art. 2. Il en est de même du débit, de l'exportation « et de l'expédition de ces ouvrages contrefaits. L'expor-

---

(1) Le titre en est : *Décret-loi relatif aux droits de propriété littéraire et artistique des ouvrages publiés à l'étranger*. V. Lyon-Caen et Delalain, t. I, p. 35.

« tation et l'expédition de ces ouvrages sont un délit de
« la même espèce que l'introduction sur le territoire
« français d'ouvrages qui, après avoir été imprimés en
« France, ont été contrefaits à l'étranger.

« Art. 3. Les délits prévus par les articles précédents
« seront réprimés conformément aux articles 427 et 429
« du Code pénal. L'article 463 du même Code pourra
« être appliqué.

« Article 4. Néanmoins, la poursuite ne sera admise
« que sous l'accomplissement des conditions exigées, re-
« lativement aux ouvrages publiés en France, notam-
« ment par l'article 6 de la loi du 19 juillet 1793 (1) ».

Les quelques lignes de l'article premier nous indiquent l'esprit de la législation nouvelle. Les termes en
sont très heureux, en ce que, par leur généralité, ils em-
brassent tous les cas, sans se livrer aux distinctions que
nous avons énoncées plus haut. De plus l'article deux
prohibe l'exportation et l'expédition des œuvres contrefaites : nous voilà bien près de la réalisation complète
de nos vœux (2).

Toutefois, le législateur de 1852 a-t-il établi d'une
façon absolue l'assimilation que nous réclamions ?

(1) Exigeant la formalité du dépôt.

(2) La rédaction de l'article 2 nous permet de considérer également
comme prohibée l'introduction en France des ouvrages contrefaits, puisqu'elle lui assimile les deux faits précédents en les qualifiant de délits (V.
conforme POUILLET, p. 778. — WEISS, p. 238. — Contr. DARRAS,
p. 284). Mais, en vertu de l'interprétation que nous donnons du décret de
52 (V. page suivante), il faudra que l'ouvrage introduit soit contrefaçon
aux yeux de la loi étrangère pour que cette introduction soit un délit en
France. (Contr. POUILLET, id.).

L'auteur étranger se voit-il traité à tous égards comme l'auteur français? Telle est la principale difficulté que soulève l'interprétation du décret-loi.

L'intérêt pratique qui en résulte apparaît dans cette distinction : s'il y a assimilation véritable, nos lois seules doivent être consultées pour régler le sort de l'étranger. Sinon, il faudra tenir compte de sa loi nationale, et nous voyons de suite apparaître une limitation de son droit, qui, suivant chez nous son titulaire, ne peut y être plus étendu qu'il ne l'est chez lui (1).

C'est ce deuxième système que nous adoptons sans hésiter, à la suite de la plupart des auteurs (2). Qu'on le remarque bien, le décret de 1852 n'a pas la prétention de créer un droit; il ne fait que le sanctionner, que lui assurer l'appui de nos lois pénales. Si ce droit existe, et s'il est violé, alors nos tribunaux interviendront, et feront rendre à César ce qui est à César ; mais encore faut-il qu'il possède quelque chose ; et cela, nous ne pourrons le savoir qu'en consultant la loi particulière de chaque réclamant (3).

Cette restriction ne cadre sans doute pas avec nos vues personnelles (4); mais nous ne faisons ici que

(1) Nous supposons le cas où la protection de nos lois lui est plus favorable ; dans le cas contraire, il est bien évident qu'il ne pourrait avoir plus de droits que nos nationaux : deuxième limitation.

(2) L. Renault, p. 22. — Calmels, n° 409, 411. — De Barchgrave, § 135, Benoidt et Deschamps, p. 105. — Paquy, p. 82. — Darras, p. 278.

(3) Pataille, 1856, 70. — Contre : Pouillet, p. 780. — Cpr. le principe de la convention de Berne.

(4) V. supra, p. 58.

commenter, et devons avant tout consulter l'esprit du
décret. Que l'on n'oublie pas d'ailleurs l'ancien état de
choses, et que nous sommes enfin sortis de « l'ornière
de la réciprocité (1) ».

Nous trouvons dans la rédaction même un argument
en faveur de notre opinion. L'article 4 soumet la poursuite du contrefacteur à la condition de formalités préa-
lables ; ceci est également vrai quand le demandeur est
Français ; il y a donc commune mesure ; or, notre article commence par le mot « néanmoins ». Comment expliquer ce terme restrictif, sinon par ce fait que le législateur, dans les articles précédents, n'a pas entendu
assimiler les deux espèces, mais que « néanmoins », pour
un cas particulier, il adopte la même solution (2).

De là, conséquence pratique des plus importantes :
la protection des œuvres d'un auteur étranger ne saurait être en France de plus longue durée qu'elle ne l'est

(1) DARRAS.

(2) Question connexe : Le décret de 1852 dispense-t-il le demandeur
étranger de fournir la caution *judicatum solvi* exigée par l'article 16 du
Code civil ? Nous ne le croyons pas, en dépit de la règle de l'article 4 : la
caution *judicatum solvi* n'est pas une formalité à proprement parler ; c'est
une phase spéciale de la procédure ; elle reste donc en dehors de l'assimilation prononcée par cet article. D'ailleurs, suivant la remarque de Darras,
en opinant en sens contraire, on arriverait à un résultat bizarre : le décret
de 1852 parlant, non pas des *auteurs étrangers* mais des *ouvrages publiés à
l'étranger*, le demandeur qui aurait fait paraître son ouvrage dans ces conditions bénéficierait seul de la dispense, alors que celui qui aurait publié le
même ouvrage en France devrait fournir la caution ; ce qui est inadmissible.
— La caution *judicatum solvi* devra être fournie d'après les règles ordinaires (Seine, 18 juillet 1873, PANICHELLI, *Pataille*, 74, 55). En ce sens,
POUILLET, p. 787.

en son pays d'origine. Actuellement, nous sommes régis sur ce point par la loi du 14 juillet 1866, qui accorde aux œuvres littéraires ou artistiques une garantie égale en durée à la vie de leur auteur, et comprend en outre une période de cinquante ans. Or, d'après la loi italienne, par exemple, ce dernier délai n'est que de 40 ans; l'œuvre d'un auteur italien ne sera protégée chez nous que pareil laps de temps (1).

La jurisprudence a fait application de ce système dans un cas qui mérite d'être rapporté.

En mars 1880, un sieur Ricordi, éditeur de musique à Milan, expédiait à Paris un ballot de partitions de « Lucia di Lammermoor « et de « Lucrezia Borgia ». L'éditeur français Grus, qui s'était rendu cessionnaire de ces deux partitions, fit opposition entre les mains du ministre de l'Intérieur, et assigna le sieur Durdilly, destinataire de l'envoi, devant le tribunal de la Seine comme contrefacteur, pour entendre prononcer la confiscation des ballots saisis à la douane. Le tribunal prononça main-levée des

---

(1) Cette solution, qui découle des termes et de l'esprit du Décret de 52, serait au besoin corroborée par la convention franco-italienne du 29 juin 1862, dont l'article 1, après avoir assuré aux auteurs d'ouvrages de littérature et d'art la jouissance réciproque dans les deux pays des avantages qui y sont attachés par la loi, ajoute que « ces avantages ne leur sont réci- « proquement assurés que durant l'existence de leurs droits dans le pays « où la publication originale a été faite ». Même limitation dans l'article 1er de la convention signée entre la France et le Portugal, le 11 juillet 1866 : « ... Toutefois, ces avantages ne leur seront réciproquement assurés que « pendant l'existence de leurs droits dans le pays où la publication origi- « nale a été faite, et la durée de leur jouissance dans l'autre pays ne « pourra excéder celle fixée par la loi pour les autres nationaux ».

V. également Convention de Berne, *infra*.

oppositions, et débouta le demandeur. Il considéra qu'il fallait s'en rapporter aux dispositions de la loi italienne (Loi du 25 juin 1865, article 9) : « L'exercice du droit de « reproduction et de débit appartient exclusivement à « l'auteur durant sa vie. Si l'auteur cesse de vivre « avant qu'il se soit écoulé 40 ans à partir de la publi- « cation, le même droit exclusif continue à exister « au profit de ses héritiers ou ayants-cause jusqu'à « l'accomplissement de ce terme. Cette première pé- « riode écoulée, de l'une ou de l'autre des manières « qui viennent d'être indiquées, il en commence une « seconde de quarante années, durant laquelle l'œuvre « peut être débitée et reproduite sans consentement « spécial de celui auquel le droit d'auteur appartient, « sous la condition de lui payer une redevance de « 5 o/o sur le prix fort, qui doit être indiqué sur « chaque exemplaire ». Or, dans l'espèce, les deux au- teurs étaient morts ; la première période finissait pour « Lucia di Lammermoor » en 1873 ; en 1775 pour « Lu- crezia Borgia ». En publiant ces œuvres et en les expor- tant, Ricordi faisait donc acte licite ; et il justifiait avoir acquitté les tantièmes. Par le fait de ce paiement, les droits de l'auteur avaient reçu satisfaction, et ceux du cession- naire, Grus, étaient également remplis : la prétention de ce dernier était donc mal fondée. En décidant ainsi, nous croyons que nos tribunaux ont bien jugé (Tribunal de la Seine, 28 mars 1884. — Cour, 13 avril 1886. — Cas- sation, 25 juillet 1887. — V. *Dalloz*, 1888, 1, 8, p. 65 (1).

(1) V. au sens contraire note de M. Pouillet sous arrêt Grus-Ricordi, *Pataille*, 1888, p. 325. — DARRAS, p. 610.

Les considérants du premier jugement valent d'être cités, comme la meilleure confirmation de notre théorie. « Attendu qu'il s'agit, dans l'espèce, d'ouvrages publiés à « l'étranger, attendu qu'antérieurement à 1852, ces ou- « vrages n'étaient point garantis par la loi française et « que les mesures destinées à garantir les droits d'au- « teur ne leur étaient pas applicables (1); qu'à la vérité, « le décret du 28 mars 1852 a modifié sux ce point la « législation, et a accordé aux auteurs d'œuvres étran- « gères le droit de poursuivre, par la voie de la contre- « façon, les atteintes portées à leurs droits; mais qu'il « importe, pour faire à la cause l'application de ces dis- « positions légales, de rechercher si elles ont donné à « l'étranger pour les œuvres publiées à l'étranger, les « mêmes droits que ceux accordés par la loi française aux « Français pour leurs publications faites en France, *ou si*, « *au contraire, elles ne lui attribuent que la faculté de* « *réprimer les atteintes portées en France aux droits pri-* « *vatifs qu'il a pu acquérir dans le pays où son œuvre a* « *été originairement produite.*

« Attendu que le décret de 1852, ayant pour but de « déroger à un état de choses préexistant (2), et compor- « tant au profit des étrangers une concession et l'abandon « d'un droit, doit être renfermé dans ses termes les plus « stricts, *qu'il n'édicte point d'une manière générale,* « *comme l'a fait la loi de 1819 pour les successions,* et « ne dit pas que les auteurs jouiront en France, pour

______

(1) Nous avons déjà nié ceci.
(2) V. *infra*, p. 101.

« leurs œuvres publiées à l'étranger, des mêmes privi-
« lèges que pour celles publiées en France, qu'il se borne
« à déclarer que la contrefaçon en France d'ouvrages
« publiés à l'étranger, ainsi que l'introduction en France
« de ces ouvrages constituent des délits passibles des
« mêmes peines que s'il s'agissait d'œuvres publiées en
« France — attendu que *ce texte suppose des droits pré-*
« *existants, et ne donne aux auteurs que le moyen de*
« *faire respecter ceux qu'ils peuvent avoir acquis au pays*
« *d'origine…… etc. ».*

Il y a sans doute des erreurs et des confusions dans
ce texte ; mais il résume bien la nature du décret de
1852.

Sachant les personnes qu'il protège, voyons à quelles
œuvres il s'adresse.

Nous n'hésitons pas, en présence du terme si com-
préhensif « d'ouvrages » contenu dans l'article premier, à en étendre le bénéfice à toutes les productions
énumérées en notre premier chapitre. Sans doute, ce
texte renvoie à l'article 425 du Code pénal ; mais celui-
ci même, quand il parle « d'écrits, de composition musicale, de dessin, de peinture *ou de toute autre produc-*
tion… » n'est-il pas, par sa généralité, décisif en notre
sens ? Nous croyons donc pouvoir appliquer le décret à
tout ouvrage littéraire, au titre de cet ouvrage, aux œuvres de peinture, de sculpture (1), d'architecture, de
dessin (2) — de même qu'aux œuvres dramatiques et
musicales, dont il interdit la reproduction.

(1) V. à ce propos l'argumentation très serrée de Darras, p. 263.
(2) V. *supra* p. 37 et 76. Nous donnons ici la même solution.

La reproduction seulement, disons-nous. C'est en effet un point fort discuté que de savoir si les droits spéciaux d'exécution et de représentation ont été visés par le décret.

Que l'on nous permette, avant de répondre, de chercher la solution d'un autre problème, qui nous donnera la clef de celui-ci. Le décret de 1852 est-il interprétatif et confirmatif de la législation antérieure ? Est-il, au contraire, introductif d'un droit nouveau ?

En nous en tenant à notre seul sentiment, nous opinerions dans le premier sens. Nous croyons avoir démontré que cette législation était protectrice des étrangers, bien que la jurisprudence se fût formée en sens contraire. Toutefois, nous ne pouvons écarter l'autorité de cette jurisprudence ; il nous faut, en outre, tenir compte de la pensée et de l'intention du législateur ; or, celle-ci était manifestement d'inaugurer un nouveau régime (vid. supra jugement cité.), de modifier la législation antérieure (V. le rapport adressé au Prince-Président par M. Abbatucci, Garde des Sceaux). Nous ne pouvons, malgré nos répugnances, négliger ces faits. Considérant donc le décret comme innovant, nous devons lui imposer l'interprétation restrictive (1).

Il se trouve — pour en revenir à notre première question — que le décret de 52 ne parle pas des droits d'exécution et de représentation ; or, la violation de ces droits constitue une contrefaçon de nature toute spéciale, à laquelle ne sauraient être étendues des dispositions gé-

(1) V. de BORCHGRAVE, § 134 ; BENOIDT et DESCHAMPS, p. 104.

nérales. Sans doute, nous avons déclaré que notre texte comprenait tous les ouvrages ; mais il n'en faudrait pas inférer qu'il s'étend à un mode de contrefaçon sortant du domaine ordinaire ; dans cet ordre d'idées, tout ce qui n'est pas formellement prévu doit, par cela même, être écarté. Comment, de plus, ne pas être frappé de ce fait, que le décret, après avoir renvoyé aux articles 425, 426, 427 et 429 du Code pénal, saute précisément l'article 428, relatif au droit qui nous occupe ? qui ne voit là oubli volontaire, intention bien arrêtée de négliger le droit de représentation. Le silence est parfois aussi clair que l'exclusion expresse (1).

M. Demangeat (2) a hasardé l'explication suivante : l'omission du renvoi à l'article 428 empêchera bien l'amende portée en cet article d'être prononcée contre le directeur du théâtre ; mais les droits de l'auteur indûment représenté n'en restent pas moins intacts ; il pourra user des moyens répressifs ordinaires ; on lui appliquera notamment le bénéfice de l'article 429 lui attribuant « le produit des confiscations, ou les recettes « confisquées ». — A quoi il est facile de répondre que la confiscation n'est qu'une mesure pratique imaginée par l'art. 429 comme sanction d'un droit ; qu'il faut donc que ce droit existe ; qu'en notre espèce il est consacré

______

(1) V. POUILLET, p. 782 et suiv. — RENAULT, *Journal du droit intern. privé*, 1878, p. 135. — DARRAS, p. 268. — LYON-CAEN, *Revue critique*, 1885, p. 414. — FLINIAUX, *Revue générale du Droit*, 1879, p. 32. — RENDU et DELORME, nᵒ 885. — CALMELS, nᵒ 408. — *Sirey*, 1858, 1, 145, note. — Contre : WEISS, p. 231 ; LACAN et PAULMIER, t. II, p. 234.

(2) *Rev. prat.*, t. II, p. 241 et suiv.

par l'article 428, que ne vise pas le décret. Nos adversaires tournent donc dans un cercle vicieux.

Le débat a d'ailleurs été tranché par un jugement du tribunal de la Seine rendu une année après la promulgation du décret. Le compositeur Verdi avait intenté une action contre M. Cazaldo, directeur du théâtre italien, pour avoir fait représenter ses œuvres sans son consentement. Il soutenait que le décret de 52 protégeait l'œuvre scénique aussi bien que l'œuvre littéraire et musicale. La défense invoqua les arguments que nous avons exposés. Le tribunal les trouva sans doute bons, car il débouta Verdi de sa demande (15 octobre 1856). Sur appel, la Cour confirma (13 décembre 1856) et la Cour suprême rejeta le pourvoi (14 décembre 1857) (1).

Devons-nous donc déclarer sans protection sur ce point auteurs et compositeurs? Nullement. Pourquoi ne pas appliquer une fois de plus la disposition de l'article 1382, déjà invoquée dans un autre cas (2). Les mêmes arguments sont valables ici, que nous avons exposés. Nous arrivons ainsi à une égale garantie, et cela, sans fausser le décret de 52 (3). Au reste, dans la pratique, la question offre peu d'intérêt, les auteurs

(1) V. Pataille 1857, 46.

(2) V. *supra*, p. 90.

(3) En adoptant notre sentiment sur la nature de la loi de 42, l'on pourrait encore concevoir une autre protection : la jurisprudence reconnaissait — nous l'avons vu — des droits à l'auteur étranger qui avait publié originairement son œuvre en France, sans exclusion du droit de représentation. Un auteur étranger pouvait donc, par une première représentation sur une scène française, obtenir la protection, à laquelle il aurait encore eu droit après 1852, si la loi nouvelle eût été simplement interprétative.

étrangers pouvant se réclamer des nombreuses conventions conclues depuis lors.

Cette difficulté à peine tranchée, nous en voyons surgir une autre. Le décret de 1852 consacre-t-il le droit de traduction (1)? La réponse, à la vérité, nous embarrasse peu. Nous avons dès l'abord assimulé à la reproduction la traduction d'une œuvre — le fait de la transposition d'une langue dans une autre ne constituant pas à nos yeux une contrefaçon *sui generis*, exorbitante du droit commun. Les auteurs étrangers peuvent donc se réclamer de notre loi pour voir assurer leur droit exclusif de traduction. Toutefois, il faut en subordonner la garantie — d'après la règle formulée plus haut — à la condition que ce droit soit reconnu par le pays d'origine de celui qui l'invoque. Ainsi donc, l'étranger dont les lois nationales estiment que traduire n'est pas contrefaire ne sera pas protégé de ce chef dans notre pays (2) : règle étroite et quelque peu mesquine, que l'on éviterait en adoptant la conception développée en notre premier chapitre (3).

(1) Aucune de nos lois internes ne consacre expressément le droit de traduction ; mais la jurisprudence l'a reconnu, comme dérivant de l'esprit de la loi, qui entend protéger la reproduction sous toutes ses formes.

(2) M. FLINIAUX arrive aux mêmes conclusions que nous, en vertu de considérations différentes. D'après lui, le droit de traduction est un privilège spécial créé par la jurisprudence, et qui, dès lors, doit s'entendre restrictivement à l'égard des étrangers. La majeure de l'argumentation est fausse ; son raisonnement est donc inexact (V. DARRAS, p. 293).

(3) Toutes les solutions que nous avons données doivent s'étendre aux œuvres posthumes. En effet, le préambule du décret renvoie, entr'autre lois antérieures, à celle du 1er germinal an XII (22 mars 1805) ; or, l'article 1 de cette loi accorde « aux propriétaires par succession ou à d'autres

L'article 4 édicte la formalité du dépôt prévue par l'article 6 de la loi du 19 juillet 1793 (1). Le Ministre de la Justice, M. Abbatucci, écrivait à ce propos : « Une « seule condition me paraît légitime, c'est que l'étranger « soit assujetti, *pour la conservation ultérieure de son* « *droit*, aux mêmes obligations que les nationaux (2) ». Cette phrase nous a paru intéressante à noter, car elle montre la nature véritable de la formalité : nullement créatrice du droit, mais intervenant tout au plus pour en permettre l'exercice. Tous d'ailleurs en réclament l'abolition pour les nationaux, ce qui la ferait également disparaître pour les étrangers.

Un point nous reste à élucider, relatif à l'application du décret. Les œuvres publiées antérieurement à sa promulgation sont-elles désormais garanties ?

Nous n'hésitons pas à répondre affirmativement. Sans doute, une loi ne peut faire échec à des droits acquis — c'est en ce sens qu'elle produirait un effet rétroactif ; — mais elle peut léser de simples intérêts. Or, doit-on dire — même en envisageant le décret comme attributif — que les contrefacteurs eussent, avant 52, des droits acquis ? Ils étaient tout au plus l'objet d'une coupable tolérance.

« titres d'un ouvrage posthume les mêmes droits qu'à l'auteur. » Pour savoir ce qu'il faut au juste entendre par *Œuvres posthumes*, v. RENOUARD, t. II, nº 70 — GASTAMBIDE, nº 33 — POUILLET, nº 39 — WORMS, t. I, p. 25.

(1) Ce n'est donc nullement une formalité spéciale comme en exigent certaines législations, mais l'application pure et simple du régime national.

(2) Rapport sur le décret de 1852 adressé au Prince-Président par M. ABBATUCCI, Ministre de la justice, Garde des Sceaux (V. LYON-CAEN et DELALAIN, t. I, p. 37).

Tant qu'elle a duré, l'auteur étranger n'a pu que s'incliner ; elle vient à cesser : il ressaisit immédiatement ses droits et les exerce dans leur plénitude. Toute plublication nouvelle d'une œuvre antérieure à 1852, même faite sur clichés, planches, matrices, etc., préexistantes, sera donc considéré comme contrefaçon (1).

Ne convient-il pas d'apporter un correctif à cette rigueur, et d'autoriser l'écoulement et la vente des exemplaires licitement édités avant 52 ? Nous ne le croyons pas. L'article 2 du décret prohibe le débit des ouvrages visés, sans distinguer suivant l'époque de leur publication : ildoit donc s'appliquer en tous cas. Autrement, il eut été trop facile à un éditeur avisé de faire un gros tirage quelques jours avant la promulgation de la loi, pour échapper à ses atteintes (2).

La question d'ailleurs, n'a plus grand intérêt pratique. Mais la solution était à retenir, car elle sera la même pour les lois futures.

---

(1) V. en ce sens : WEISS « Le décret de 1852 s'applique même aux « œuvres antérieures à sa promulgation ; l'on ne peut l'accuser d'exproprier « le domaine public ; il se borne à renforcer un droit existant ». (p. 137). — POUILLET, p. 765. — DARRAS, p. 285. — RENAULT, *Journ. dr. intern. privé*, 1878, p. 131. — *Droit d'auteur*, 1889, p. 3. — Pataille fait à ce système, relativement au droit de traduction, une exception que rien ne justifie (1857, 69.) — La Jurisprudence est conforme aux auteurs. V. Toutefois contre, Trib. correct. Seine, CHABAL, *Pataille*, 1857, 453. — De même Calmels. n° 415. — LACAN et PAULMIER, p. 490.

(2) V. conforme DARRAS, p. 288. — Contre : POUILLET, p. 765. — WEISS, p. 236. — CALMELS, p. 531. — Paris, 16 mars 1863, MARSCHNER, *Pataille*, 63, 333.

§ VIII.

Telle est l'économie du Décret-loi de 1852 (1). Telles sont sa portée singulière, et les règles précises qu'il a imposées à une jurisprudence fourvoyée. Il ne faudrait pourtant pas croire qu'il ait réuni tous les suffrages et ait été admis sans conteste. (V. Calmels, *Traité de la contrefaçon*, n° 411 — Dalloz, *Répertoire*, 1856). Son apparition a été l'objet d'attaques très vives, de la part surtout des partisans de la réciprocité. Les événements ont montré que leurs craintes étaient vaines ; eussent-elles été justifiées, ce document n'en serait pas moins resté un modèle de l'œuvre législative, travaillant pour le juste et le vrai, et portant son regard par delà l'horizon borné de l'égoïsme et de l'intérêt (2).

(1) Un décret du gouvernement impérial, en date du 9 décembre 1857, a déclaré exécutoire dans les colonies françaises le décret du 28 mars 1852.

(2) Les lois françaises postérieures au décret de 52 sont : Loi des 8-10 avril 1854 « *garantissant le droit de propriété aux veuves et aux enfants des auteurs, des compositeurs et des artistes* ». Décret du 9 décembre 1857 (V. *supra*. — Décret du 6 janvier 1864 « *relatif à la liberté de l'industrie théâtrale* ». — Loi du 16 mai 1866 « *relative aux instruments de musique mécanique* ». (V. sur ce sujet, *infra*, Ch. IV, p.). Loi du 14 juillet 1866, fort importante en ce qu'elle élève de 20 à 50 ans la durée des droits des « héritiers et ayants-cause des auteurs, compositeurs ou artistes ». — La loi du 29 juillet 1881 est relative à la liberté de la presse, et le décret du 29 octobre 1887 étend aux colonies les dispositions législatives postérieures au décret de 1857. — Le 21 novembre 1889. M. Philippon a déposé sur le bureau de la Chambre un projet de loi qui rajeunissait les lois de 1791 et de 1793. Il était ainsi conçu : « Article 1. La propriété artistique et littéraire consiste dans le droit reconnu à l'auteur de publier et « de reproduire son œuvre par quelque procédé, sous quelque forme et « pour quelque destination que ce soit. — Elle comprend, en outre, pour

A la France revient donc l'honneur d'avoir une fois de plus montré le chemin aux autres nations. Ce rôle a été salué par le représentant d'une nation voisine, M. le conseiller Reichardt, délégué allemand auprès de la conférence de Berne de 1884, qui lui rendait l'hommage d'avoir « toujours été des premières à prêter son « puissant appui dès qu'il s'est agi de proclamer, de « faire reconnaître ou de perfectionner le droit d'au-« teur (1) ».

Cet exemple a-t-il trouvé des imitateurs? Nous constatons à la vérité dans les différentes législations des mesures de garantie plus ou moins complètes à l'égard des étrangers. Mais la Belgique est la seule puissance qui ait franchement adopté les principes du décret de 1852.

Nous avons vu qu'il n'en a pas toujours été ainsi. Au reste, les auteurs belges eux-mêmes n'étaient guère favorisés par leur loi : les formalités étaient étroitement réglementées, et leur omission entraînait déchéance complète; la jurisprudence ne protégeait pas l'exécution des œuvres musicales ; il existait dans la durée de la protection posthume une différence de dix ans entre les œuvres ordinaires et les œuvres dramatiques, au détriment de ces dernières — et encore devaient-elles avoir été représentées originairement sur une scène belge (Loi de

« les ouvrages de théâtre et de musique, le droit exclusif de représentation « ou d'exécution publique ». (*Chambre des Députés, annexe 703* ». — Toutes ces lois ne s'occupant que du droit interne, et n'innovant pas relativement aux étrangers, ne rentrent pas dans notre sujet. — Sur l'importante question de savoir à qui profite la prorogation du droit d'auteur. V. Pouillet, p. 180 et suiv.

(1) Actes de la conférence de Berne de 1884.

1830; jurisprudence); en l'absence de dispositions législatives, la fraude d'usurpation de signature restait impunie; de plus, aucun ouvrage n'était protégé, s'il n'avait été imprimé et publié en Belgique, etc. Une série de conventions avaient bien modifié cet état de choses en faveur des étrangers : la Convention conclue en 1888 avec l'Espagne; celle de 1883 avec l'Allemagne interdisaient l'exécution des œuvres musicales sans le consentement de l'auteur; la mesure préalable du dépôt avait été supprimée en 1870 pour les Français; en 1880 pour les Allemands. Mais, chose bizarre, alors que le sort des étrangers se trouvait si largement amélioré, le législateur restait indifférent à celui de ses compatriotes, en sorte que « les étrangers avaient en Belgique des droits « certains et nettement définis, que les Belges avaient les « mêmes droits à l'étranger, que seuls les Belges chez eux « demeuraient sans protection efficace (1) », ce qui faisait si justement dire à l'éminent jurisconsulte de Borchgrave : « Les conventions diplomatiques n'ont et « ne sauraient avoir d'autre but que de garantir aux « étrangers les mêmes droits que ceux dont jouissent les « nationaux; et l'on ne conçoit pas, à première vue, com- « ment les droits des étrangers peuvent être protégés « en Belgique plus efficacement que ceux des Belges « eux-mêmes ». Aussi de toutes parts se forma-t-il un courant d'opinion réclamant une loi libérale envers les nationaux comme envers les étrangers. Différentes tentatives (2) décidèrent le gouvernement à élaborer un

(1) Lyon-Caen et Delalain, t. I, p. 168.
(2) En 1858, un congrès s'était réuni à Bruxelles pour étudier la question.

projet, qui est devenu la loi du 22 mars 1886 (1).

Cette loi avons-nous dit, reflète le décret de 1852 en ce qu'elle établit la protection pure et simple des auteurs étrangers ; elle lui est même supérieure, car « elle a pris « soin de constater, d'inscrire dans le texte même les « différentes solutions qu'il a fallu découvrir à l'aide de « raisonnements dans le décret français (2) ». Tout ce qui nous intéresse est contenu dans l'article 38, ainsi conçu : « Les étrangers jouissent en Belgique des droits « garantis par la présente loi, sans que la durée de ceux- « ci puisse, en ce qui les concerne, excéder la durée fixée « par la loi belge (3). Toutefois, s'ils viennent à expirer « plus tôt dans leur pays, ils cesseront au même moment « en Belgique (4) ». Or, les dispositions auxquelles renvoie implicitement cet article sont extrêmement favorables à toutes productions ; elles s'appliquent « non « seulement aux écrits de tout genre, mais aux leçons, « sermons, conférences, discours, ou à toute manifes- « tation orale de la pensée (article 10) » ; elles assurent le droit d'exécution et de représentation ; elles déclarent contrefaçon « toute atteinte méchante ou frauduleuse

---

Un projet de loi avait été déposé en 1859 à la chambre des représentants. Un nouveau congrès tenu en 1861, bientôt suivi d'un troisième, étaient également restés sans résultat.

(1) La législation antérieure se composait : de la loi du 29 juillet 1793, de la loi du 23 septembre 1814, — du décret du 11 octobre 1830, — de la loi du 1er avril 1870.

(2) DARRAS, p. 303.

(3) Vie de l'auteur, plus cinquante ans.

(4) C'est là, expressément formulée, la restriction que nous avons déduite du décret de 1852. — (V. *supra*, p. 96).

« portée au droit de l'auteur ». Le droit de traduction
est formellement garanti par l'article 12 : « Le droit de
« l'auteur sur une œuvre littéraire comprend le droit
« exclusif d'en faire ou d'en autoriser la traduction (1) ».
Toutes ces prérogatives sont étendues par l'article 38
aux étrangers dans la plus large mesure. La Belgique
semble avoir voulu réparer par là ses erreurs d'antan ;
elle possède à l'heure actuelle une œuvre législative dont
la France peut en quelque sorte revendiquer la paternité,
puisqu'elle a, la première, exploité la source à laquelle
nos voisins n'ont eu qu'à puiser (2).

De ce rapide résumé se dégage la façon dont le législateur a compris et réglé notre matière. Nous trouvons
dans son œuvre comme trois étapes bien tranchées, dont
chacune est un acheminement vers la notion vraie : la
première consiste dans une mesure de protection dérivée et arbitraire : ce sont les Privilèges ; la deuxième
est accomplie par la Révolution, qui reconnaît le droit
de l'auteur, en dehors de toute concession artificielle ;
enfin l'on arrive, par la force des choses, et grâce à la
conception nouvelle, à étendre ce droit aux étrangers :
c'est le couronnement de l'œuvre, c'est le but atteint.

Nous n'avons jeté nos regards qu'en France et en

---

(1) Ce droit aura donc la même durée que celui de reproduction. Ce
point a été modifié par différentes conventions, notamment par la convention de Berne de 1886. Il s'est trouvé rétabli par la Conférence de Paris de
1896.

(2) De même que le décret de 1852, la loi belge de 1886, est plus libérale que les conventions antérieures ; nous ne pouvons donc que répéter,
quant à leur conciliation, ce que nous avons déjà dit à propos du décret.

Belgique, parce que seules les lois de ces deux pays, à ce point de vue spécial, répondent aux idées que nous avons formulées (1). Il nous reste maintenant à exami-

(1) Les autres pays protègent l'œuvre étrangère d'une façon plus ou moins complète. *L'Espagne* vient en tête avec sa loi du 10 janvier 1879 sur la « *Propriété intellectuelle* ». L'article 50 en étend le bénéfice aux auteurs étrangers sous la condition de réciprocité légale. Cette loi semble, d'une part, garantir l'auteur espagnol même publié à l'étranger; et, d'autre part, accorder cette garantie à l'auteur étranger publié en Espagne. Elle assimile, en outre, le droit de traduction au droit de reproduction. Son article 51 est intéressant, en ce qu'il oblige le gouvernement espagnol à dénoncer les conventions antérieures, et l'invite à en conclure d'autres sur les bases suivantes : 1º Complète réciprocité entre les parties contractantes. — 2º Obligation de se traiter mutuellement sur le pied de la nation la plus favorisée. — 3º Absence de formalités spéciales, etc. (V. LYON-CAEN et DELALAIN, t. I, p. 205 ; DARRAS, p. 316).

La réciprocité exigée par le *Mexique* (Code civil de 1871 revisé en 1884, articles 1130-1271) a ceci de particulier « qu'elle n'est pas subordonnée à ce « que les auteurs mexicains jouissent à l'étranger des droits accordés au « Mexique aux auteurs étrangers, mais seulement à ce fait que les mêmes « droits soient accordés par la loi du pays aux auteurs mexicains et aux na- « tionaux. La loi mexicaine étant plus libérale que les autres législations, il « en résulte que l'auteur étranger jouit à Mexico de droits plus étendus qu'il « n'en a dans son pays (Bulletin de Législation comparée, 81, 155 ; com- « munication de M. Velasco, Ministre du Mexique). La réciprocité n'est même pas exigée quand la publication a lieu au Mexique : « Article 1138. Pour « les effets juridiques, il n'y a pas à distinguer entre Mexicains et étrangers ; « il suffit que l'œuvre soit publiée sur le territoire de la République ». L'originalité de la loi mexicaine consiste dans la perpétuité accordée au droit d'auteur (art. 1253). (V. LYON-CAEN et DELALAIN, supplément, p. 99 ; DARRAS, p. 315).

Nous retrouvons, avec des variantes la réciprocité légale en *Portugal* (Code civil de 1876, art. 576, 577 et 578. — V. LYON-CAEN et DELALAIN, t. I, p. 467 ; DARRAS, p. 322) et en Italie (Loi du 18 mai 1882, art. 44. — LYON-CAEN et DELALAIN, t. I, p. 379 ; DARRAS, p. 320).

Dans les pays Scandinaves — *Finlande* (Loi du 15 mars 1884) ; *Danemark* (Ordonnance du 7 mai 1828 ; loi du 29 décembre 1857, art. 23 ;

ner comment les différentes puissances ont songé, par

Ordonnance du 6 novembre 1858 ; lois du 31 mars 1864, du 23 février 1866 ; Ordonnance du 5 mai 1866 ; Loi du 24 mai 1879 ; un projet de loi soumis le 2 octobre 1893 au *Folkenting* a échoué en 1894 — (V. *Droit d'auteur*, 1894, p. 84) ; *Suède* (Loi du 10 août 1877, art. 19) ; *Norwège* (Loi du 4 juillet 1893, art. 37) — cette réciprocité doit en outre être constatée par déclaration expresse. (V. Lyon-Caen et Delalain, t. I, p. 505, 187, 521 ; Supplément, p. 55 ; Darras, pp. 332-340).

L'Allemagne combine la règle de l'indigénat avec celle de la territorialité : Loi du 11 juin 1870, art. 61 : « La présente loi s'applique à tous les ou-« vrages d'auteurs nationaux, peu importe que ces ouvrages aient paru « dans le pays (im Inland) ou à l'étranger ou qu'ils n'aient point été publiés « du tout. — Les ouvrages d'auteurs étrangers qui paraîtront chez un « éditeur ayant son établissement de commerce dans le territoire de la « Confédération de l'Allemagne du nord, jouiront aussi de la protection de « la présente loi. » (Pour les ressortissants des états de l'ancienne Confé-dération germanique restés en dehors de l'Empire allemand, V. loi du 9 janvier 1876, art. 21 — V. sur la législation allemande Lyon-Caen et Delalain, t. I, p. 51 ; Darras, p. 340 ; « *Droit d'auteur* » *Critique des lois allemandes*, 1888, p. 112 ; 1892, pp. 2, 118 ; 1893, pp. 38, 135, 149 ; 1895, p. 108 ; 1896, p. 11).

Tel est également le principe adopté par la *Loi Autrichienne* du 26 dé-cembre 1895 ; cette loi protège 1°) les œuvres autrichiennes, en quelque endroit qu'elles aient été publiées ; 2°) les œuvres étrangères publiées en Autriche (art. 1). En outre, elle s'applique spécialement « aux œuvres « d'auteurs étrangers publiées dans l'Empire d'Allemagne et aux œuvres « non publiées des sujets allemands... Pour les autres œuvres, la protection « est réglée par les traités » (art. 2). V. Lyon-Caen et Delalain, *Supplé-ment* 1890-96, p. 13 — « *Droit d'auteur* » 1896, pp. 3 et 26.

La *loi Hongroise* du 1er juillet 1884, est sévère à l'égard des étrangers. Elle subordonne leurs droits à la publication chez un éditeur hongrois, ou au fait de résider depuis deux ans dans le pays et « d'y avoir payé sans interruption l'impôt » (art. 79.) Cette loi n'a d'ailleurs pu modifier la situation des auteurs français en Hongrie telle que l'avait réglée la Conven-tion de 1866 entre la France et l'Autriche. (V. la Convention conclue le 10 mai 1887 entre le gouvernement autrichien, et le gouvernement hon-grois). — V. Lyon-Caen et Delalain, t. I, p. 141 ; Darras, p. 329.

8

des mesures conventionnelles réciproques, à assurer à

Les *Pays-Bas* ont poursuivi leurs errements sur la contrefaçon étrangère ; ils ne la proscrivent que pour les ouvrages « publiés par la voie de l'impression aux Pays-Bas où aux Indes néerlandaises », et, dans le cas de première publication illicite, au profit des auteurs domiciliés aux Pays-Bas ou aux Indes néerlandaises (Loi du 28 mai 1881, art. 27. V. Lyon-Caen et Delalain, t. I, p. 457 ; Darras, p. 346.

La jurisprudence *Anglaise* ne protège l'auteur étranger qu'autant que la première publication de son œuvre a eu lieu sur le territoire britannique, et que lui-même s'y trouve à cette époque. — La même règle est applicable au Copyright et au Playright. L'extrême complication de la matière d'après les lois anglaises ne nous permet pas d'entrer dans de plus amples détails. (V. Lyon-Caen et Delalain, t. I, p. 254-371 ; Darras, p. 18, note 1, p. 186, et pp. 350-362).

La loi *Suisse* du 23 avril 1883 se montre assez large (V. Lyon-Caen et Delalain, p. 531). Elle protège : 1º l'œuvre dont l'auteur est domicilié en Suisse, quel que soit le lieu de son apparition ; 2º l'œuvre parue ou publiée en Suisse, quel que soit le domicile de son auteur ; 3º sous la condition de réciprocité, l'œuvre qui ne rentre pas dans les cas précédents. Elle assimile le droit de traduction au droit de reproduction, en exigeant toutefois que l'auteur en ait usé dans les cinq ans (art. 2, al. 3). (V. pour le régime commun des états fédéraux, le Concordat du 15 juillet 1854. Darras, p. 309).

Jusqu'à ces dernières années, les *États-Unis* ne protégeaient que les auteurs « jouissant de la qualité de citoyen des É. U. ou du droit de rési- « dence dans le pays ». (*Statuts révisés, Loi du 8 juillet 1870, art. 4971*). La loi du 3 mai 1891 a fait disparaître cette disposition. Elle subordonne toutefois la garantie des œuvres étrangères à la double condition de *refabrication* et de *dépôt simultané*, c'est-à-dire que l'ouvrage dont il est demandé garantie doit 1º : avoir été édité (*manufactured*) aux E.-U. 2º : être déposé simultanément au pays d'origine et au bureau du bibliothécaire du Congrès, à Washington. C'est rendre souvent illusoire la protection accordée.

La loi du 3 mars 1891 a été amendée par les lois du 3 mars 1883 et du 2 mars 1895 (V. Lyon-Caen et Delalain, *Supplément*, p. 83).

L'Égypte ne possède pas de législation sur le droit d'auteur. Mais les tribunaux mixtes (créés en 1875) en appliquant « les principes du droit « naturel et les règles de l'équité » (*Titre I, art. 34 du règlement d'organisation judiciaire*) répriment la contrefaçon internationale des œuvres litté-

leurs nationaux la protection étrangère, à créer en quelque sorte une législation internationale.

raires et artistiques. V. arrêts du 1ᵉʳ mars 1877 (Lyon-Caen et Delalain, t. I, p. 22) ; du 18 avril 1888 (*id.*, p. 25) ; du 27 mars 1889 (*id.*, p. 26) ; du 8 mai 1889 (*id.*, p. 28). V. aussi « *Droit d'auteur* » 1888, p. 92 ; 1889, p. 101 ; 1892, p. 62 ; 1894, p. 54 ; 1895, p. 117.

La *Turquie* (qui pratique encore le régime des privilèges) et la *Russie* permettent sur leur territoire la contrefaçon des œuvres étrangères (V. pour la législation interne de ces pays, Lyon-Caen et Delalain, t. I, pp. 563 et 484).

CHAPITRE III

DE LA PROTECTION CONVENTIONNELLE

§. I.

Bien des législations ne protègent donc pas, ou ne protègent qu'imparfaitement les droits des auteurs étrangers. Pour celles qui font intervenir la condition de réciprocité, mille difficultés peuvent s'élever, les lois des différents pays ne concordant jamais d'une facon absolue, et bien des points de détails pouvant donner naissance à des discussions et à des conflits. Aussi la plupart des États soucieux de sauvegarder les intérêts de leurs nationaux se sont-ils liés par des traités délimitant exactement et sans conteste possible, les privilèges respectifs de leurs ressortissants (1).

Ce régime de protection conventionnelle présente des avantages et des inconvénients : — des avantages, car il remédie à l'instabilité des législations, libres de retirer le lendemain ce qu'elles ont accordé la veille ; et peut,

---

(1) V. « Droit d'auteur » 1896, p. 51 : *La législation et les traités en matière de protection littéraire et artistique.*

par le jeu d'influences diverses, imposer à un pays ré-
calcitrant des mesures répressives à l'égard de la contrefaçon étrangère ; il a également le mérite de la précision, et d'être, comme tout contrat, l'expression exacte
de la volonté des parties. — Des inconvénients, car les
résultats ainsi obtenus ne le sont parfois qu'au prix
d'importantes concessions commerciales et douanières ;
en outre, l'état de guerre entraîne la nullité de la convention conclue. Néanmoins, il faut s'applaudir de l'ouverture de cette voie, qui, à l'origine et en l'absence de
protection légale nettement définie, a été le seul moyen
d'arriver à la garantie de l'œuvre étrangère ; aujourd'hui
encore, elle est un puissant instrument d'union et de
concorde entre les nations civilisées ; elle semble enfin
un acheminement vers cette législation universelle dont
nous parlerons plus loin.

Il est assez naturel de voir les premières tentatives en
ce genre faites entre pays unis par un lien fédératif.
Outre que l'exiguité de chaque territoire rend plus nécessaire une réglementation uniforme ; grâce à la communauté d'idiome la contrefaçon y est plus facile et
lucrative pour le contrefacteur, plus préjudiciable et
ruineuse pour l'auteur : les mesures de répression s'imposent donc plus impérieusement. C'est ce qu'avait compris dans la première moitié de ce siècle, la confédération germanique ; conformément à l'article 18 de l'Acte
fédéral de 1815 (1), une commission s'était réunie dans

(1) Art. 18 : « La Diète s'occupera, lors de sa première réunion, d'une
« législation uniforme sur la liberté de la presse et des mesures à prendre
« pour garantir les auteurs et les libraires des contrefaçons ».

ce but le 22 juin 1818. Mais, ses travaux traînant en longueur, le roi de Prusse prit l'initiative de « négociations « avec tous les états allemands dans lesquels la contre- « façon a été interdite, pour convenir provisoirement du « principe que, dans l'application des lois existantes, « toutes distinctions entre les indigènes et les étrangers « fussent réciproquement abolies à l'égard des sujets des « états contractants, de manière que les étrangers jouis- « sent de la même protection que les indigènes (1) », et de 1827 à 1829, trente-et-une conventions furent signées entre la Prusse et divers états allemands (2).

Nous ne sommes toutefois en présence que d'une union restreinte. Ce n'est qu'en 1832 que la Diète fédérale, couronnant l'œuvre ébauchée en 1818, supprima toute distinction entre les sujets des différents pays ressortissant de l'Union germanique, par sa résolution en date du 6 septembre (3). Voilà donc quarante

(1) Ordre du cabinet du roi de Prusse à son ministre d'Etat, en date du 16 août 1827.

(2) A savoir : Grand-Duché d'Anhalt-Bernbourg, d'Anhalt-Dessau, d'Anhalt-Kœthen, de Bade, de Bavière, de Brunswick, ville libre de Brême, Danemark (relativement aux duchés de Holstein, de Lauenbourg et de Schleswig), ville libre de Hambourg, Hanovre, Grand-Duché de Hesse, électorat de Hesse, Hohenzollern-Helchingen, Hohenzollern-Siegmaringen, ville libre de Lubeck, Mecklembourg-Schwerin, Mecklembourg-Strélitz, Nassau, Oldembourg, principautés de Reuss, royaume de Saxe, Saxe-Altembourg, Saxe-Cobourg, Saxe-Gotha, Saxe-Meiningen, Saxe-Weimar, Schaumbourg-Lippe, Schwartzbourg-Rudolstadt, Schwartzbourg-Sanderhausen, Waldeck, Wurtemberg.

(3) Voici la teneur de cette résolution : « Conformément à l'article 18 « de l'acte de la Confédération germanique, et afin de garantir les droits « des auteurs, éditeurs et libraires, de la contrefaçon des œuvres de librairie « et d'autres objets d'art faisant matière du commerce, les princes souve-

états (1) régis par une législation uniforme ; résultat sur-
prenant pour un premier essai.

Toutefois, comme chaque état ne protégeait les étrangers que dans la mesure où il protégeait ses nationaux,
ceux qui ne pratiquaient pas la garantie devinrent, par
la force des choses, un asile pour les contre-facteurs.
C'était là une situation éminemment fâcheuse. Aussi,
dès 1835, fût-il question d'y remédier. C'est dans ce
but que la Diète allemande, édictant une loi générale,
déclara, dans son arrêté du 9 novembre 1837, que toute
œuvre émanant d'un auteur allemand serait garantie
pendant un laps de temps d'au moins dix ans à partir
de sa publication. Et cet arrêté a ceci de particulier qu'il
produisit un effet rétroactif, en sorte que les ouvrages
parus depuis 1827 eurent droit à la protection décennale. Il eut d'ailleurs une portée considérable, car il fut
étendu par l'Autriche, en 1836, à tous les pays relevant
de sa souveraineté (2). Depuis, l'œuvre a été complétée :

« rains et les villes libres de l'Allemagne sont convenus d'établir comme
« principe fondamental, qu'à l'avenir, dans toute l'étendue de la Confédéra-
« tion, relativement à l'application des dispositions législatives et aux me-
« sures à prendre à l'égard de la contrefaçon, toute distinction entre les su-
« jets propres d'un Etat confédéré et ceux des autres Etats faisant partie de
« la Confédération, sera réciproquement abolie, de manière que les édi-
« teurs, libraires et autres, jouiront, dans chacun des autres Etats confédé-
« rés, ds la protection que la législation de ce dernier Etat aura établie à
« l'égard de la contrefaçon.

(1) Sans compter les pays étrangers pour lesquels la décision de la
Diète était obligatoire.

(2) Les étrangers ne ressortissant pas de l'Union étaient moins favorablement traités ; en principe, la réimpression de leurs ouvrages était autorisée.
— Cependant, d'après l'art. 2 de l'arrêté de 1836 « il ressort clairement (et

un arrêt de la Diète, en date du 23 avril 1843, assura le droit de représentation et d'exécution, en lui assignant une durée minima de dix ans à compter de la première audition.

Un autre décret, du 19 juin 1841, rendit la garantie viagère; elle durait, en outre, pendant trente ans après la mort de l'auteur au profit de ses héritiers ou ayant-cause (1).

§ II.

Ne pouvant entrer dans le détail de toutes les conventions signées entre les divers états, jetons un coup d'œil rapide sur celles qu'a conclues la France dans le cours de ce siècle.

Avant 52, ainsi qu'il a été dit plus haut, nous n'avions traité qu'avec quatre pays: la Sardaigne, le Portugal, le Hanovre et l'Angleterre. L'accord franco-sarde avait été signé le 28 août 1843, puis modifié par les conventions du 22 avril 1846 et 5 novembre 1850, remplacées elles-mêmes par celle du 29 juillet 1862, passée avec l'Italie. Aujourd'hui, les rapports des deux pays sont réglés en notre matière par la convention du 9 juillet 1884 (2). — La convention portugaise, conclue

« Fœlix en a fait la remarque dans sa *Revue*, t. VI, p. 124) qu'un étranger « pouvait s'assurer le bénéfice de la protection en traitant avec un éditeur « allemand » (DARRAS, p. 298).

(1) Avant cette mesure, la diète allemande, dans sa séance du 23 novembre 1838, avait décidé que les œuvres de SCHILLER et de GŒTHE seraient protégées pendant vingt ans dans tout le territoire de la Confédération.

(2) L'Italie a conclu des conventions touchant notre matière : avec

le 12 avril 1851, a fait place à celle du 11 juillet 1866 (1).
La France et le Hanovre se sont liés le 20 octobre 1851
— La convention conclue avec l'Angleterre le 3 novembre 1857, et complétée par une déclaration signée le 11 août 1875, a été rapportée d'un commun accord en 1887 (2). Les relations entre les deux pays sont actuellement régies par l'Union de Berne, dont il sera question plus loin.

Nous avons vu le prodigieux essor donné par le décret de 1852 au mouvement diplomatique touchant la protection littéraire et artistique.

Parmi les nombreux accords intervenus, nous n'en voulons retenir que deux concernant l'Espagne et l'Allemagne (3). Leur étude nous montrera la contexture

l'Autriche (10 juin 1840) ; la Belgique (24 nov. 1859) ; l'Angleterre (30 nov. 1860) ; la Suisse (5 mai 1869) ; l'Espagne (20 juin 1880) ; l'Allemagne (20 juin 1884) ; la Suède et la Norwège (9 octobre 1884).

(1) Le Portugal a signé des traités avec : la Belgique (11 octobre 1866) ; l'Espagne (9 août 1880) ; le Brésil (9 septembre 1889).

(2) Il en a été de même pour les conventions passées par la Grande-Bretagne avec dix-neuf autres pays ou états.

(3) Voici l'énumération des plus importantes parmi les autres conventions conclues par la France.

— France et Hollande, 29 mars 1855. (Dans l'art. 14 du traité de commerce et de navigation signé entre ces deux puissances le 25 juillet 1840, on se promettait de régler la question des droits intellectuels; mais, à la suite de difficultés soulevées, et le traité de 1851 n'ayant pas été ratifié par les Etats-Généraux, il fallut attendre jusqu'en 1855). — La Hollande a conclu des conventions avec la Belgique (30 août 1858) et l'Espagne (31 décembre 1862).

— France et Belgique, 22 août 1852. Nous avons montré l'intérêt qu'avait la France à éteindre en Belgique le foyer de contrefaçon qui s'y était formé ; tel fut l'objet de la convention de 1852, difficilement ratifiée par le Parlement Belge, et grâce à d'importantes concessions commerciales. Les

de ces sortes de traités, et nous fera par cela même connaître la plupart d'entre eux, qui ont toujours des rapports étroits et une physionomie commune.

tribunaux belges ont longtemps fait tous leurs efforts pour exclure des dispositions du traité la protection de droit commun des auteurs dramatiques ; mais ils ont dû finir par donner satisfaction à nos nationaux. (V. aff. OFFENBACH, MEILHAC et HALÉVY, 1865 ; *infra*, p. 130). — Cette convention a été remplacée par celle du 1er mai 1862, suivie elle-même du traité du 31 octobre 1881, avec déclaration interprétative du 4 juin 1882. Ces deux textes, devenus inutiles par suite de la loi Belge de 1886, ont été dénoncés par la Belgique le 31 juin 1891. Désormais, les rapports de la Belgique et de la France sont régis par l'Union de Berne.

— La Belgique a conclu des traités avec : la Hollande (30 août 1858) ; l'Italie (24 novembre 1859) ; le Portugal (11 octobre 1866) ; la Suisse (25 août 1867) ; l'Espagne (26 juin 1880) ; l'Allemagne (12 décembre 1883).

— France et Luxembourg. — Première convention en date des 4 et 6 juillet 1856, remplacée par celle du 16 décembre 1865, annulée par la guerre de 1870 — son existence étant liée aux traités conclus entre la France et le Zollverein le 2 août 1862 ; elle a été remise en vigueur par le traité de Francfort.

— France et Portugal. — Convention du 11 juillet 1866, remplaçant celle du 12 avril 1851. Elle est encore en vigueur, le Portugal n'ayant pas adhéré à l'Union de Berne. — Le Portugal a traité avec la Belgique (11 octobre 1866), — l'Espagne (9 août 1880), — le Brésil (9 septembre 1889).

— France et Suède et Norwège — acte additionnel au traité de commerce du 30 décembre 1881, et arrangement du 15 février 1884 ; l'on y rencontre une particularité à propos du droit de traduction : par suite de la disposition de l'art. 3 de la loi suédoise du 10 août 1887, l'auteur français qui veut assurer ses droits sur une traduction de ses œuvres en Suède doit insérer en tête de l'œuvre la mention expresse de la réserve de la traduction en Suédois et Norwégien.

— France et Italie. — Convention du 29 juin 1862, puis du 9 juillet 1884, remplaçant celle conclue avec la Sardaigne le 28 août 1843. — La Convention de 1884 a été annulée à la suite du congrès de Berne, comme étant désormais sans objet (Déclaration signée à Berne le 4 juillet 1889).

— 123 —

L'Espagne avait conclu avec la France une première convention le 15 novembre 1853 ; remaniée et perfectionnée, elle est devenue celle du 16 juin 1880, actuellement en vigueur (1).

— France et Autriche-Hongrie (11 décembre 1866) — acte additionnel du 18 février 1884 rendant cette convention indépendante du traité de commerce qui avait été signé le même jour.

— France et San-Salvador. — Convention du 2 juin 1880. La France est le seul état avec lequel se soit lié le Salvador. Comme ce pays n'a pas de législation spéciale en notre matière, cette convention édicte les droits des auteurs, et les répressions de la contrefaçon d'après les dispositions de la loi française.

— France et Suisse. — Convention du 23 février 1882 ; cette convention n'a pas été infirmée par la loi Suisse de 1883 (en ce sens, DARRAS, Cour de justice de Genève, 23 mai 1889) — elle formait un tout indivisible avec trois autres traités commerciaux ; elle avait été conclue à grand'peine, et difficilement approuvée par l'assemblée fédérale. Elle a été dénoncée par la Suisse le 21 janvier 1891.

France et Bolivie. — Une déclaration a été signée le 8 septembre 1887 ; elle a été approuvée par décret, le 30 juin 1890.

— France et Equateur. — Déclaration du 12 mai 1888 : n'a pas été ratifiée.

— France et Mexique. — Traité du 27 novembre 1886 ; premier traité de ce genre passé par le Mexique.

— France et Roumanie. — Convention commerciale du 4 avril 1893.

— Une convention conclue entre la France et la Russie le 6 avril 1861 a été dénoncée par la Russie en 1886 ; elle a cessé d'être en vigueur le 14 juillet 1887. — La Russie n'est actuellement liée par aucune convention.

— Nous avons dit le sort des deux traités signés avec l'Angleterre. — 19 autres conventions conclues par celle-ci ont été dénoncées dans les mêmes conditions.

(1) V. sur la convention de 1880, *Bulletin de la société de législation comparée*, t. X, (1880-81) p. 140. Etude de MM. DELALANDE et L. RENAULT.

Le principe admis par cette convention — principe que nous retrouvons dans tous les autres traités — est l'application réciproque à l'auteur étranger, du traitement national. Toutefois, l'article 1 consacre la restriction, déjà signalée à propos du décret de 1852, provenant du traitement originel. L'auteur espagnol ou français ne jouira donc en France ou en Espagne que des droits que lui reconnaît la loi espagnole ou française, et cela dans les limites déterminées par cette loi. Nous avons déjà donné notre appréciation sur cette pratique (1).

Notre convention peut être qualifiée de libérale, car elle ne soumet à aucune formalité particulière la garantie qu'elle accorde à l'auteur étranger, ainsi que nous le montre cet extrait de l'article premier « sous « cette seule condition (reconnaissance du droit par la « législation du pays d'origine) et sans autre formalité ». — Toutefois, la phrase suivante « de la même manière et « dans les mêmes conditions légales que les nationaux » nous prouve que les formes imposées par chaque législation à ses ressortissants devront être observées par les étrangers : mesure bien naturelle et nullement vexatoire ; le contraire même serait un favoritisme que rien n'expliquerait.

Nous trouvons en ce même article 1 une énumératin très large, explicative de l'expression « œuvres littéraires ou artistiques » — ce texte va même nous permet-

______

(1) V. *supra*, p. 58 ; cpr. principe de l'Union de Berne, *infra*, Ch. IV.

tre d'étendre le champ de la protection ; il parle de toute
« production quelconque du domaine littéraire, scientifi-
« que ou artistique qui pourrait être publiée par n'im-
« porte quel système d'impression ou de reproduction
« connu ou à connaître ». Or, cette finale « connu ou à
connaître » se trouve comprendre à l'évidence les œuvres
photographiques, peu en vogue à cette époque et qui
étaient restées en dehors de la sphère artistique ; elle ont
pris depuis une importance considérable et méritent
certes la garantie qui leur est ici implicitement accordée ; et ce point est d'autant plus remarquable que la
plupart des textes législatifs ou diplomatiques ne s'en
sont pas occupés (1).

Mais l'œuvre principale, selon nous, de la convention
du 16 juin 1880 est la réglementation du droit de traduction.

Nous avons fait ressortir l'intérêt extrême qu'offre la
reconnaissance de ce droit dans les rapports internationaux. Or, bien peu de législations en ont franchement
adopté le principe ; le décret de 1852 ne l'exprime pas formellement ; la loi russe estime que traduire n'est pas contrefaire. Les législations qui consacrent notre droit lui as-
signent en général une durée inférieure à celle du droit de
reproduction (Code civil portugais, art. 577 (2)) ; en ou-

---

(1) Cependant, la photographie est expressément visée par l'art 1 de la
convention franco-italienne du 9 juillet 1884, et par la convention hispano-
italienne du 28 juin 1880. — V. sur la protection en France des œuvres
photographiques « *Droit d'auteur* », 1889, p. 54.

(2) 10 ans pour les étrangers à dater de la publication, et sous condition
que la traduction ait paru dans les trois premières années.

tre, elles le soumettent à des conditions tellement dures, qu'elles rendent leur protection illusoire ; c'est ainsi qu'elles cessent de regarder la traduction d'une œuvre étrangère comme illicite quand le traducteur n'a pas dissimulé le nom de l'auteur (Loi Colombienne, art. 39); qu'elles exigent qu'à l'apparition de l'ouvrage, réserve ait été faite par l'auteur du droit de traduction, et qu'il ait fait paraître cette traduction dans un certain délai, ordinairement très court (V. lois allemande, autrichienne, hongroise, hollandaise, etc.). — A cette attitude des divers pays, il semble que le régime conventionnel eût dû chercher un remède, et régler la question d'une manière nette et simple ; or, nous rencontrons dans la plupart des accords internationaux les mêmes hésitations et les mêmes restrictions ; le gouvernement français est peut-être le seul qui ait poursuivi la solution rationnelle, « son but était la reconnaissance du principe que « la traduction, n'étant qu'un mode de reproduction, doit « être interdite tant que la reproduction matérielle l'est « elle-même (1) ». Ses efforts n'ont guère souvent été couronnés de succès ; l'art. 5 de la convention du 11 décembre 1866 avec l'Autriche-Hongrie subordonne le droit de l'auteur étranger à la condition « d'avoir indi- « qué en tête de son ouvrage son intention de se réser- « ver le droit de traduction ». — L'accord Franco-Belge du 31 octobre 1881 ne lui assigne qu'une durée de dix ans ; en outre « la traduction autorisée devra paraître « en totalité dans le délai de trois ans, à compter de la

(1. RENAULT, notice générale sur les Conventions internationales, LYON-CAEN et DELALAIN, t. II, p. 211.

« date de publication de l'ouvrage original (art. 6) (1) ».
Même disposition dans la convention franco-italienne
du 9 juillet 1884 — disposition qui, cependant, n'existe
pas dans la loi italienne — et la garantie n'est toujours
que de dix années.

A ces réglementations boiteuses, a succédé enfin, dans
l'art. 3 de la convention avec l'Espagne, le principe suivant : « Les auteurs de chacun des deux pays contrac-
« tants jouiront, dans l'autre pays, du droit exclusif de
« traduction sur leurs ouvrages, pendant toute la durée
« qui leur est accordée par la présente convention sur
« l'œuvre en langue originale, la publication d'une tra-
« duction non autorisée étant de tous points assimilée
« à la réimpression illicite d'un ouvrage ». Voilà donc
la reconnaissance du principe posé : assimilation
complète des deux droits ; ce seul article indique toute la
portée de notre traité (2).

(1) A noter dans ce même art. 6 cette disposition très importante, parce
que nous la retrouvons dans beaucoup de conventions, et qu'elle vient à
l'appui de cette thèse que les lois internes, sans pouvoir diminuer les droits
acquis aux étrangers par les conventions, peuvent les augmenter : « Dans le
« cas où la législation de la Belgique sur le droit de traduction viendrait à
« être modifié pendant la durée de la présente convention, les avantages
« nouveaux qui seraient consacrés en faveur des auteurs belges seraient de
« plein droit étendus aux auteurs français ». C'est ce qui est arrivé dans le présent cas avec la loi belge du 22 mars 1886, son art. 6 impliquant identifica-
tion du droit de traduction au droit de reproduction, sous tous les rapports.

(2) Dans toute cette discussion, nous avons envisagé, cela va sans dire,
le droit de traduction, et non le droit du traducteur (V. ch. 1, p. 41). Dès
qu'une traduction est licite, elle est protégée par toutes les conventions à
l'égal d'une œuvre originale, et cette protection emprunte en général les
termes de l'art. 5 de la convention franco-belge du 31 octobre 1881 « Sont
« expressément assimilées aux ouvrages originaux les traductions faites dans

Le mode de répression des contraventions que nous avons indiquées est contenu dans l'article 51 ainsi conçu : « En cas de contravention aux dispositions de la pré- « sente convention, les tribunaux appliqueront les peines « déterminées par les législations respectives, de la même « manière que si l'infraction avait été commise au préju- « dice d'un ouvrage ou d'une production d'un auteur na- « tional ». Comme on peut le voir, pour connaître véri- tablement le sort d'un auteur à l'étranger, l'on doit, à bien des points de vue, examiner le jeu des lois et des con- ventions ; elles se complètent les unes les autres ; il faut avoir dans une main le code du pays dont on recherche la protection pour bien comprendre le parchemin diplo- matique que l'on tient de l'autre.

Nous ne pouvons oublier l'article 6 (1), car il contient une disposition intéressante, connue habituellement sous le nom de « clause de la nation la plus favorisée ». En vertu de cette clause, tout avantage conféré à une tierce puissance par l'une des parties contractantes est étendu de plein droit à l'autre partie (2).

Elle ne permet en général d'invoquer que les droits

« l'un des deux Etats d'ouvrages nationaux ou étrangers. » Même rédaction dans l'art. 7 de la convention franco-italienne du 9 juillet 1884.

(1) Article 6 « Il est entendu que, si l'une des Hautes Parties contrac- « tantes accordait à un Etat quelconque, pour la garantie de la propriété « intellectuelle, d'autres avantages que ceux qui sont stipulés dans la pré- « sente convention, ces avantages seraient également concédés, dans les « mêmes conditions, à l'autre partie contractante ».

(2) Cette expression nous paraît devoir être entendue en ce sens que tout intéressé peut réclamer ces avantages, sans qu'il soit besoin d'une constatation officielle.

accordés à des tiers par des conventions ultérieures ;
c'est ce qu'indique nettement la rédaction de l'article 16
du traité franco-allemand et de l'article 10 du traité
franco-italien. Toutefois, la déclaration interprétative de
l'accord belge, et les termes de l'accord conclu avec la
Suisse étendent certainement ce bénéfice aux dispositions des traités antérieurs (1).

Darras considère la clause de la nation la plus favorisée comme « un emprunt malheureux fait aux traités
de commerce », et il la condamne en raison de la difficulté extrême qu'ont les auteurs, à se tenir au courant
des innovations continuelles. C'est oublier que cette difficulté n'intervient que dans leur intérêt ; ils peuvent,
s'ils le préfèrent, négliger les faveurs nouvelles et s'en tenir au *statu quo* ; notre clause est une mesure privilégiée,
que nul n'est forcé d'invoquer ; en tout état de cause,
elle ne peut nuire à personne.

Un autre reproche qu'on lui fait est de « fausser le
« caractère général de réciprocité qui est l'âme des con-
« ventions (2) ». Que l'on suppose l'une des parties contractantes faisant, par la suite, d'importantes concessions
à des voisins, tandis que l'autre reste dans la réserve :
celle-ci bénificiera sans retour de la générosité de celle-

---

(1) Nous retrouvons la clause de la nation la plus favorisée dans les
traités signés par la France avec la Belgique (31 octobre 1881, art. 1, § 4 ;
déclaration interprétative du 4 janvier 1882) — la Suisse (23 février 1882,
art. 1, § 4, art. 6, § 8) — l'Allemagne (19 avril 1883, art. 16) — l'Italie
(9 juillet 1884, art. 10).

Nous avons vu que la loi de 1879 (art. 51) obligeait le gouvernement
espagnol à l'inscrire dans ses conventions futures.

(2) Darras, p. 563.

la. L'harmonie n'existe plus : l'équilibre est rompu. — Mais chaque nation n'est-elle pas maîtresse de ses rapports extérieurs ? Il ne dépend que d'elle de restreindre des largesses qui, d'autre part, la mettraient sur un pied d'inégalité. D'ailleurs, il est à ce mal un remède bien simple : nous le trouvons formulé dans l'article 16 du traité franco-allemand de 1883, qui fait intervenir dans notre cas spécial la condition de réciprocité (1). Dès lors « cette clause ne donne à l'un des deux états contrac- « tants le droit de réclamer de l'autre une faveur ac- « cordée à un Etat tiers, qu'autant que l'Etat qui fait « cette demande est prêt à accorder à l'autre contrac- « tant une faveur semblable (2) ». Voilà l'équilibre rétabli.

En résumé, nous admettons que la clause de la nation la plus favorisée donne lieu à des complications ; mais ces complications sont de l'essence même du régime conventionnel, et nullement particulières à cette disposition (3).

---

(1) Article 16 : « Les Hautes Parties contractantes conviennent que tout « avantage ou privilège plus étendu qui serait ultérieurement accordé par « l'une d'elle à une tierce puissance, en ce qui concerne les dispositions de « la présente convention sera, *sous condition de réciprocité,* acquis de plein « droit aux auteurs de l'autre pays ou à leurs ayants-cause ».

(2) Lyon-Caen et Delalain, t. II, p. 259, note 2.

(3) L'application de la clause de la nation la plus favorisée peut à la vérité n'être pas sans surprises pour les Hautes Parties contractantes : à elles de ne pas se laisser surprendre. Citons en exemple un fait assez probant : la France avait conclu avec la Belgique la convention du 1er mai 1861 (depuis remplacée par celle du 31 octobre 1881). Or, l'article 4 de cet accord, relatif aux droits de représentation et d'exécution, avait été interprété de telle façon par les tribunaux belges, qu'ils en avaient fait sortir le système

Ainsi vue dans son ensemble, la convention de 1880 nous apparaît comme une des meilleures pages du livre diplomatique ; elle en a inspiré beaucoup d'autres, et c'est à juste titre que le gouvernement français a proclamé « qu'elle peut être considérée comme le modèle « des traités littéraires (1) ».

du domaine public payant : d'après leur jurisprudence, le seul acquittement des tantièmes fixés en l'article 4 permettait à tout entrepreneur dramatique ou musical de représenter sur une scène belge les pièces d'un auteur ou d'un compositeur français, en dehors du consentement de ce dernier (*V. aff. Offenbach, Meilhac et Halévy ; Tribunal et Cour de Bruxelles ; Cour de Cassation, 3 novembre 1866*). C'était là une interprétation fausse au dernier chef, et souverainement nuisible aux intérêts de nos nationaux. Aussi le gouvernement français ne se fit-il pas faute de protester, mais en vain : c'est par ailleurs que devait venir un secours efficace.

L'article 1 de notre convention contenait application du traitement de la nation la plus favorisée. Or, postérieurement à 1861, la Belgique vint à conclure avec le Portugal (13 octobre 1866) et la Suisse (25 avril 1867) des traités où les droits de représentation et d'exécution étaient régis, sans conteste, par le droit commun. Un auteur français bien avisé (M. Zola, aff. de *l'Assommoir*) s'imagina de réclamer sur ce point le bénéfice de notre clause, afin de se voir appliquer le traitement des auteurs portugais et suisses. Qui fut bien surpris de cette réclamation ? La Belgique, qui croyait la question définitivement tranchée, et ne s'attendait guère à voir exhumer l'article 1 de la Convention de 1861, — article auquel elle ne pensait plus sans doute en signant les traités de 1866 et de 1867. Malgré tout son désir d'en écarter les dispositions, elle dût s'incliner devant le texte formel. Ainsi fut-il jugé par la Cour de Bruxelles (17 mai 1880 ; V. SIREY, 81, 4, 9 ; note de M. L. Renault).

(1) L'Espagne a conclu d'autres conventions avec la Belgique (26 juin 1880), l'Italie (28 juin 1880), le Portugal (9 août 1880), la Grande-Bretagne (11 août 1880) ; le San-Salvador (23 juin 1884), la Colombie (28 novembre 1885).

§ III.

La convention signée le 19 avril 1883 entre la France et l'Allemagne (1) est destinée, ainsi que l'indique son article 17 « à remplacer les conventions littéraires « antérieurement conclues entre la France et les Etats « allemands », conventions annulées par la guerre de 70, puis rétablies par le traité de Francfort (2). Elle constitue un grand progrès sur ces précédentes, notamment sur la plus importante d'entre elles, conclue avec la Prusse en 1862 — par les simplifications qu'elle contient et l'abandon de formalités rigoureuses. Aussi a-t-elle inspiré les traités passés depuis par l'Allemagne avec la Belgique (12 décembre 1883) et avec l'Italie (20 juin 1884).

Nous retrouvons ici à peu près la même énumération des œuvres protégées. Toutefois, la photographie n'y

---

(1) V. le texte de la Convention de 1883 dans l'*Annuaire de législation française*, t. III, p. 41, avec notice et notes de M. L. Renault. — V. aussi le Commentaire de M. le professeur Dambach : *Der deutsch-franzosische Litteraturvertrag*, (Berlin, 1883) ; *La Convention littéraire et artistique du 19 avril 1883 entre la France et l'Allemagne*, par M. Lyon-Caen (Bruxelles, 1884).

(2) Les Etats contractant avec la France étaient les suivants : Prusse (2 août 1862) avec faculté d'accession à tout Etat faisant partie du Zollverein. — Grand-Duché de Bade (12 mai 1865). — Bavière (24 mars 1865) dispositions étendues à l'Alsace-Lorraine par l'art 18 de la convention additionnelle au traité de Francfort. — Francfort (18 avril 1865). — Hanovre (19 juillet 1865). — Hesse Grand-Ducale (14 juin 1865). — Grand-Duché de Mecklembourg-Schwerin (9 juin 1865). — Saxe (26 mai 1865). — Villes Hanséatiques (4 mars 1865). — Wurtemberg (24 avril 1865).

figure pas ; l'art. 6 du protocole de clôture énonce
même expressément que « la législation de l'Empire
« allemand ne permet pas de comprendre les œuvres
« photographiques au nombre des ouvrages auxquels
« s'applique la dite convention (1) », cependant, ce
même article ajoute que « les deux gouvernements se
« réservent de s'entendre ultérieurement sur les dispo-
« sitions spéciales à prendre, d'un commun accord, à
« l'effet d'assurer réciproquement, dans les deux pays,
« la protection des dites œuvres photographiques »
clause qui, d'ailleurs, est restée lettre morte. A l'inverse,
l'article 1er contient une règle que ne mentionnaient pas
les anciennes conventions ; il protège les œuvres littéraires ou artistiques « que ces œuvres aient été publiées
« ou non » ; nous ne pouvons nous empêcher de citer ce
passage, car il est évidemment inspiré par l'idée que
nous avons déjà défendue, à savoir que le droit de
l'auteur ne porte pas seulement sur la reproduction de
son œuvre, mais sur le fruit même de son travail et de
sa pensée, en dehors de toute manifestation extérieure ;
comme l'a dit M. de Borchgrave « c'est bien sur la pensée
« elle-même et non pas sur la réalisation matérielle de
« la pensée que porte tout droit intellectuel ».

L'article 1 reproduit la restriction déjà signalée : « Ces
« avantages ne leur (les auteurs des deux pays) seront
« réciproquement assurés que pendant l'existence de
« leurs droits dans leur pays d'origine, et la durée de

---

(1) V. la loi spéciale du 10 janvier 1876 « concernant la protection accordée aux photographies contre la contrefaçon ».

« leur jouissance dans l'autre pays ne pourra excéder
« celle fixée par la loi pour les auteurs nationaux » ;
cette stipulation semble devoir être interprétée en ce
sens qu'en cas de désaccord entre les deux législations,
celle-là devra être suivie, qui donne le minimum de
protection. « Or, comme la législation allemande soumet
« le droit de l'auteur à des restrictions que n'admet pas
« la législation française, il en résulte, qu'en fait, la
« législation allemande devra presque toujours être con-
« sultée et suivie pour le règlement des rapports entre la
« France et l'Allemagne (1) ».

L'article 2 (2) contient une clause toute nouvelle,
destinée à attirer en Allemagne la production étrangère.
D'après cet article, toute œuvre, quelle que soit sa nationalité, sera garantie par les Hautes Parties contractantes, si elle a été publiée par un éditeur en ressortissant,
qui deviendra le titulaire du droit de l'auteur ; car, suivant la remarque de M. Dambach « cet éditeur, qui n'a en
« règle qu'un droit dérivé (article 3) aura un droit indé-
« pendant », situation singulière et quelque peu anti-ju-
ridique, sur laquelle il nous sera donné de revenir (3).

Cette clause, avons-nous dit, n'offre d'intérêt que pour
les éditeurs allemands : l'ampleur du décret de 1852 la
rend en effet sans objet à l'égard des éditeurs français.

(1) LYON-CAEN et DELALAIN, t. II. p. 251, note 1.

(2) Article 2 : « Les stipulations de l'article 1 s'appliqueront également
« aux éditeurs d'œuvres publiées dans l'un des deux pays dont l'auteur ap-
« partiendrait à une nationalité tierce ». — Cette disposition est empruntée
à la loi allemande de 1870 (art. 61). Elle a été reproduite par l'article 3 de
la Convention de Berne.

(3) V. *infra*, Ch. IV.

En combinant l'article 1 avec l'article 2, nous trouvons donc que le traité protège : directement les auteurs allemands et français, en quelque endroit qu'ils aient publié leurs œuvres ; indirectement et par l'intermédiaire de leur éditeur, les auteurs étrangers dont les œuvres sont publiées dans l'un des deux pays.

Le droit de représentation et d'exécution est expressément prévu par l'article 8, ainsi conçu : « Les stipulations de l'article 1er s'appliqueront également à l'exécution pu-« blique des œuvres musicales, ainsi qu'à la représen-« tation publique des œuvres dramatiques ou dramatico-« musicales ».

Une disposition spéciale vise les citations et reproductions d'articles de journaux ; conformément aux solutions que nous avons données, l'art. 5 autorise dans chaque pays la publication — en langue originale ou traduite — des extraits de journaux ou recueils périodiques ; il n'étend pas cette faculté « à la reproduction, « en original ou en traduction, des romans-feuilletons « ou des articles de science et d'art » ; même restriction « pour les autres articles de quelque étendue, extraits « de journaux ou de recueils périodiques, lorsque les « auteurs ou les éditeurs auront expressément déclaré, « dans le journal ou le recueil même où ils les auront fait « paraître, qu'ils en interdisent la reproduction ». — Les articles de discussion politique restent formellement en dehors de cette interdiction.

Le droit de traduction sur leurs œuvres est réservé aux auteurs des deux pays ; mais, au lieu du principe simple de la convention de 1880, nous trouvons les restrictions dénoncées plus haut : le droit exclusif de l'auteur est limité à dix ans ; en·outre, la traduction devra être publiée dans les trois premières années, et dans l'un des deux pays contractants (1). Du reste, cette protection est large et les conditions imposées sont douces, comparées à celles qu'exigeaient les conventions antérieures, notamment celle de 1862 avec la Prusse. La garantie n'était que de cinq années ; de plus, l'article 6 édictait les formalités suivantes : enregistrement de l'ouvrage original — réserve expresse par l'auteur du droit de traduction — publication de la traduction dans le délai d'un an — enregistrement de la traduction. L'on voit de quel fatras et de quel imbroglio nous a délivré le traité de 1883.

Il se dégage de ce rapide examen que la réglementation conventionnelle n'est pas parfaite. La protection qu'elle engendre est complexe, et peut donner lieu à bien des recherches. Il faut d'abord consulter la loi du pays dont on réclame la protection ; il doit, de plus, être tenu compte, dans certain cas, de la loi nationale de l'auteur. Pour les traités, il faut connaître le plus récent, voir dans quelle mesure il renvoie au traitement national, quels droits nouveaux il consacre ; s'il n'a pas été rendu inutile par certaines dispositions législatives

---

(1) A signaler deux particularités, que l'on retrouve dans les autres conventions : pour les ouvrages publiés par livraison, le terme de trois ans ne commence qu'à dater de la publication de la dernière livraison de l'ouvrage original ; — dans le cas où la traduction elle-même paraît par livraison, le terme de dix années ne court qu'à partir de la publication de la dernière livraison de la traduction.

ultérieures et plus favorables (V. Décret-loi de 1852);
dans le même ordre d'idées, s'il n'a pas été amélioré
par l'application de la clause de la nation la plus favorisée. Nous sommes évidemment loin de la simplicité
rêvée.

De plus, pour aboutir à tel ou tel traité, il a souvent
fallu composer, et méconnaître ou ne reconnaître qu'à
demi des principes fondamentaux ; mais cela participe
de la nature même des rapports internationaux, qui sont
éminemment transactionnels. Chaque accord conclu est
d'ailleurs un pas en avant dans la voie de la protection
internationale, dût ce pas s'écarter tant soit peu de la
ligne droite (1). « Même les conventions défectueuses à
« examiner à un point de vue absolu ont eu un heureux
« résultat ; elles ont fait pénétrer dans les sphères offi-
« cielles le principe de la reconnaissance internationale
« du droit des auteurs. Le principe, une fois reconnu,
« n'a pas tardé à produire ses conséquences naturelles et
« à être dégagé des conditions et restrictions auxquelles il
« avait semblé d'abord nécessaire de le soumettre (2) ».
C'est de l'imperfection même que naît le progrès.

(1) L'Allemagne a conclu d'autres conventions avec : la Belgique (12 décembre 1883) — l'Italie (20 juin 1884). Une convention conclue par
l'Allemagne du Nord avec la Suisse le 13 mai 1869 avait été étendue à
l'Empire allemand par un accord du 13 mai 1881.

(2) RENAULT, *Notice générale sur les conventions internationales*, LYON-
CAEN et DELALAIN, t. II, p. 210.

§ IV.

Quelques mots nous paraissent devoir être ajoutés, très brefs, touchant les conditions exigées en France pour la validité des accords relatifs aux droits intellectuels.

A l'heure actuelle, il ne saurait y avoir de difficultés à cet égard : aux termes de la loi constitutionnelle de 1875, ces accords doivent obtenir l'approbation parlementaire (1).

La question devient plus épineuse quand nous envisageons la période comprise entre 1852 et 1870. La Constitution de 1852 autorisait bien le chef de l'État à traiter directement avec les puissances étrangères ; aucune des conventions passées en notre matière n'a été soumise à la ratification des Chambres françaises ; toutes sont en général considérées comme valables de ce chef. Et pourtant le doute semble permis.

Ces conventions, en effet, n'ont pas été sans modifier la législation intérieure ; c'est ainsi que, d'après notre interprétation — qui est celle de la majorité des auteurs — le décret loi de 1852 ne protégeait pas le droit

---

(1) Loi constitutionnelle du 16 juillet 1875, art. 16 : « Les traités de « commerce, ceux qui sont relatifs au droit de propriété des Français à « l'étranger, ne sont définitifs qu'après avoir été votés par les deux « Chambres. » Il en était de même d'après la loi du 11 août 1870. — Un certain nombre de conventions relatives aux droits intellectuels ont été néanmoins conclues en violation de ces dispositions. V. CLUNET, *J. du dr. intern. privé*, 1880, 1 ; DARRAS, p. 547 ; « *le Droit* » 11, 12, 13 et 16 mai 1880 ; L. RENAULT « *le Droit* » 26 mai 1880. — Contre : PATAILLE, *Gaz. des Trib.*, 25 mai 1880.

de représentation et d'exécution : les traités ultérieurs lui assurèrent garantie. Du jour au lendemain, un fait licite aux yeux de la loi devint donc délit par le fait de la convention. Or, dans tout État qui admet la séparation des pouvoirs, il faut une loi pour modifier une loi. Dans notre espèce, de simples décrets sont intervenus, émanant du pouvoir exécutif. L'on est en droit de discuter leur valeur, partant la légalité des traités qu'ils sanctionnent ; les conséquences inadmissibles qui résulteraient de leur application semblent donc tenir en échec le principe inscrit dans la Constitution de 1852.

Au reste, nous reconnaissons que le débat est des plus délicats et des plus ardus. Ne pouvant nous livrer ici à l'étude approfondie qu'il comporterait, nous nous contentons d'indiquer le problème (1).

(1) V. L. Renault, p. 8, 23, etc. ; Darras, p. 451 ; Demangeat, *Rev. prat.*, 1874, p. 107. — Dalloz, 1888, 1, 6 ; note de M. L. Sarrut sous arrêt Grus-Ricordi.

CHAPITRE IV

UNION INTERNATIONALE. CONVENTION DE BERNE DE 1886

§ I.

Jusqu'ici, nous n'avons constaté que des rapprochements isolés entre différents états; qu'un mode de protection limité, changeant et multiple. Malgré les résultats acquis, nous n'avons pu méconnaître l'embarras extrême qu'engendre la pluralité des facteurs en jeu. Qui ne voit que toute difficulté serait aplanie, tout embarras exclus le jour où interviendrait une réglementation uniforme; où il ne serait plus question d'emprunt, de concordance ou de concession; le jour, en un mot, où la même loi serait appliquée de la même façon dans tous les pays (1).

En notre matière, cette solution s'impose d'autant plus qu'elle répond à un besoin plus pressant, qu'elle est d'une application plus spéciale et plus aisée. L'on peut d'ailleurs atteindre le but de deux façons différentes : la première,

(1) V. L. RENAULT : « *Les Unions internationales; leurs avantages, leurs inconvénients* » *Rev. dr. intern. public*, 1896, p. 4 et suiv.

plus conciliante et plus mitigée, consiste à refondre les législations existantes pour les mettre d'accord, tandis qu'une convention générale en étendrait, dans chaque pays, le bénéfice aux étrangers. L'autre, plus radicale et plus simple aussi, fait table rase de ce qui existe, édicte une formule nouvelle, et l'impose à tous sans distinction : c'est une véritable loi internationale, qui devient le code des puissances civilisées. Ce système est le plus attrayant : créer est, en théorie, plus simple que transformer ; en pratique, ce procédé se heurte à de puissants obstacles, à des difficultés presque insurmontables. Aux dernières années de notre siècle était réservé d'aborder le grand travail : la Convention de Berne de 1886 en a été l'initiatrice : nous verrons dans lequel des deux sens elle a tourné ses efforts.

L'on conçoit qu'une réalisation de la sorte ne s'opère pas en un jour, et passe par de laborieuses étapes. L'idée générale ne date pas d'hier. En 1839, devant la Chambre des Pairs, le vicomte Siméon parlait d'une « loi internationale dont la possibilité sourit aux amis « des lettres (1) ». En 1841, Lamartine s'écriait devant la Chambre des Députés : « Tout le monde se plaint ; « tout le monde demande un droit international néces- « saire à instituer pour tous (2) ». A partir de cette époque, les auteurs et les artistes prennent eux-mêmes leur cause en main, et, par leurs propres efforts, forcent l'attention des gouvernants. Nous trouvons dans leurs

(1) *Rapport sur le projet de loi relatif à la protection littéraire*, 20 mai 1839
(2) *Rapport sur le projet de loi de 1841*.

vœux le germe de leur œuvre future. La première manifestation de ce genre se produit à Bruxelles (29-30 septembre 1858) où se réunit un congrès de littérateurs et d'artistes. Il peut paraître singulier de voir cette assemblée de protection s'asseoir au foyer de la contrefaçon ; par un juste retour « l'ancienne coupable appe-« lait ses anciennes victimes à discuter chez elle les « principes de ces droits qu'elle avait jadis violés si au-« dacieusement (1) ». Quoi qu'il en soit, des jalons utiles sont posés : le principe de réciprocité est battu en brèche ; l'on prône l'institution immédiate de mesures énergiques, au lieu de s'attarder aux discussions théoriques à la mode du jour ; la durée de la protection est étudiée ; l'on demande l'abolition des formalités ; enfin, est émis le vote suivant : « Il est désirable que tous les « pays adoptent pour la propriété des ouvrages de litté-« rature et d'art une législation reposant sur des bases « uniformes » : c'est la première des deux façons exposées plus haut. Si nous n'en sommes pas encore à l'idée d'une union véritable, il y a néanmoins acheminement, peut-être lointain et inconscient, mais indéniable, vers ce but. Et, pour la première fois, nous voyons un ensemble de quatre-vingt-une sociétés, représentant quatorze pays, discuter une entente commune (2). Dès lors, l'élan est donné. En 1861, un congrès artistique se

---

(1) DARRAS, p. 520.

(2) Ces quatorze pays étaient : Allemagne, Angleterre, Canada, Danemark, Espagne, Etats-Unis, France, Pays-Bas, Italie, Portugal, Russie, Suède et Norwège, Suisse, Belgique. Le Comité d'organisation était présidé par M. Faider, ancien ministre.

réunit à Anvers « pour amener un accord entre les gou-
« vernements en vue de généraliser la propriété artis-
« tique » et il appelle de ses vœux « la continuation des
« efforts que les gouvernements font dans ce but par
« voie de négociation ».

Le 18 Août 1877, nouvelle conférence d'Anvers à
l'occasion des fêtes du troisième centenaire de Rubens,
et qui inscrit cette question à son ordre du jour : « Re-
« cherches des bases d'une législation internationale
« destinée à protéger les droits de propriété sur les
« œuvres d'art et à réprimer les fraudes et les contre-
« façons ».

Avec l'exposition universelle de 1878, vient le tour de
Paris : deux congrès, l'un artistique, l'autre littéraire et
sous la présidence de Victor Hugo, s'y réunissent en
même temps. Tous les deux votent l'assimilation des
œuvres étrangères aux œuvres françaises ; et le congrès
artistique émet la motion suivante : « Il est à désirer
« qu'il se constitue entre les divers états de l'Europe et
« d'outre-mer une Union générale qui adopte une légis-
« lation uniforme, en matière de propriété artistique ».

Notons que les idées sont encore vagues et em-
brouillées : « On confondait quelque peu le règlement
« international de la question avec une législation uni-
« forme à admettre en ces matières (Renault). » Toutefois, ces deux dernières conférences ont une importance
singulière, en ce qu'elles ont présidé à la naissance de
« l'*Association littéraire et artistique internationale* »
qui, depuis, a tant fait pour notre cause.

L'Association est pour ainsi dire la continuation des

conférences de 1878. Au moment où le congrès littéraire allait se séparer « tous ses membres comprirent que cette « réunion des écrivains des Deux-Mondes ne devait pas « se dissoudre sans laisser derrière elle une trace du- « rable, et que le lien formé entre eux ne devait pas se « briser. De plus, certaines questions n'avaient été « qu'effleurées, et il était indispensable qu'une réunion « d'écrivains compétents reçût mandat de rechercher les « moyens de réaliser les desiderata exprimés. Cette préoc- « cupation du congrès ayant un double caractère de fra- « ternité littéraire et d'utilité pratique se traduisit par « la fondation de l'Union littéraire internationale, dont « les bases furent votées par le Congrès le 8 juin 1878 (1) » et qui prend pour programme : « la défense de la pro- « priété littéraire et l'initiative de toutes les fondations « présentant un caractère littéraire international ». De son côté, le congrès artistique ayant reconnu, sur la pro- position de M. Huard « qu'il serait utile de fonder une « association artistique internationale ouverte aux so- « ciétés artistiques et aux sociétés de tous les pays », une entente s'établit entre écrivains et artistes ; de cette entente est née — avons nous vu — l'Association litté- raire et artistique internationale.

Maintenant qu'ils se sont réunis et comptés, nos pion- niers marchent hardiment au but. L'ère des Congrès est ouverte, d'où sortira la fondation de l'Union (2). Des as- semblées successives ont lieu à Londres, en 1879 ; à Lis-

(1) *Bulletin de l'Assoc. litt. intern.*

(2) Sur les travaux préparatoires de l'Union, V. « *Droit d'Auteur* », 1888.

bonne, en 1880 ; à Vienne, en 1881, qui resserrent de plus en plus le lien international.

En 1882, à Rome, les congressistes comprennent que l'idée est mûre, qu'il est temps d'entrer dans la période d'exécution. Sur la proposition du représentant des écrivains allemands, M. Paul Schmidt, ils décident de tenir l'année suivante, à Berne, une conférence pour discuter les bases d'une Union ; la résolution suivante est votée :
« Considérant que la nécessité de la protection de la
« propriété intellectuelle est la même dans tous les pays;
« que la satisfaction complète de cette nécessité ne
« pourra être obtenue que par l'adhésion des délégués
« de tous les gouvernements et la mise en vigueur com-
« mune, dans tous les États contractants, d'une Union
« de la propriété littéraire, semblable à celle par laquelle
« a été créée l'Union postale; qu'une pareille Union doit
« être basée sur les idées et les vœux de tous les groupes
« d'intéressés..... le Congrès demande que le bureau de
« l'association littéraire internationale soit chargé de
« prendre les mesures nécessaires pour provoquer, dans
« la presse de tous les pays, une discussion aussi étendue
« et aussi approfondie que possible de la question de la
« formation d'une union de la propriété littéraire, et
« pour qu'en un lieu et à une date qui seront ultérieu-
« rement fixés, une conférence composée des organes et
« des représentants des groupes des intéressés, se réu-
« nisse pour décider et se concerter sur un projet de
« création d'une union de la propriété littéraire ».

La conférence annoncée se tient l'année suivante à Berne (10-13 septembre 1883). Là est rédigé un projet en dix articles, répondant aux vœux dès longtemps émis, et d'esprit remarquablement large et libéral. L'article premier porte que les auteurs « jouiront pour la protection « de leurs œuvres dans tous les... États de l'Union, « quelle que soit d'ailleurs leur nationalité, des mêmes « droits que les nationaux » ; il n'exige pas de formalités spéciales ; il assimile le droit de représentation et d'exécution au droit de reproduction. D'après l'article 5, les « auteurs ressortissant à l'un des États contractants « jouiront, dans tous les autres États de l'Union du droit « exclusif de traduction pendant toute la durée de leur « droit sur leurs œuvres originales ». L'article 6 pro-« tège la traduction licite. D'après l'article 7, concernant la répression « les tribunaux compétents appliqueront « les dispositions tant civiles que pénales adoptées par « les législations respectives, comme si l'infraction avait « été commise au préjudice d'un national ». L'adaptation est considérée comme contrefaçon et punie de la même manière. Enfin, mesure très pratique, il est établi un « Bureau central et international, auquel seront déposés, « par les soins des gouvernements des États de l'Union, « les lois, décrets et règlements déjà promulgués, ou qui « le seraient ultérieurement concernant les droits des « auteurs ». Le tout n'empêchant pas les États de l'Union « de prendre séparément entre eux des arran-« gements particuliers..... en tant que ces arrangements « particuliers ne contreviendraient point aux dispositions « de la présente convention (article 9) ».

Il y a sans doute des lacunes dans cette rédaction ; mais enfin l'idée a pris corps, et le projet mérite d'être retenu. Nous le voyons adopté par le Congrès, qui songe dès lors à sortir de la sphère d'action privée pour obtenir la consécration officielle. Dans ce but, il prie le Conseil fédéral de communiquer aux puissances étangères le projet arrêté, et de provoquer une entente diplomatique. Loin de se dérober à ces ouvertures, comme en 1878 le gouvernement français, le Conseil accepte la mission, et, dorénavant, c'est à lui que reviendra l'honneur de la tâche accomplie, de l'hospitalité largement accordée à la protection internationale. Le 3 décembre 1883, il envoie à toutes les puissances une note circulaire transmettant les vœux du Congrès, et exprimant son désir personnel « d'aboutir dès maintenant à une entente générale par « laquelle se trouverait proclamé le principe supérieur « et pour ainsi dire de droit naturel, que l'auteur d'une « œuvre littéraire ou artistique, quels que soient sa na-« tionalité et le lieu de reproduction, doit être protégé « à l'égal des ressortissants de chaque nation » ; en outre il proclame hautement que « en considération de « l'utilité et de la grandeur de l'œuvre poursuivie, qui « répond à un sentiment de justice universellement « admis, il n'a pas hésité à accepter la mission dont il « s'agit ».

L'accueil fait à l'invité ayant été favorable, le gouvernement fédéral prend l'initiative d'une conférence diplomatique, qui se tient à Berne le 8 septembre 1884, Onze états y sont représentés (1). M. le conseiller fédéral Numa Droz, président, dans son discours d'ouver-

---

(1) Ce sont : l'Allemagne, l'Autriche-Hongrie, la Belgique, le Costa-

ture, ne cache pas les difficultés de l'œuvre. « Nous
« avons à compter, dit-il, avec les lois intérieures, avec les
« conventions existantes ». Puis, il indique le problème
du traitement à choisir : « Admettra-t-on que chaque
« état doit appliquer aux étrangers le traitement natio-
« nal, ou, comme certains jurisconsultes l'ont proposé,
« que l'auteur sera en quelque sorte suivi dans tous
« les états par la loi de son pays d'origine (1) ? »

Dès les premières séances, les délégués allemands
soumettent à la conférence un exposé en quatorze articles, où sont agitées les questions des formalités, de
durée de la protection, de durée du droit de traduction,
d'abandon aux tribunaux des divers pays de l'appréciation de la légalité ou de l'illégalité de l'adaptation,
etc. De la discussion de ce questionnaire est sorti un
nouveau projet de convention, en vingt-et-un articles
dont voici les dispositions principales : adoption du
traitement national ; limitation des droits de l'étranger
à la durée que leur reconnaît sa loi d'origine (2) ; c'est
cette dernière loi qui détermine les formalités à remplir ;
le droit exclusif de traduction n'est garanti que pendant
dix ans à dater de la publication de l'ouvrage original ;
encore faut-il que l'auteur ait usé de ce droit durant les
trois premières années, etc. Nous ne retrouvons pas
dans cette rédaction les dispositions libérales de l'avant-

Rica, la France, la Grande-Bretagne (ad audiendum), Haïti, le Paraguay,
les Pays-Bas, le Salvador, la Suède et la Norwège. La France était représentée par MM. Emmanuel Arago, Louis Ulbach, et René Lavollée.

(1) V. réponse, p. 154.

(2) V. Décret de 1852, et Conventions.

projet : mais on ne peut de ce chef incriminer ses auteurs
ni leur reprocher une marche rétrograde. Le projet de
1883 ne s'inspirait que de la théorie ; celui de 1884 s'est
trouvé aux prises avec les difficultés de pratique. Comme
l'a dit M. Louis Ulbach « dans un congrès, on af-
« firme les principes les plus absolus ; dans une confé-
« rence qui veut, qui doit aboutir à un contrat, on ne
« peut plus s'en tenir aux principes généralement ad-
« mis. » Il fallait des concessions pour arriver à une entente (1).

L'article 18 portait que « la présente convention pour-
« rait être soumise à des révisions en vue d'y introduire
« des améliorations de nature à perfectionner le système
« de l'Union ». C'est dans ce but que fut réunie à Berne
la Conférence de 1885. Les mêmes pays y sont représentés, sauf l'Autriche-Hongrie et le Costa-Rica, qui
ont fait défection. En revanche, l'Espagne, les Etats-
Unis, le Honduras, l'Italie, la République Argentine
se sont ralliés. Il s'agit cette fois de rédiger un instrument définitif, qui sera soumis aux gouvernements
pour être adopté ou rejeté en bloc, sans changements ni additions. La conférence se trouve en face
du dernier projet, et des modifications proposées par
la France ; celle-ci demande, entr'autres choses, l'assimilation complète du droit de traduction au droit de
reproduction ; l'interdiction expresse de l'adaptation ;
la condamnation des emprunts faits en vue de l'enseignement, autorisés par le projet de 84, etc. Deux cou-

(1) L. ULBACH, *Nouvelle Revue*, t. XXXI, p. 57-58.

rants d'idées règnent dans l'assemblée : « Les uns, qui
« appliquent chez eux des principes très avancés, qui
« sont aussi pour les autres pays de grands fournisseurs
« de produits intellectuels, voudraient voir l'unification
« atteindre du premier coup, sur les points qui leur
« tiennent à cœur, l'idéal le plus complet. D'autres
« guidés par la nécessité, veulent bien faire un pas en
« avant, mais ne peuvent le faire si grand pour la pre-
« mière fois (1) ». Parmi ces derniers sont la Grande-
Bretagne, la Suède et la Norvège, qui demandent
« qu'on unifie le moins possible, afin de ne pas multi-
« plier le nombre des écueils que la réforme des législa-
« tions intérieures aura à surmonter ou à traverser pour
« arriver à mettre ces législations en harmonie avec la
« convention (2) ». Or, « il était d'un intérêt capital
« pour l'Union que la Grande-Bretagne, liée avec divers
« pays par des conventions littéraires surannées pût y
« rentrer ; et il fallait, par suite, ne pas lui en rendre
« l'accès trop difficile ; on devait donc écarter les clauses
« qui n'auraient pas pu être insérées aisément dans la loi,
« à faire pour permettre au gouvernement britannique
« d'exécuter la convention : c'est ce qui fut fait (3) »,
ainsi que nous le verrons en étudiant le texte de 1886 (4).

(1) NUMA DROZ ; *J. du dr. intern. privé*, 1885, p. 481.
(2) *Ibid.*
(3) L. RENAULT : LYON-CAEN et DELALAIN, t. II, p. 213.
(4) « Il est évident que, s'il faut choisir entre une Union restreinte, ne
« comprenant que les pays les plus avancés en matière de protection des
« œuvres littéraires et artistiques, et une Union embrassant presque tous
« les pays importants au point de vue de la littérature et des arts, c'est

Le deuxième projet d'Union, modificatif de celui de 84, est rédigé le 19 septembre 1885. La Suisse le fait parvenir à quarante-cinq gouvernements étrangers. En septembre 86, les représentants de douze Etats (1) se réunissent de nouveau à Berne sous la présidence de M. Numa Droz pour échanger, comme il était convenu, ratification complète de leurs gouvernements respectifs. Le 9 septembre, l'acte final est signé par les plénipotentiaires; après tant d'efforts, après tant de travaux, le but est atteint: l'Union est constituée.

Le vote de l'acte final n'a donné lieu à aucune discussion, puisqu'il s'agissait simplement d'adopter le projet élaboré antérieurement. C'est donc ce projet que nous allons étudier, devenu par ratification Convention d'Union. Nous verrons plus loin son mode d'application, et sa conciliation avec les traités antérieurs (2).

§ II.

L'article premier réalise l'Union si ardemment désirée. Il est ainsi conçu: « Les pays contractants sont constitués « à l'état d'Union pour la protection des droits des au-

----

« cette dernière alternative qui présente le plus d'avantages et c'est à elle « qu'il convient de donner la préférence ». *Rapport de la commission à la Conférence de 1885*).

(1) Ce sont : l'Allemagne ; la Belgique ; l'Espagne; la France; la Grande-Bretagne ; Haïti ; l'Italie ; la Suisse ; la Tunisie, le Japon, et les Etats-Unis, ces deux derniers pays représentés seulement *ad audiendum*. Le délégué de la France était M. Emmanuel Arago.

(2) Pour la nomenclature des travaux provoqués par la Convention de Berne, V. WEISS, p. 256, note 1.

« teurs sur leurs œuvres littéraires et artistiques ». Est-
il besoin de noter que cette Union est indivisible. Tel
état n'en peut sortir vis-à-vis de tel autre : le réseau ne
peut être brisé partiellement (1). Comme l'essence de
cette Union est d'assurerà ses ressortissants un *minimum
d'unification*, il était important de permettre aux états
plus libéraux de se concerter entre eux pour amplifier,
dans leurs rapports mutuels, les effets de la Convention.
C'est ce qu'admet l'article 15, accordant aux gouvernements des pays de l'Union « le droit de prendre séparé-
« ment des arrangements particuliers, en tant que ces
« arrangements conféreraient aux auteurs ou à leur
« ayants cause des droits plus étendus que ceux accordés
« par l'Union, ou qu'ils renfermeraient d'autres stipu-
« lations non contraires à la présente Convention ».

De ce texte l'on a fait découler le système dit des
« *Unions restreintes* (2), » c'est-à-dire la création d'Etats
dans l'Etat, d'Unions véritables calquées sur le type de
l'Union-mère, et lui empruntant son caractère principal :
obligation de recevoir les accessions nouvelles, quand
elles répondent aux données de l'Union. Nous ne croyons
pas pour notre part, que l'article 15 visât formellement
ces ententes spéciales, dont ne parle pas son texte. Il
autorise purement l'extension du régime conventionel.
Ce n'est qu'ultérieurement, que cette conception nouvelle s'est fait jour, et a pu être appliquée par déduction

(1) V. exemple cité : Lyon-Caen et Delalain, *Supplément*, 1890-1896.
Introduction, t. XV.

(2) Cette formule a été empruntée à la terminologie de l'Union postale
universelle.

de la règle générale, dont elle n'est qu'une modalité particulière. Il nous semble faux de dire que l'article 15 crée les Unions restreintes : il les englobe dans son autorisation. Pratiquement, c'est tout ce qu'il importe de savoir.

Somme toute, la Convention nous apparaît comme un vaste filet, enserrant les nations contractantes dans des mailles assez lâches : que certaines de ces nations resserrent entre elles les liens dont la pression ne les gênera ni ne les blessera, et l'Union sera plus forte, et l'entente plus complète (1).

La terminologie adoptée par l'article 1er n'a pas été admise sans difficulté. Dès la conférence de 1884, la délégation française avait prononcé les mots de « propriété littéraire et artistique » ; ils furent rejetés sur les justes observations des représentants allemands. La rédaction adoptée avait été « protection des droits d'auteur » comme répondant à la rubrique en usage dans le plus grand nombre de pays. « Il avait été observé au sein de « la commission qu'il serait inexact de parler des droits « des auteurs, puisqu'il ne s'agissait nullement de régler « tous les droits, qui compètent aux auteurs sur leurs « œuvres littéraires et artistiques, par exemple vis-à-vis « de l'éditeur, mais seulement de protéger un droit tout « à fait spécial qui, dans certains pays, est envisagé « comme un véritable droit de propriété, tandis « qu'ailleurs on n'y voit qu'un droit personnel (2). »

(1) V. *Droit d'auteur*, 1889, p. 123 : *Les traités particuliers et les Unions res treintes entre pays appartenant à l'Union*, 1892, p. 1, 93 et 105 — 1896, p. 22.

(2) *Actes de la conférence de 1884*, p. 41.

Néanmoins, le projet final a cru devoir modifier cette rédaction « pour la rendre plus précise » (1), et parler « des droits des auteurs sur leurs œuvres littéraires et « artistiques ». Ce point était intéressant à noter, si l'on veut comparer les décisions prises aux vues théoriques de notre premier chapitre.

§ III.

Recherchons quel est le système général adopté, comment et dans quelle mesure il est accordé protection aux étrangers ressortissant à l'Union, dans chaque pays en faisant partie.

L'article 2 nous répond (al. 1):

« Les auteurs ressortissant à l'un des pays de l'Union, « ou leurs ayants cause, jouissent, dans les autres pays, « pour leurs œuvres, soit publiées dans un de ces pays, « soit non publiées (2), des droits que les lois respec- « tives accordent actuellement ou accorderont par la suite « aux nationaux ».

C'est là l'application du traitement national, déjà si- gnalée dans d'autres conventions. Mais la différence en- tre celles-ci et la nôtre apparaît, profonde et tranchée, quand l'on observe que la clause du traitement originel

---

(1) *Actes de la conférence de 1885*, p. 40.

(2) Ces mots ont remplacé, sur la demande de M. RENAULT, l'expression « *œuvres manuscrites ou inédites* » employée par l'article 15 du projet de 1884. Nous ne saurions que répéter ici, touchant la protection de ces œuvres, ce que nous disions sur la disposition de l'article 1 de la Convention franco-allemande de 1883. (V. page 133).

essence des traités ordinaires, ne se retrouve pas ici. Il n'est plus besoin que le droit invoqué par l'étranger lui soit reconnu par sa propre législation, pourvu que ce droit existe au pays d'importation. Seule, la loi de celui-ci sera consultée sur ce point. C'est un grand progrès réalisé : la nouvelle solution est à la fois plus juste, plus logique et plus pratique.

Un seul point à la vérité se trouve faire échec à ce principe ; il porte sur la durée du qui « ne peut excéder, dans « les autres pays, la durée de la protection accordée dans le pays d'origine (art. 2, al. 2 ». Cette restriction est sans doute regrettable ; mais son erreur est minime, relativement à l'importance de la règle établie. Notons d'ailleurs qu'elle ne s'impose certainement pas à l'Etat dont la législation est plus libérale. Prenons un exemple : la durée du droit d'auteur est de cinquante ans en France ; elle est de trente ans en Allemagne. Si l'auteur français reste forcément soumis en Allemagne à ce dernier délai (1), rien n'empêche la France d'étendre aux Allemands la protection cinquantennaire. Notre disposition n'est impérative dans les rapports entre deux pays unionistes, qu'à l'égard du moins protecteur : elle est purement facultative vis-à-vis de l'autre.

Assimilation de l'étranger au national, sauf restriction du traitement d'origine relativement à la durée du droit,

(1) C'est cette seconde restriction, relative au délai de la loi d'origine, que les délégués italiens avaient proposé de formuler expressément, en 1884, en faisant remarquer qu'elle se trouvait dans les conventions franco-italienne et franco-allemande. La Commission jugea inutile l'insertion de cette clause, implicitement contenue dans l'alinéa 1er de l'article 2.

tel est, en résumé, le principe fondamental adopté par la Convention (1).

Nous allons en tirer de suite une déduction relative au mode de protection : s'il y a sur ce point désaccord entre la législation du pays d'origine et celle du pays d'importation, seule cette dernière sera prise en considération. En Italie, par exemple, le système suivi est, nous l'avons vu, à partir d'un certain moment, celui du do-

(1) Cette interprétation de l'article 2, en même temps qu'elle nous semble imposée par le texte, est pleinement confirmée par les travaux préparatoires de la Conférence de 1885, qui repoussa le projet de 1884, ainsi conçu (art. 2, al. 2) : « Toutefois ces avantages ne leur seront réciproque-« ment assurés *que pendant l'existence de leurs droits dans leur pays d'ori-« gine* ». Voici ce qu'il a été dit à ce propos :

« La Commission a estimé que les mots *pendant l'existence de leurs droits* « *dans leur pays d'origine* étaient trop absolus, puisqu'on pourrait en con-« clure que, *même en dehors de ce qui a trait à la durée de la protection* « les tribunaux seraient toujours obligés d'appliquer à un auteur le droit « du pays d'origine, lorsque ce droit lui est moins favorable que celui du « pays où la protection est réclamée. Or, un tel système aurait le grave in-« convénient d'exiger soit des tribunaux, soit des éditeurs, une connais-« sance approfondie de toutes les législations particulières, et serait ainsi « contraire à la notion même de l'Union qu'on veut créer. La Commis-« sion a, en conséquence, précisé la rédaction de l'article, en disant que la « *durée de la protection* ne pourrait, dans les autres pays de l'Union, être « supérieure à celle accordée dans le pays d'origine » (Actes de 1885, p. 41). Il semble impossible d'aller raisonnablement à l'encontre de ces déclarations formelles. — V. en ce sens DARRAS, p. 534 : « Au regard « de la durée seule les lois nationales subissent le contre-coup des lois ori-ginelles » ; SOLDAN, p. 16 ; CLUNET, p. 49 ; NUMA DROZ, *J. du dr. intern. privé*, 1888, p. 487 ; « *Droit d'auteur* », 1892, pp. 93 et 105. — Seuls, les tribunaux anglais ont, à la suite de la loi du 25 juin 1886, inauguré une jurisprudence en sens contraire. — V. sur cette question « *Droit d'auteur* », 1895, p. 162 : *Le principe fondamental de la Convention de Berne et de la loi anglaise de 1886.*

maine public payant ; en France, et presque partout ailleurs, l'on a recours au monopole d'exploitation : c'est par ce moyen que la France protègera les auteurs italiens pendant la seconde période, sans se préoccuper de la loi italienne. Puisque celle-ci reste indifférente quant à l'existence même du droit, à plus forte raison n'intervient-elle pas quant à son exercice.

Ici peut se poser une question connexe. L'article 2 a-t-il entendu supprimer la caution « judicatum solvi » ? A propos du décret de 1852, nous avons déjà donné une réponse négative : nous la maintenons pour le cas présent, malgré l'assimilation plus prononcée des étrangers aux nationaux. En effet : « La protection peut être identique pour les uns et pour les autres, sans que l'iden-« tité de protection entraîne identité des formes de pro-« cédure dans lesquelles cette protection devra être « réclamée (1). » A notre avis, la Convention a donc laissé subsister la caution « judicatum solvi ».

§ IV.

L'article 2 consacre un autre progrès, relatif aux formalités. D'après la plupart des conventions antérieures, l'étranger devait accomplir celles de la loi dont il réclamait protection ; résultat : autant de pays différents, autant de formalités, longues ou coûteuses. Tout cela se trouve simplifié : il suffit désormais pour l'auteur de

---

(1) POUILLET, p, 809. — V. contr. M. CATTREUX « *Droit d'auteur* », 1889, pp. 73, 87 et 95.

remplir la formalité requise par la législation du pays d'origine de l'œuvre. Cette condition, une fois accomplie, vaudra dans tous les pays de l'Union (Art. 2, § 2) (1).

Puisque la garantie d'une œuvre en pays unioniste dépend à plusieurs points de vue de la situation qui lui est faite au pays d'origine, il était urgent de déterminer ce pays. Quel système a suivi pour cela la Convention ? Celui de l'indigénat ou celui de la territorialité ? Il semble bien qu'elle se soit arrêtée à ce dernier. (2) Le paragraphe 3 de notre article est formel en ce sens : « Est considéré — dit-il — comme pays d'origine de « l'œuvre celui de la première publication, ou, si cette « publication a lieu simultanément dans plusieurs pays

---

(1) Article 2, § 2 : « La jouissance de ces droits est subordonnée à « l'accomplissement des conditions et formalités prescrites par la législation « du pays d'origine de l'œuvre ». — V. *Droit d'auteur*, 1889, pp. 25, 35 et 47.

(2) Nous en trouvons d'ailleurs la preuve dans les travaux de la Commission : « A l'égard du terme » pays d'origine « employé dans le second alinéa, il « a paru indispensable de préciser si cette expression s'applique au pays dont « l'auteur est ressortissant, ou à celui où l'œuvre a été publiée. C'est pour « cette seconde alternative, recommandée par la délégation anglaise, que la « Commission s'est prononcée, vu les difficultés pratiques qui surgiraient « de l'adoption du système contraire ». (*Actes de* 1885, p. 41). — L'on voit donc que le fait de la publication présente une importance extrême : il détermine le droit à la protection, suivant qu'il a lieu ou non sur le territoire de l'Union ; la durée de cette protection, les formalités à accomplir, suivant qu'il se produit dans tel ou tel pays unioniste. Le § 2 parle sans doute des œuvres publiées ou non publiées ; il n'en reste pas moins que, dès qu'une œuvre est publiée, il importe de savoir où. Il n'est donc pas sans objet de déterminer ce qui constitue le fait de la publication ; c'est ce que nous examinerons plus loin (V. chap. v).

« de l'Union, celui d'entre eux dont la législation ac-
« corde la durée de protection la plus courte. » Dans
un seul cas la nationalité de l'œuvre se déterminera par
celle de l'auteur : « Pour les œuvres non publiées, le
« pays auquel appartient l'auteur est considéré comme
« pays d'origine de l'œuvre » : il était impossible de
faire autrement. (1)

Toutefois, il ne faudrait pas croire que l'apparition
d'une œuvre dans un pays unioniste fût la seule condition exigée pour sa garantie : ce qui permettrait à tout
étranger quelconque de bénéficier d'une union dont sa
nation ne ferait pas partie. Il faut en outre que l'auteur
soit « ressortissant à l'Union (2). « L'intuitus personæ »
vient se joindre à la nationalité de l'œuvre (3).

Qu'entendre par cette expression « d'auteurs ressortissants » ? Comprend-elle, en outre des indigènes, les
auteurs étrangers domiciliés dans l'un des Etats de
l'Union ? Une proposition avait été faite dans ce sens
par les délégués français ; mais la Commission, considérant qu'il fallait établir par des mesures privatives l'intérêt des autres nations à adhérer à l'Union, décida
« qu'il fallait être citoyen d'un pays pour répondre à la
« définition de l'article 2. C'est l'indigénat qui doit être

---

(1) Pour le cas, non prévu par la Convention, de publication simultanée
dans un pays de l'Union et dans un pays n'en faisant pas partie, v. Ch.
Soldan, *Commentaire sur la Convention de Berne* (*Revue générale du droit*,
t. XI, 1887, p. 392 et 493), p. 404.

(2) V. *supra*, art. 2, al. 1.

(3) V. Ch. Soldan : « La protection est accordée, quant à la personne,
« en raison de la nationalité de l'auteur, et, quant à l'œuvre, en raison de
« son pays d'origine » (p. 404).

« pris en considération toutes les fois que la Conven-
« tion parle d'auteurs ressortissant ou appartenant à
« l'Union. »

Ainsi donc, si la nationalité de l'auteur lui-même importe peu quand l'œuvre a été publiée dans un pays de
l'Union, elle a par contre une importance capitale quand
il s'agit d'une œuvre publiée en dehors — ou non publiée.

Une concession a été néanmoins admise pour tempé-
rer ce que pouvait avoir de rigoureux la condition
expresse de l'indigénat. Nous avons vu que la France
avait voté pour l'assimilation aux indigènes, des auteurs domiciliés, à condition de faire paraître, représenter ou exécuter leurs œuvres dans l'un des Etats
de l'Union. Cette motion fut repoussée. La détermination du pays d'origine nous a toutefois montré que
l'idée de la personnalité de l'œuvre a reçu sa consécration. Nous la retrouvons ici : l'œuvre a un droit par
elle-même ; comme il faut une tête sur laquelle fixer tout
droit, qu'il est besoin d'un titulaire, ce titulaire, dans le
cas présent, sera l'éditeur. Il suffira donc qu'il ait publié
un ouvrage dans un pays de l'Union, pour que cet ouvrage
soit garanti à son profit : voilà qui élargit singulièrement
le cadre de la protection. Ainsi, un auteur Portugais qui
fera publier son œuvre en Allemagne verra cette œuvre
protégée en France, en Espagne, etc. Nous ne croyons
même pas que l'éditeur doive nécessairement, dans ce
cas, être Allemand (1) ; rien dans la rédaction de l'ar-

(1) C'est l'opinion de M. Numa Droz (*J. du dr. intern. privé*, 1885,
p. 489).

ticle 3, n'indique cette exigence (1) : l'auteur Portugais pourra donc s'adresser, en Allemagne, à un éditeur Russe : celui-ci sera protégé en France, en Espagne, etc. Il faut avouer, devant cet état de choses, que la concession aurait pu être d'esprit plus libéral, et concerner l'auteur plutôt que l'éditeur ; c'eût été plus équitable et plus juridique.

La rédaction de l'article 3 a d'ailleurs été bien améliorée par la Conférence de 1885 ; d'après l'avant-projet, étaient seules applicables à notre cas les stipulations de l'article 2. M. Renault ayant fait observer que cette formule écartait le bénéfice des autres articles, elle fit place au texte précité, qui étend aux éditeurs toutes les prérogatives des auteurs (2).

Il va sans dire que la condition de l'indigénat n'intervient qu'à l'égard des auteurs ; quant aux ayants-cause, leur nationalité est indifférente (Actes de 1885, P. 42) (3).

(1) Article 3 : « Les stipulations de la présente convention s'appliquent « également aux éditeurs d'œuvres littéraires ou artistiques publiées dans « un pays de l'Union, et dont l'auteur appartient à un pays qui n'en fait « pas partie ».

(2) Sur la condition des auteurs étrangers à l'Union, v. « *Droit d'auteur* » 1888, p. 41 ; 1896, p. 36.

(3) A propos des ayants-cause, l'article 2 de l'avant-projet parlait des « mandataires légaux ». Ce terme n'avait pas sa raison d'être « ces manda-« taires n'ayant pas de droits par eux-mêmes, et pouvant seulement faire « valoir les droits des auteurs qu'ils représentent » (*Actes*). Aussi la Commission substitua-t-elle le mot ayant-cause « qui s'applique aussi « bien aux successeurs universels, qu'aux successeurs à titre particulier » (*Actes*).

§ V.

Quelles œuvres sont protégées par la Convention ?
L'article 4 explique longuement ce qu'il faut entendre
par « œuvres artistiques et littéraires ». Ce sont les
« livres, brochures, et tous autres écrits ; les œuvres
« dramatiques ou dramatico-musicales avec ou sans
« paroles ; les œuvres de dessin, de peinture, de sculp-
« ture, de gravure ; les lithographies, les illustrations,
« les cartes géographiques, les plans, croquis et ouvrages
« plastiques, relatifs à la géographie, à la topographie, à
« l'architecture (1) et aux sciences en général ; enfin
« toute production quelconque du domaine littéraire,
« scientifique ou artistique, qui pourraient être publiés
« par n'importe quel moyen de reproduction ».

Il semble étonnant de ne pas voir figurer dans la nomenclature ci-dessus les œuvres photographiques. A la
Conférence de 1885, la délégation française avait proposé de les comprendre dans l'article 4, et M. Rosmini,
délégué d'Italie, avait fait semblable motion en faveur
des œuvres chorégraphiques. Il faisait remarquer « qu'il
« ne s'agissait pas seulement de protéger le libretto, qui
« n'est qu'un canevas, ni la musique, qui n'est qu'un
« accessoire, mais aussi l'action chorégraphique, qui est
« une création de l'auteur (2) ».

---

(1) V. sur la protection des œuvres d'architecture « *Droit d'auteur* »,
1895, p. 91.

(2) *Actes de 1885*, p. 21.

Voici le parti auquel s'est arrêtée la Conférence de 85 sur ces deux questions. Il est contenu dans les articles 1 et 2 du Protocole de clôture.

« 1. Au sujet de l'article 4, il est convenu que ceux « des pays de l'Union *où le caractère d'œuvres artis-* « *tiques n'est pas refusé aux œuvres photographiques* « s'engagent à les admettre, à partir de la mise en vi- « gueur de la Convention conclue en date de ce jour, « au bénéfice de ses dispositions. Ils ne sont, d'ailleurs, « tenus de protéger les auteurs des dites œuvres, sauf les « arrangements internationaux existants ou à conclure, « que dans la mesure où leur législation permet de le « faire.

« Il est entendu que la photographie autorisée d'une « œuvre d'art protégée jouit, dans tous les pays de « l'Union, de la protection légale, au sens de ladite « Convention, aussi longtemps que dure le droit prin- « cipal de reproduction de cette œuvre même, et dans « les limites des conventions privées entre les ayants « droit.

« 2. Au sujet de l'article 9, il est convenu que ceux « des pays de l'Union dont la législation comprend im- « plicitement, parmi les œuvres dramatico-musicales, « les œuvres chorégraphiques, admettent expressément « lesdites œuvres au bénéfice des dispositions de la « Convention conclue en date de ce jour.

« Il est d'ailleurs entendu que les contestations qui « s'élèveraient sur l'application de cette clause demeu- « rent réservées à l'appréciation des tribunaux respec- « tifs. »

Quel est le sens exact de cette disposition, principalement en ce qui concerne la photographie ? On a beaucoup épilogué sur ce point ; on a parlé d'Union restreinte. Pour nous, nous ne voyons ici qu'une simple restriction apportée au principe posé en l'article 2 de la Convention, restriction qui peut se formuler ainsi : pour que le photographe étranger soit protégé dans un pays de l'Union, il ne suffira plus que l'œuvre photographique soit garantie dans ce pays ; il faudra en outre, qu'elle soit expressément reconnue comme œuvre d'art. Mais, une fois admise comme telle, elle entraînera protection au profit de tous les ressortissants de l'Union, quel que soit le système admis par leur propre loi.

Exemple : l'Allemagne protège la photographie (V. Loi du 11 janvier 1876), mais lui refuse le caractère artistique : l'Allemagne, de par la Convention de Berne, ne doit rien aux photographes unionistes (1). Il n'est d'ailleurs pas besoin d'aller chercher plus loin la raison de notre article ; appliquons ici l'axiôme : « is fecit cui prodest », et nous saurons d'où vient l'initiative de la règle posée ou plutôt imposée. Et, si nous doutions encore, les déclarations faites par M. Reichardt à la Conférence de 1885 auraient vite fait de nous convaincre.

---

(1) A la suite de l'accord conclu le 15 janvier 1892 entre l'Allemagne et les Etats-Unis, étendant le bénéfice de la loi de 1876 aux Américains, ceux-ci se trouvent être mieux protégés sur ce point que les ressortissants de l'Union. Le gouvernement allemand s'est déjà, du reste, préoccupé d'améliorer le sort de ces derniers (V. « *Droit d'auteur* », 1892, p. 108 ; 1893, p. 38).

En France, au contraire, aucun texte ne se prononce contre les œuvres photographiques : tout photographe étranger y sera donc protégé, fût-il Allemand (1) (2).

C'est dire que nous ne voyons nullement dans l'article : du Protocole de clôture la formation d'une Union restreinte, et ne croyons pas avec Darras « que le bénéfice « de cette disposition ne soit acquis qu'au profit de ceux « qui peuvent se réclamer d'un Etat faisant partie de « cette Union restreinte (3). » Rien dans les travaux préparatoires n'indique que ce fût là l'esprit de la Conférence, et le texte-même résiste absolument à cette interprétation. Il ne contient aucun terme restrictif qui limite la zône de protection, qui indique la condition de réciprocité, essence de toute convention, de toute union. D'ailleurs, le sort des œuvres photographiques et des œuvres chorégraphiques se trouve intimement lié ; or, il est impossible de parler d'Union restreinte à propos de ces dernières ; de même donc pour les autres (4).

Somme toute, la protection de ces œuvres est tronquée et d'une nature que l'on ne retrouve dans aucune

____

(1) En ce sens, POUILLET, « Les auteurs unionistes peuvent invoquer « la Convention pour se faire protéger en France dans la mesure où la « protection est accordée aux œuvres photographiques ».

(2) La situation est la même en Belgique (V. VAUVERMANS : *Le droit des auteurs en Belgique*, p. 144) et en Italie (V. ROSMINI, *Droit d'auteur*, 1889, p. 18, 30 ; 1894, p. 114).

(3) DARRAS, p. 586.

(4) En sens contraire, V. CLUNET : *Etude sur la Convention d'Union*, p. 51 — NUMA DROZ, *J. du dr. intern. privé*, 1886, p. 489.

autre disposition de l'Union. Il aurait fallu, soit n'en
pas parler — les soumettant implicitement au régime de l'article 2 ; soit en faire l'objet d'une clause
impérative. La solution eut gagné en logique et en
netteté (1).

§ VI

Passons aux prérogatives reconnues. A quel parti la
Convention s'est-elle arrêtée vis-à-vis du droit de traduction ?

L'avant-projet, nous l'avons dit, contenait sur ce point
une disposition très large, et la seule acceptable en principe : il assimilait le droit de traduction, quant à la
durée, au droit de reproduction. En 1884, les délégués
français firent d'énergiques efforts pour maintenir cette
décision (2). « Mais elle fut vivement combattue, no-
« tamment par la Suède, dont le représentant, M. La-
« gerheim, déclara qu'en aucun cas elle ne pourrait ad-
« mettre que le droit exclusif de traduction fut protégé
« pendant la même durée que l'œuvre originale ». Le
représentant allemand, M. Reichardt, qui pourtant avait
promis l'adhésion de son gouvernement « à la seule con-
« dition que tous les pays adhérassent également » et
avait reconnu « que la tendance de l'époque était à l'as-
« similation complète du droit exclusif de traduction à
« celui de l'œuvre originale », M. Reichardt craignit par

(1) V. sur la protection des œuvres photographiques « *Droit d'auteur* »,
1895, pp. 116 et 129.

(2) Cette question était la septième du questionnaire allemand.

la suite de se heurter à des difficultés trop grandes, et que ce progrès ne devint « un salto mortale pour la « réussite de l'Union projetée ». Aussi, sur son initiative, la Commission avait-elle adopté un moyen terme, reconnaissant notre droit, mais en limitant la durée à dix ans, à dater de la publication dans l'un des pays de l'Union de la traduction faite ou autorisée par l'auteur. — En 1885, le débat recommença ; la délégation française revint à la charge ; la Commission repoussa son projet à une faible majorité — six voix contre cinq (1) — « non qu'elle fut opposée au principe de l'assimilation, « mais parce qu'il était facile de prévoir que sa consécra- « tion empêcherait un bon nombre de pays importants « au point de vue de la littérature et des arts d'adhérer à l'Union (2) ». Ce sont toujours les mêmes considérations d'utilité pratique et de ménagements qui empêchent l'adoption de principes, nullement méconnus. L'on voit du reste avec quelle ardeur il a été lutté sur ce terrain.

Les délégués anglais, de leur côté, avaient proposé « de ne pas fixer la durée du droit exclusif de traduction, « mais de soumettre toute cette matière à la législation « du pays où la protection est réclamée ». A quoi l'on objecta fort justement que « l'adoption de cet amende- « ment laisserait trop de latitude aux législations parti- « culières, et restreindrait le rôle de l'Union à des

(1) Ont voté pour : *Belgique, Espagne, France, Haïti et Tunisie.* Contre : *Allemagne, Honduras, Italie, Suède, Norwège, Suisse.*

(2) *Actes de 1885*, p. 44.

« limites trop étroites (1) ». En conséquence, la rédaction suivante fut arrêtée :

« Art. 5. — Les auteurs ressortissant à l'un des pays
« de l'Union, ou leurs ayants-cause, jouissent, dans les
« autres pays, du droit exclusif de faire ou d'autoriser la
« *traduction* de leurs ouvrages *jusqu'à l'expiration de*
« *dix années* à partir de la publication de l'œuvre ori-
« ginale dans l'un des pays de l'Union.

« Pour les ouvrages publiés par livraisons, le délai de
« dix années ne compte qu'à dater de la publication de
« la dernière livraison de l'œuvre originale.

« Pour les œuvres composées de plusieurs volumes
« publiés par intervalles, ainsi que pour les bulletins ou
« cahiers publiés par des sociétés littéraires ou savantes
« ou par des particuliers, chaque volume, bulletin ou
« cahier est, en ce qui concerne le délai de dix années,
« considéré comme ouvrage séparé.

« Dans le cas prévu au présent article, est admis
« comme date de publication pour le calcul des délais de
« protection, le 31 décembre de l'année dans laquelle
« l'ouvrage a été publié ».

Un perfectionnement notable est réalisé par cet article en ce qui concerne le point de départ du délai de
dix ans; au lieu de dépendre de la publication de la
première traduction faite ou autorisée par l'auteur,
d'être par conséquent incertaine et difficile à déterminer,
il consiste dans la publication de l'œuvre originale : il

(1) L'amendement anglais fut repoussé par 8 voix contre. 4 — V. *Actes
de 1885*, p. 44.

est par conséquent fixe et uniforme. « Il a l'avantage non
« seulement d'accorder aux auteurs une protection ab-
« solue, et, partant, plus étendue, mais encore de sim-
« plifier les choses, puisque les intéressés sauront
« d'avance que, pendant les dix ans qui suivent la pu-
« blication de l'œuvre, c'est à l'auteur ou à ses ayants-
« cause qu'appartient le droit exclusif de traduction (1) ».
Le choix de ce système entraînait la suppression du
dernier alinéa de l'article 5 du projet de 1884 : « Dans
« le cas où la traduction d'un ouvrage paraîtrait par
« livraisons, le terme de dix années stipulé au para-
« graphe 1 ne commencera... à courir qu'à dater de la
« dernière livraison de la traduction ». Cette stipulation
était désormais sans objet.

Par contre coup également nous voyons disparaître
l'alinéa 2 de l'ancien article 5 (2) ; il n'avait plus sa raison d'être, et l'on ne peut qu'applaudir à son retrait. Le
délai qu'il édictait « était insuffisant, et de nature à
« encourager l'emploi de procédés peu honnêtes de la
« part des éditeurs de mauvaise foi (3) ». Les représentants français, soutenus par le délégué italien M. Rosmini, n'ont pas été étrangers à cette amélioration. De
son côté, M. Renault avait montré « la gêne résultant du
« délai de trois ans, gêne surtout grande pour les œuvres
« sérieuses, pour lesquelles on ignore souvent, au dé-

(1) *Actes de 1885*, p. 44.

(2) Article 5 du projet de 1884 (alinéa 2) : « Pour jouir du bénéfice de
« cette disposition, ladite traduction autorisée devra paraître en totalité
« dans le délai de trois ans à compter de la publication de l'ouvrage ori-
« ginal ».

(3) *Actes de 1885*, p. 44.

« but de l'ouvrage, si une traduction pourra se faire (1) ».

L'article 5 est donc un progrès. Sans doute, il est au-dessous des desiderata français, et ne répond pas en tout à nos données théoriques. Mais il offre l'avantage immense de réunir sous un même régime trois groupes d'États qui pratiquaient trois systèmes différents (2) « et « l'on sait quels inconvénients résultent pour l'écrivain « et pour l'artiste de la protection multiforme (3) ».

Pour éviter toute équivoque, il nous paraît d'ailleurs utile de noter — nouvelle application du principe énoncé déjà — que le délai de 10 ans n'est qu'un minimum. Il est bien évident que, si les lois internes ou les conventions antérieures édictent un traitement plus favorable, elles s'appliqueront de préférence. Les procès-verbaux sont formels en ce sens : « En fixant à dix ans le « délai pendant lequel l'auteur jouit du droit exclusif de « traduction, la Commission a été appelée à se demander « si l'article 5 est de droit strict et impératif, ou s'il « laisse subsister les droits plus étendus que la législa-« tion intérieure des pays de l'Union ou les conventions « particulières conclues entre eux peuvent accorder aux

(1) *Id.*

(2) Ces trois systèmes étaient : assimilation complète (*France, Belgique, Espagne, Haïti, Monaco, Tunisie*). — Assimilation sous condition pour l'auteur d'avoir usé de son droit durant les 10 ou les 5 premières années suivant la publication (*Angleterre, Suisse*). — Protection pendant 10 ou 5 ans (*Allemagne, Italie, Luxembourg*).

(3) V. sur l'article 5 GERMOND de LAVIGNE : *Les Conventions internationales pour la protection de la propriété littéraire et artistique*, p. 10. — POUILLET, *Bulletin de l'Assoc. litt. et art. intern.*, 2ᵉ série, nᵒ 15. Appendice, p. II, nᵒ 18, p. 5. — DARRAS, *Journal du droit intern. privé*, nᵒ 18, p. 5. — « *Droit d'auteur* », 1893, p. 103 ; 1895, p. 70.

« auteurs contre la traduction non autorisée de leurs
« œuvres. La Commission s'est prononcée dans ce sens,
« *le but de l'Union étant d'assurer aux auteurs un mini-*
« *mum de protection* (1) ». Il semble étrange, après
cela, qu'on ait essayé de soutenir le contraire.

La concession des dix ans était d'ailleurs sage peut-
être, et, en tous cas, ne liait pas l'avenir. Comme l'a fort
à propos remarqué M. Reichardt « il était bien proba-
« ble qu'avant leur expiration... la durée de la protec-
« tion accordée au droit de traduction serait augmentée
« par une conférence ultérieure (2) ». Nous verrons par
la suite si cette prophétie s'est réalisée.

Voilà pour le droit de traduction. Quant aux droits
du traducteur, ils sont réglés par l'article 6 (article 7 du
projet) « Les traductions licites sont protégées comme
« des ouvrages originaux. Elles jouissent, en consé-
« quence, de la protection stipulée aux articles 2 et 3 en
« ce qui concerne leur reproduction non autorisée dans
« les pays de l'Union ».

Il est entendu que « s'il s'agit d'une œuvre pour laquelle
« le droit de traduction est tombé dans le domaine pu-
« blic, le traducteur ne peut s'opposer à ce que cette
« même œuvre soit traduite par d'autres (al. 2) ». C'est
la même disposition contenue, sous une autre forme,
dans le traité franco-italien du 19 avril 1883. « Article 9.
« Il est bien entendu... que l'objet du présent article est
« simplement de protéger le traducteur par rapport à la
« version qu'il a donnée de l'ouvrage original, et non

(1) *Actes de 1885*, p. 45.
(2) *Id.*, p. 26.

« pas de conférer un droit exclusif de traduction, au pre-
« mier traducteur d'un ouvrage quelconque », disposition
dont nous avons montré le bien fondé dans notre étude
théorique, et que nous retrouvons dans toutes les conventions.

Arrivons aux droits spéciaux de représentation et
d'exécution.

L'avant-projet ne s'en occupait pas spécialement ;
mais il leur étendait implicitement le bénéfice de l'article 7 en parlant des œuvres « parues, représentées ou
exécutées ». Depuis, l'on a jugé bon de leur accorder
une garantie particulière. En 1884, la délégation allemande émit la motion suivante.

« La protection stipulée par l'article 2 sera acquise à
l'égard de la représentation publique des œuvres dramatico-musicales, que ces œuvres soient publiées ou
non.

« Les stipulations de l'article 2 s'appliqueront également à l'exécution publique des œuvres musicales [non
publiées ou bien publiées, *mais dont l'auteur aura expressément déclaré sur le titre ou en tête de l'ouvrage
qu'il en interdit l'exécution publique.*

« Les auteurs d'œuvres dramatiques ou dramatico-
musicales seront, pendant la durée de leur droit exclusif
de traduction, réciproquement protégés contre la représentation publique non autorisée de la traduction de
leurs ouvrages (1) ».

La Commission ayant estimé « qu'une disposition de

_____

(1) V. sur cette disposition « *Droit d'auteur* » 1892 : *La protection des traductions d'œuvres dramatiques ou dramatico-musicales.*

ce genre était utile » adopta le projet allemand mais en
intervertissant l'ordre des alinéas 2 et 3. Aucun changement n'ayant été apporté en 1885, ce texte est devenu
l'article 9 de la Convention. Il a le mérite de donner
une solution très nette sur une question controversée
et de régler celle-ci dans tous ses détails. Il a le grand
inconvénient de faire dépendre l'exercice d'un droit
d'une formalité sujette à oubli ; que l'auteur ou le compositeur omette la réserve exigée, tous peuvent impunément représenter ou exécuter son œuvre. C'est là une
réminiscence maladroite des anciennes formalités relatives au droit de traduction, heureusement abrogées.

Sur cette question vient se greffer celle de reproduction musicale mécanique par les boîtes à musique,
orgues de barbarie, etc (1). Nous considérons sans hésiter ces instruments comme produits de contrefaçon.
Leur fabrication porte en effet atteinte au droit d'édition ; leur emploi, au droit d'exécution, dès qu'il a lieu
en public. Tel était le sentiment de la jurisprudence
française avant la loi du 16 mai 1886, promulguée
expressément pour rendre licite « la fabrication et la
« vente des instruments servant à reproduire mécanique-
« ment les airs de musique qui sont du domaine privé ».
Comment expliquer l'adoption de ce principe si peu
équitable ? La loi de 1886 a été pour ainsi dire imposée à la France par la Suisse, qui en avait fait la
condition *sine qua non* du traité de 1864. La Suisse,
en effet, n'a jamais été de notre avis, et pour cause ;

(1) V. DARRAS, p. 106, 283, 464. — LYON-CAEN, *La propriété artistique*,
p. 13. — *Droit d'auteur*, 1890, p. 15 ; 1895, p. 54.

elle a en quelque sorte monopolisé à son profit la fabrication et l'importation des boîtes à musique : d'où son indulgence pour ces instruments. Elle s'est livrée là-dessus à des considérations assez plaisantes : « Que « la reproduction sonore — dit l'exposé des motifs de la « loi fédérale de 1883 — ait lieu par le gosier ou par un « instrument, que cet instrument soit manié par les « doigts ou automatiquement, cela revient absolument « au même ». C'est jouer de mots assez agréablement. Toujours est-il que l'article 19 de cette même loi ne considère pas comme répréhensible « la re- « production de compositions musicales par les boîtes « à musique et autres instruments analogues ». L'on peut conclure des termes de cet article que la tolérance légale porte non seulement sur la fabrication de ces objets, et le piquage des airs sur les cylindres rotatifs qui donnent la notation, mais encore sur l'exécution publique des compositions musicales soumises à un droit privatif. La Suisse, conformément à son intérêt, a cherché à convertir à ses vues les autres nations. C'est ainsi que l'article 14 du traité de 1882 impose droit d'asile en France aux boîtes à musique, etc. (1) C'est à son intervention — avons-nous dit — qu'est due notre loi de 1866. La teneur de ce texte (2) permet toutefois d'en restreindre

(1) Convention franco-suisse du 23 février 1882, article 14 : « La fabri-
« cation et la vente des instruments servant à reproduire mécaniquement
« des airs de musique qui sont du domaine privé ne sera pas considérée, en
« France, comme constituant le fait de contrefaçon musicale ».

(2) Loi relative aux instruments de musique mécanique (16 mai 1866).
Article unique : « La fabrication et la vente des instruments servant à re-
« produire mécaniquement des airs de musique qui sont du domaine privé,

la portée à la fabrication et à la vente ; le droit de reproduction sans doute est ainsi violé, mais il n'est pas
contrevenu au droit d'exécution ; la part d'injustice
est moitié moindre dans la loi française que dans la loi
suisse : on ne saurait assez l'en féliciter.

Nous retrouvons à peu près la même tolérance —
nous lui appliquerons la même restriction — dans le
Protocole de clôture de la Convention (article 3) : « Il est
« entendu que la fabrication et la vente des instruments
« servant à reproduire mécaniquement les airs de mu-
« sique empruntés au domaine privé ne sont pas consi-
« dérées comme constituant le fait de contrefaçon musi-
« cale (1) ». C'est là une concession gracieuse faite au
gouvernement fédéral ; concession — fait observer
M. Clunet — « bien due à un pays qui a tant travaillé à
« défendre le patrimoine des artistes ».

§ VII.

Quand la Conférence a dû délimiter le domaine de la
contrefaçon, le problème de l'appropriation — emprunts,
citations, etc. — s'est imposé à son examen. L'avant-
projet ne s'en occupait pas. En ce qui concerne la reproduction des articles de journaux ou de recueils périodiques, le projet de 1884 contenait la disposition suivante,

« ne constituent pas le fait de contrefaçon musicale prévu et puni par la
« loi du 19 juillet 1893, combinée avec les articles 425 et suivants du Code
« pénal ».

(1) Pour les décisions judiciaires auxquelles a donné lieu l'application de
l'article 3 du Protocole de clôture, v. Weiss, p. 251, note 2.

répondant au numéro 6 du questionnaire allemand :
« Article 9. Les articles extraits de journaux ou de re-
« cueils périodiques publiés dans l'un des pays de
« l'Union pourront être reproduits, en original ou en tra-
« duction, dans les autres pays de l'Union (1).

« Mais cette faculté ne s'étendra pas à la reproduction,
« en original ou en traduction, des romans-feuilletons
« ou des articles de science (2) ou d'art. Il en sera de
« même pour les autres articles de quelque étendue,
« extraits de journaux ou de recueils périodiques, lorsque
« les auteurs ou éditeurs auront expressément déclaré,
« dans le journal ou le recueil même où ils les auront
« fait paraître, qu'ils en interdisent la reproduction.

« En aucun cas, l'interdiction stipulée au paragraphe
« précédent ne s'appliquera aux articles de discussion
« politique ».

Tel était le système admis : liberté de reproduire les
articles courts, de citer des extraits, etc., à moins que
les auteurs ou éditeurs ne se soient expressément ré-
servés ce droit. Défense de reproduire les articles de
longue haleine ; franchise absolue pour les articles politiques.

En 1885, l'Angleterre réclama la suppression de l'article 6, comme contraire à la législation britannique,
qui exige que les emprunts faits aux journaux soient ac-
compagnés de l'indication de la source. Moins absolue,

(1) *Etude sur la Convention d'Union*, p. 56.

(2) Le représentant d'Haïti, Dr Janvier, avait vivement combattu cette
dernière disposition, pour sauvegarder, disait-il, la vulgarisation. La Conférence a passé outre.

la Norwège proposa un amendement dont la Commission tint compte ; de cette transaction est sorti l'article 7 (ancien article 9 modifié) :

« Les articles de journaux ou de recueils périodiques
« publiés dans l'un des pays de l'Union peuvent être re-
« produits, en original ou en traduction, à moins que les
« auteurs ou éditeurs ne l'aient expressément interdit.
« Pour les recueils, il peut suffire que l'interdiction soit
« faite d'une manière générale en tête de chaque numéro
« du recueil.

« En aucun cas, cette interdiction ne peut s'appliquer
« aux articles de discussion politique ou à la reproduc-
« tion des nouvelles du jour et des *faits divers* ».

En modifiant le projet primitif, nous ne croyons pas qu'on l'ait amélioré. La garantie pure et simple des articles de longue haleine était une excellente mesure, dont rien ne motivait la suppression, surtout en ce qui concerne les romans-feuilletons : « Supposons en effet
« un romancier qui a publié une de ses œuvres en vo-
« lumes : la protection lui est accordée sans hésitation.
« Il la vulgarise d'abord dans un journal sous la forme
« d'un roman-feuilleton : si, par hasard, l'éditeur oublie
« d'inscrire la mention de réserve, on pourra le piller
« impunément. Existe-t-il entre les deux procédés de
« publication une différence qui justifie une pareille dis-
« tinction ? Evidemment non (1). » Quand un droit est reconnu à un auteur, il est souverainement illogique de le soumettre à une réserve formelle. Aussi, à la con-

______

(1) Poinsard, p. 520.

férence de 1886, la Délégation française, considérant
que « les romans-feuilletons constituaient moins un ar-
« ticle de journal, qu'une œuvre littéraire publiée sous
« une forme spéciale (1) » proposa-t-elle d'adopter une
déclaration leur appliquant le § 2 de l'article 5, et les
soumettant, au point de vue de la reproduction, à la
règle, non de l'article 7, mais des articles 2, 5, 10
et 11. Remarquons qu'il n'y avait là aucun changement au projet de Convention ; c'était une simple déclaration interprétative. « Le gouvernement français esti-
« mait que son projet n'apportait aucune modification,
« même légère, à la Convention, qu'il ne faisait que for-
« muler expressément les solutions consacrées par celle-
« ci (2) ». Tel fut l'avis de la Suisse, de la Grande-Bretagne et de l'Italie, qui considérèrent le nouveau texte
comme « simplement explicatif ». Pour éviter des lon-
gueurs, la France dût retirer son amendement (3). Mais,
devant l'accueil qui lui a été fait, l'on peut dire hardiment que l'esprit en a été accepté, et que la Conférence
a nettement témoigné son intention de ranger les romans-feuilletons dans la catégorie des œuvres protégées
sans condition (4).

Le projet norwégien précité portait obligation pour le
compilateur d'indiquer la source de son emprunt. Cette

(1) *Actes de 1886*, p. 16.
(2) *Déclaration de M. L. Renault.*
(3) *Actes de 1886*, p. 16.
(4) Seul, le représentant de l'Allemagne déclara « que son gouverne-
« ment considérait le projet de déclaration comme n'étant pas entièrement
« conforme au projet de Convention de 1885, et qu'il aurait été obligé de

exigence est adoptée par plusieurs législations, notamment celles de la Grande-Bretagne, de l'Espagne, de la Belgique (Loi de 1886, art. 12) ; elle fut repoussée comme entraînant trop de complications. Néanmoins, l'on doit compter sur ce sujet avec les lois intérieures. L'indication devra être faite si la loi du pays de l'emprunteur et celle de l'œuvre citée sont d'accord pour l'exiger ; dans le cas contraire, liberté complète. « Le « « Times » ne pourrait par exemple poursuivre le « Journal de Genève » qui aurait reproduit un de ses « articles sans le citer. Il le pourrait, au contraire, si le « journal trop discret s'appelait « l'Indépendance belge » « ou « la Epoca », la législation de Belgique ou d'Espa- « gne s'accordant sur ce point avec celle de l'Angle- « terre (1) ».

A côté de la reproduction des articles de journaux, etc. qui ne répond guère qu'à des besoins de curiosité ou d'intérêt passager, se placent les emprunts faits aux ouvrages littéraires ou scientifiques, et réunis en recueils sous le nom de *Chrestomathies*. La question ici se complique ; si, d'un côté, l'on doit défendre les écrivains, il faut envisager de l'autre l'intérêt de l'instruction. Ce n'est guère que par des extraits appropriés que l'on peut faire connaître, étant donné le système d'éducation

« voter en sens contraire, si la proposition française avait été maintenue ». (*Actes de 1886*).

(1) CLUNET, p. 55. — V. sur l'article 5, « *Droit d'auteur* » 1889, p. 13 ; 1893, p. 13 ; V. sur le même sujet le Rapport présenté par M. A Chaumat au Congrès de Londres de 1890, et intitulé « *De la propriété littéraire* « *en matière de journaux et de recueils périodiques* ».

actuel, les productions littéraires à la jeunesse, qui ne
peut lire l'ensemble des ouvrages d'un auteur. Deux intérêts sont en jeu. Lequel respecter ? En 1884, les délégués français avaient vivement combattu le caractère
licite que l'on voulait attribuer à ces emprunts. « L'in-
« sertion d'une semblable stipulation — disait M. La-
« vollée — acceptable et même indispensable dans un
« arrangement entre deux puissances, telles que la
« France et l'Allemagne (1), peut n'être pas exempte
« d'inconvénients dans un traité d'Union internationale,
« dont les limites sont encore incertaines ». Et M. Louis
Ulbach ajoutait : « On ne peut citer un morceau entier
« d'un roman quelconque, voulût-on donner le goût ou
« le dégoût du naturalisme, et l'on peut prendre impu-
« nément, sous prétexte d'instruction, non seulement la
« substance, mais l'expression même d'un écrivain qui,
« condensant le travail de sa conscience en formules
« brèves, peut être dévalisé sans rien pouvoir réclamer.
« Si la France avait aujourd'hui un Labruyère, et que
« celui-ci fit paraître ses pensées par morceaux, ces mor-
« ceaux entiers lui seraient pris au fur et à mesure, et,
« quand son livre paraîtrait, il serait défloré par des
« emprunts multiples qui l'auraient effeuillé d'avance. »
Malgré ces arguments, la Conférence, sur les instances
de l'Allemagne, avait voté l'article 8, qui consacrait le
principe contraire. « Article 8. Sera réciproquement li-
« cite la publication, dans l'un des pays de l'Union,

(1) L'article 4 de la Convention franco-allemande du 19 avril 1883 autorise en effet ce genre d'emprunt. Il en est de même dans la plupart des
conventions.

« d'extraits, de fragments ou de morceaux entiers d'un
« ouvrage littéraire ou artistique ayant paru pour la
« première fois dans un autre pays de l'Union, pourvu
« que cette publication soit spécialement appropriée et
« adaptée à l'enseignement, ou qu'elle ait un caractère
« scientifique.

« Sera également licite la publication réciproque de
« chrestomathies composées de fragments d'ouvrages
« de divers auteurs, ainsi que l'insertion, dans une
« chrestomathie ou dans un ouvrage original publié
« dans l'un des pays de l'Union, d'un écrit entier de peu
« d'étendue publié dans un autre pays de l'Union.

« Il est entendu qu'il devra toujours être fait mention
« du nom de l'auteur ou de la source à laquelle se-
« ront empruntés les extraits, morceaux, fragments ou
« écrits dont il s'agit dans les deux paragraphes précé-
« dents.

« Sera toutefois considérée comme reproduction illi-
« cite l'insertion de compositions musicales dans les re-
« cueils destinés à des écoles de musique. »

En 1885, la suppression de cet article 8 fut demandée
« de deux côtés et pour deux motifs différents : par la
« France, pour empêcher le pillage ; par l'Angleterre,
« pour laisser plus de liberté au droit national (1) ». La
Conférence a adopté un compromis et tranché la question d'une façon « purement négative ». (Poinsard).
Voici en effet ce que décide le nouvel article 8 :

« En ce qui concerne la faculté de faire licitement

---

(1) Déclaration de M. Ruchonnet, conseiller fédéral (*Actes de 1895*, p. 30).

« des emprunts à des œuvres littéraires ou artistiques
« pour des publications destinées à l'enseignement ou
« ayant un caractère scientifique, ou pour des chresto-
« mathies, est réservé l'effet de la législation des pays
« de l'Union et des arrangements particuliers exis-
« tants ou à conclure entre eux (1) ».

« En somme, c'est se référer purement et simplement
à l'état de choses existant. Or, « l'absence d'une dis-
« position impérative sur cette matière — a dit
« M. d'Orelli (2) — est fort regrettable. C'est justement
« dans ce domaine, et dans l'intérêt de la science qu'une
« disposition étroite et uniforme serait désirable, disons
« plutôt nécessaire ». Quoi qu'il en soit, il a été décidé
sur l'initiative des délégués français, que l'article voté
ne pouvait porter atteinte au droit de citation dans les
« commentaires, les études critiques ou autres travaux
« scientifiques ou littéraires ».

§ VIII.

La lutte n'a pas été moins chaude sur le terrain de
l'appropriation indirecte. Dès longtemps, la question de
l'adaptation avait été soulevée, et vivement débattue.
En 1858, le Congrès de la propriété artistique réuni à
Paris condamnait l'adaptation musicale dans la résolution suivante : « En matière d'œuvres musicales, les
« transcriptions et les arrangements, lorsqu'ils ont lieu

(1) L'article 4 de la Convention de 1883, ainsi que les dispositions similaires des autres traités restent donc en vigueur.

(2) « *Droit d'auteur* » 1889, p. 14. V. sur le même sujet 1894, p. 134.

« sans l'autorisation de l'auteur, sont assimilés à la
« contrefaçon ». (*Proposition de MM. Pataille, Pouillet,
Huard, Clunet, Laroze et Batz ; — Clunet, p. 58*). En
1879, au Congrès de Londres, M. Mendès Léal, ministre de Portugal, en voulant légitimer l'adaptation
littéraire, s'attirait une magistrale répartie de M. Jules
Claretie. En 1882, le Congrès de Vienne la condamnait
nettement. L'avant projet n'était pas moins formel à
cet égard : « L'adaptation sera considérée comme
« contrefaçon, et punie de la même manière ». En 1884,
le mot d'adaptation n'est pas prononcé dans les
textes. Son adoption ou son rejet avaient été fort discutés. Le questionnaire allemand (n° 10) demandait si
« vu la difficulté de définir d'une manière exacte et non
« équivoque le terme adaptation », il ne valait pas
mieux s'en rapporter exclusivement aux tribunaux.
A cela M. L. Ulbach répondit en définissant l'adaptation « l'arrangement ou le dérangement de l'œuvre pri-
« mitive, en vue de l'adapter aux goûts ou aux aptitudes
« d'un autre public ; c'est, disait-il, l'arrangement par-
« ticulier, personnel, qui prend la substance de l'œuvre
« sans en prendre la forme ». M. Reichardt et Dambach
exhibèrent, de leur côté, le rapport d'experts allemands
« niant la possibilité de définir ce terme. « Ou l'adap-
« tation — disait M. Dambach — constitue une contre-
« façon cachée — et alors elle est repoussée comme
« telle ; ou les changements apportés à l'œuvre primi-
« tive sont si grands, qu'on se trouve en présence d'une
« œuvre nouvelle, qui a elle-même droit à la pro-
« tection ». Le dilemne est faux, car il laisse place à une

troisième hypothèse, procédant des deux autres. Toujours est-il que la Conférence, ne voulant point trancher le débat, vota l'article 10, qui ne prononçait pas le mot fatidique, et ne concernait que la prohibition des « arrangements de musique ». Les contestations relatives à l'application de cette clause étaient réservées à l'appréciation des tribunaux respectifs. Toutefois, l'article 3 du Protocole de clôture parlait d'adaptation, mais en la rangeant parmi « les atteintes illicites portées « au droit d'auteur pour lesquelles il est préférable de « s'en remettre aux tribunaux chargés d'apprécier, dans « chaque cas spécial le préjudice résultant d'une forme « quelconque de contrefaçon, plutôt que de les énu- « mérer et de les définir ».

La question revint sur le tapis en 1885. Le gouvernement français demanda l'insertion d'un nouvel article ainsi conçu :

« *Sont interdits : les arrangements, adaptations, imi-*« *tations dites de bonne foi, ou transcriptions d'œuvres* « *dramatiques, musicales ou dramatico-musicales, et* « *généralement tout emprunt aux œuvres littéraires,* « *dramatiques, artistiques ou musicales, fait sans le con-* « *sentement de l'auteur* ».

Cet amendement avait sur le projet de 1884 l'avantage de ne pas s'en tenir aux œuvres dramatiques. Il fut repoussé — par 8 voix contre 4 — « comme allant au delà « du but et aboutissant à supprimer entièrement le droit « de citation ». Une autre motion, proposée par la Suède, n'eut pas plus de succès, parce que le mot adaptation figurait en tête, et que la Commission « reculait devant

« l'emploi de ce mot comme objet principal d'une dis-
« position prohibitive ». Elle a préféré une rédaction
moins absolue, et, en outre, plus compréhensive « visant
« toutes les appropriations indirectes non autorisées » :
« Article 10. Sont spécialement comprises parmi les re-
« productions illicites auxquelles s'applique la présente
« Convention, les appropriations indirectes non autori-
« sées d'un ouvrage littéraire ou artistique, désignées
« sous des noms divers, tels que : *adaptations, arrange-*
« *ments de musique*, etc., lorsqu'elles ne sont que la re-
« production d'un tel ouvrage, dans la même forme ou
« sous une autre forme, avec des changements, additions
« ou retranchements, non essentiels, sans présenter
« d'ailleurs le caractère d'une nouvelle œuvre origi-
« nale ».

On le voit, le terme d'adaptation ne figure qu'à
titre d'exemple : c'est moins compromettant. La règle
semble impérative et absolue, mais l'alinéa final
pose une réserve, qui en restreint singulièrement la
portée :

« Il est entendu que, dans l'application du présent ar-
« ticle, les tribunaux des divers pays de l'Union tien-
« dront compte, s'il y a lieu, des réserves de leurs lois
« respectives ».

Nous avouons ne pas ici ni le principe adopté ; les
deux alinéas se contredisent à l'évidence, chacun édictant une solution opposée. Le dernier nous semble devoir l'emporter, comme répondant le mieux aux préoccupations intimes de la majorité de la Conférence.
Finalement donc, le soin de définir l'adaptation est

abandonné aux tribunaux, et l'on comprend qu'il puisse se produire, suivant les pays, de notables écarts d'appréciation. Il s'en faut que l'unification soit complète.

A propos de l'adaptation au théâtre d'une œuvre littéraire, procédé que la Conférence désigne sous le nom de « dramatisation », il a été admis que « ce genre « d'appropriation pourrait être considéré comme cons· « tituant une reproduction indirecte illicite (1) ».

§ IX

Telle est, quant au fond, l'œuvre de la Convention. Nous avons vu à quelle condition de forme très simple elle subordonne sa protection : la formalité accomplie au pays d'origine vaudra au pays protecteur. Il nous reste à voir comment se fera la preuve de cette formalité accomplie.

D'après la plupart des conventions, l'auteur doit produire un certificat délivré par les autorités compétentes de son pays (2), et légalisé par le représentant diplomatique de la nation dont il réclame garantie. D'autres traités — l'accord franco-espagnol de 1880 entr'autres — laissant toute latitude sur ce point, la preuve semble pouvoir être faite au moyen des listes, que certaines puissances sont convenues de se communiquer réciproquement, et qui contiennent la nomenclature des

(1) *Actes de 1885*, p. 50. V. « *Droit d'auteur* », 1893, p. 59 ; 1895, p. 21.

(2) Ordinairement, le ministre de l'Intérieur.

œuvres déposées et enregistrées en chaque pays : c'est là une simplification. La trouvons-nous dans notre texte ? Le questionnaire allemand de 84 proposait, eu égard aux pays qui n'exigent pas l'enregistrement et le dépôt, de substituer à la preuve expresse, des présomptions légales, telles qu'en établit la loi allemande, « et « grâce auxquelles l'auteur a plus de facilité à faire va- « loir ses droits ». Cette demande fut favorablement accueillie ; le principe en est consacré par l'article 11 de la Convention (modifiant l'article 12 du projet de 84) :

« Pour que les auteurs des ouvrages protégés par la « présente Convention soient, jusqu'à preuve contraire, « considérés comme tels et admis, en conséquence, de- « vant les tribunaux des divers pays de l'Union à exer- « cer des poursuites contre les contrefaçons, il suffit que « leur nom soit indiqué sur l'ouvrage en la manière « usitée ».

Exigence peu rigoureuse, dont l'observation, toutefois, n'établit qu'une présomption « juris tantum » susceptible d'être combattue par preuve contraire.

Mais, là encore, nous voyons une disposition libérale restreinte par une autre clause du même article, qui nous semble en quelque sorte contrebalancer, sinon détruire, la première. « Il est entendu toutefois » — dit l'alinéa 3 — « que les tribunaux peuvent exiger, le cas « échéant, la production d'un certificat délivré par l'au- « torité compétente, constatant que les formalités pres- « crites, dans le sens de l'article 2, par la législation du « pays d'origine ont été remplies ».

Nous admettons que l'on ait voulu, par cette mesure,

mieux sanctionner les prescriptions de l'article 2. Mais pourquoi poser dès l'abord une règle plus large, que l'on annule par la suite ?

Tous les suffrages, par contre, doivent se rallier au paragraphe 2 du même article. Il porte que : « Pour les « œuvres anonymes ou pseudonymes, l'éditeur dont le « nom est indiqué sur l'ouvrage est fondé à sauvegarder « les droits appartenant à l'auteur. Il est, sans au- « tres preuves, réputé ayant cause de l'auteur anonyme « ou pseudonyme ».

Deux cas sont ainsi prévus : s'il s'agit de sauvegarder les droits de l'auteur, celui-ci, qui peut vouloir l'inco-gnito, n'est pas tenu de se faire connaître : son éditeur le représentera. S'il importe pour ce dernier de faire valoir ses propres droits, il est dispensé d'établir direc-tement sa qualité d'ayant-cause.

La radiation de cettte clause ayant été demandée, la commission fit justement observer que « si l'on suppri- « mait cet article, l'éditeur serait obligé, en cas de pro- « cès, de faire la preuve que son droit lui vient régu- « lièrement de l'auteur. Il peut le faire en produisant « son contrat avec ce dernier, ou autrement ; mais, de « toute manière, le nom de l'auteur est dévoilé, ce qui « serait fâcheux (1) » et irait directement à l'encontre du but poursuivi.

Somme toute, l'article 11 nous apparaît comme sanc-tionnant des dispositions déjà prescrites ; « il ne vise « qu'une question de procédure, bien distincte des

(1) *Actes de 1885*, p. 50.

« conditions et des formalités matérielles dont l'accom-
« plissement est exigé par l'article 2 (1) ». Il rentre dans
la sphère des dispositions applicatives — dont dépend
également l'article 12, concernant la saisie des œuvres
éditées en contrefaçon.

La saisie est la première arme dont il soit fait usage à
l'encontre de la contrefaçon ; conformément à la règle de
l'article 2, elle sera évidemment appliquée au profit des
étrangers à l'intérieur des pays de l'Union qui la pra-
tiquent. Mais cela ne suffisait pas. Dans un groupe
d'états ne possédant pas la même législation sur la
durée du droit d'auteur « la reproduction peut com-
« mencer à être licite dans un pays alors qu'elle ne
« l'est pas encore ni dans celui d'origine ni dans celui
« d'importation (2) ». Il importait donc à ceux qui accordent plus longue protection de ne pas laisser introduire
sur leur territoire des reproductions permises ailleurs,
encore prohibées chez eux. Pour cela, il fallait les empêcher de passer la frontière, afin « d'étouffer le mal
« dans l'œuf (3) ». C'est ce qu'a fait l'article 12, en auto-
risant la saisie en douane :

« Toute œuvre contrefaite peut être saisie à l'impor-
« tation dans ceux des pays de l'Union où l'œuvre ori-
« nale a droit à la protection légale.

« La saisie a lieu conformément à la législation inté-
« rieure de chaque pays (4) ».

(1) *Id.*, *p. 34, Déclaration de M Reichardt.*
(2-3) Clunet, p. 59.
(4) L'alinéa 2 du projet de 84 portait : « La saisie aura lieu soit à la re-
« quête du ministère public, soit de la partie intéressée, conformément,

Impossible désormais aux contrefacteurs de profiter des différences de niveau.

Restait à trancher l'importante question de la rétroactivité. Le problème se posait ainsi : « devant les « droits acquis, ou considérés comme tels sous le « régime antérieur, comment appliquera-t-on la Con- « vention? Si elle leur est contraire, seront-ils main- « tenus ou supprimés dans l'avenir? » D'un côté, il importait d'assurer immédiatement la mise en vigueur de la Convention ; de l'autre, il était dur de frapper impitoyablement ceux qui, en l'absence de sanctions édictées par leurs lois, s'étaient livrés à de grands frais en vue de reproductions permises ou tolérées jusqu'alors. Car, ainsi que le faisait observer M. Numa Droz, le jour où la Convention allait être appliquée, elle devait « surprendre un état de fait qui ne serait pas « partout conforme aux principes qu'elle proclame ». C'était un dilemne entre la répression immédiate et la continuation temporaire de l'état de choses antérieur. L'avant projet s'exprimait ainsi à ce propos : « La pré- « sente convention s'applique à toutes les œuvres non « encore tombées dans le domaine public dans le pays « d'origine de l'œuvre lors de la mise en vigueur de la « dite Convention (art. 8) ». Telle était la solution contenue dans les traités franco-espagnol de 1880 et franco-allemand de 1884.

La conférence de 1885 n'a pas voulu trancher dans le

« etc. ». L'Angleterre ayant fait observer qu'il y avait là contradiction avec sa législation (V. l'acte du Parlement : Custans consolidation act.) l'alinéa fut modifié comme ci-dessus.

vif; en présence des difficultés signalées plus haut, elle a eu recours à un expédient. Le principe est que (art. 14) « la présente convention s'applique à toutes les « œuvres qui, au moment de son entrée en vigueur, ne « sont pas encore tombées dans ie domaine public dans « leur pays d'origine » mais cela « sous les réserves et « conditions à déterminer d'un commun accord », restriction qui affaiblit singulièrement la valeur du principe posé. Nous trouvons ces « réserves et conditions » dans l'article 4 du protocole de clôture :

« L'application de la Convention aux œuvres non tom« bées dans le domaine public au moment de sa mise en « vigueur aura lieu suivant les stipulations y relatives « contenues dans les conventions spéciales existantes ou « à conclure à cet effet.

« A défaut de semblables stipulations entre pays de l'Union, les pays respectifs régleront, chacun pour ce « qui le concerne, par la législation intérieure, les mo« dalités relatives à l'application du principe contenu à « l'article 14. (1) ».

Au lieu de recevoir une solution uniforme, la question est donc laissée à l'entente des puissances, qui s'inspireront pour la résoudre, de leurs conventions réciproques, ou à défaut de leur législation interne. La condition des auteurs unionistes se trouve de ce chef incertaine et variable suivant les pays. Certains avaient déjà prévu le cas dans leur législation. D'autres ont pris des mesures spéciales pour le régler (Allemagne, Belgi-

---

(1) V. sur l'article 14 et sur le chiffre 4 du Protocole de clôture « *Droit d'auteur* », 1888, p. p. 61, 71, 88, 105, 117 ; 1889, p. 3.

que) (1). L'Allemagne, dans son ordonnance de 1888, s'est montrée tolérante dans de justes limites. Elle permet d'achever « l'impression des exemplaires dont la « production était licitement en cours lors de l'entrée en vigueur de la Convention », lesquels pourront être mis en circulation et vendus. Puis, pour compenser certains frais justifiables antérieurement, elle autorise à titre transactionnel, l'emploi jusqu'au 31 décembre 1888 des clichés, planches, etc. servant à la reproduction (2).

La France n'a pas cru devoir prendre de disposition spéciale. Il faut donc nous en reporter à la jurisprudence, qui n'a jamais varié sur ce point : l'éditeur d'une œuvre licitement reproduite peut, du jour où survient une garantie nouvelle, écouler ses produits ; il ne peut, dès lors, en éditer de nouveaux (3).

L'Angleterre est plus large quand il s'agit de ses intérêts ; elle admet que, si les instruments de reproduction ont été confectionnés avant la loi nouvelle, il pourra en être fait indéfiniment usage. Il semble difficile de travestir plus complètement l'esprit de la Convention. C'est ce qui fatalement arrive quand on laisse place à l'arbitraire (4). Nous reconnaissons toutefois avec M. Clunet, que la situation était particulièrement délicate. « Il fallait sortir d'un inextricable embarras avec

(1) Arrêté royal du 15 novembre 1887.

(2) Suivent d'autres dispositions relatives aux droits de traduction et de représentation (V. LYON-CAEN et DELALAIN, t. II, p. 238, et note).

(3) En ce qui concerne particulièrement la musique, V. « *Droit d'auteur* », 1889, p. 3.

(4) V. « *Droit d'auteur* », 1891, p. 49 : *La question de la rétroactivité devant les tribunaux anglais.*

« lequel la libre allure des congrès ordinaires n'a pas
« à compter (1) ».

Nous ne voyons qu'une simple mesure d'ordre public
dans l'article 13, qui réserve à chaque gouvernement
« de permettre, de surveiller, d'interdire, par des me-
« sures de législation ou de police intérieure la circula-
« tion, la représentation, l'exposition de tout ouvrage
« ou production à l'égard desquels l'autorité compétente
« aurait à exercer ce droit ». Les prérogatives ainsi énoncées ne sont qu'émanation du droit de souveraineté,
dont nul état ne peut se dessaisir. L'article 13 n'est
aucunement restrictif de la protection internationale.

§ X.

Maintenant que nous avons examiné de près les détails de la Convention, que nous en connaissons toutes
les parties, il nous est permis de nous reculer, afin
d'élargir notre champ de vision, d'embrasser d'un seul
coup d'œil l'ensemble de l'œuvre, de la juger quant à sa
nature quant à son application et quant à sa valeur.

Nous pouvons dès à présent dire qu'il n'a pas été
promulgué en bloc une loi internationale s'imposant à
tous les pays au mépris de leur législation. Les esprits
et les nations ne sont pas encore mûres pour une telle
réforme. Comme l'a dit M. Louis Ulbach à ce propos
« il ne faut pas violenter le temps ». Le courant actuel
est plutôt au perfectionnement des législations retarda-

(1) CLUNET, p. 62.

taires, qui, peu à peu, par un mouvement d'exhausse-
ment atteindront un même niveau où pourra se jouer
librement, sans heurt et sans choc, la sphère égalitaire
de la protection.

Le système choisi par la Convention, en vertu de circonstances impérieuses, n'est pas un, et emprunte ses
dispositions aux deux solutions énoncées en tête de ce
chapitre (1).

Certaines de ses stipulations sont nettement impératives, s'imposant par leur propre vertu, et « constituant
« un commencement de codification universelle (2) ».
Aucune restriction émanant des lois internes ne peut
leur être apportée. Ce sont elles qui inaugurent la voie
de l'unification, but véritable de l'Union.

Dans cette catégorie, nous faisons tout d'abord rentrer
l'article 4, énumérant les œuvres garanties. Protection
leur sera due dans tous les pays de l'Union, alors même
que certaines d'entre elles seraient omises ou même
exclues par la loi de l'un de ces pays (3) (4). Ceci

---

(1) V. D'ORELLI, « *Droit d'auteur* » 1889, p. p. 1 et 13.

(2) Déclaration de M. Ruchonnet, Conseiller fédéral, à la Conférence de
1885 (*Actes de 1885*, p. 27).

(3) Il en serait autrement, croyons-nous, dans un traité ordinaire entre
deux nations, traité où la protection étrangère se mesure à la loi nationale.

(4) Nous ne croyons pas devoir distinguer ici, comme le fait Darras
(p. 536) entre les œuvres nominalement désignées, et la formule générale
qui termine l'article, laquelle « vu le vague des termes employés » ne de-
« vrait être appliquée que si les lois du pays d'origine et du pays d'impor-
« tation sont d'accord pour sauvegarder les droits » dont elle parle. Pour
nous, ces deux dispositions émanent de la même pensée ; la seconde est
simplement destinée à compléter, à renforcer la première, en la montrant

posé, nous ne croyons pas devoir en déduire, comme le fait Darras que, dans ce cas, « l'article 4 assure « aux étrangers des prérogatives dont ne semblent pas « jouir les nationaux (p. 536) ». Ceux-ci, en effet, ne sont-ils pas également Unionistes? ils peuvent donc, le cas échéant, se réclamer envers leur propre pays des dispositions de l'Union, quand leur loi ne les protège pas. A qui nous objectera que « l'article 2 ne s'occupe « que de la situation des intéressés hors de leur propre « pays (Darras, p. 535, note) » nous répondrons que l'article 2 n'est pas en cause, qu'il s'agit ici de dispositions impératives, par conséquent applicables à tous sans distinction. Il n'y a donc pas, par le fait de la Convention, disparité de traitement.

Semblable est la nature de l'article 5, concernant le droit de traduction. Les États même qui ne le protègent pas, ceux qui en subordonnent l'exercice à quelque condition, doivent s'incliner devant l'arrêt qui le consacre. La protection décennale pure est simple lui est acquise en quelque lieu que ce soit.

L'article 9, qui régit les droits de représentation et d'exécution, présente une particularité, en ce qu'il les soumet à la mention de réserve. Quel sera l'effet de cette clause? La réserve expresse sera-t-elle partout obligatoire? sera-t-elle au contraire facultative à l'égard des pays qui ne l'exigent pas? A s'en tenir au système suivi jusqu'ici, il faudrait adopter la seconde alterna-

purement énumérative et non limitative. La même interprétation paraît donc devoir leur être appliquée.

tive. Les termes formels de l'article 9 nous forcent à nous rallier à la première. C'est une grave dérogation au principe que la Convention est un minimum d'unification, puisque les pays où règnent des dispositions plus simples, ne peuvent les appliquer.

Voilà donc le premier type de la protection unioniste. Le domaine en est restreint, mais il y avait intérêt à ne codifier « que dans la mesure où une telle codification « était de nature à être acceptée par ceux des pays « dont l'adhésion était une garantie de succès pour « l'Union (1) ».

Les autres dispositions n'ont pas ce but ni cette portée. Leur objet — dont l'idée mère est formulée dans l'article 2, § 1 — est de faire bénéficier tout ressortissant du traitement national, et de réserver l'effet des lois intérieures (2) (V. applications expresses, art. 8, 10, § 2, 11 § 3, 12). Elles ne forgent pas une arme nouvelle au profit des auteurs, mais elles forcent tous les pays à mettre les armes qu'elles peuvent avoir, à la disposition de l'étranger.

Dans cette deuxième partie la visée sans doute est moins haute, la chose moins nouvelle, l'idée moins séduisante. Mais ne voit-on pas, qu'en face des difficultés grandes qui se dressaient sous ses pas, la Convention a bien fait de ne rien brusquer, de se servir des éléments de protection qu'elle avait sous la main, de faire flèche

---

(1) *Rapport de la Commission à la Conférence* de 1885 ((*Actes de* 1885, *p.* 39).

(2) Nous avons même vu que, dans certains cas, cette réserve fait échec aux règles formelles de l'Union.

de tout bois, et de réunir lentement, mais sûrement, le
faisceau que plus tard elle consoliderait à sa guise. Un
trop violent effort pouvait tout rompre ; de sages concessions ont favorisé le rapprochement. L'œuvre de 1886
nous apparaît nettement comme une transaction entre
les idées théoriques émises dans l'avant projet, et les ré-
sistances rencontrées depuis lors. Devait-on, pour l'honneur des principes, tout compromettre, peut-être tout
perdre ? Pour gagner du terrain, il faut savoir en rendre.
Répétons-le d'ailleurs : la protection assurée par l'Union
n'est qu'un minimum qu'elle a voulu garantir à tous,
mais auquel tous sont libres de surenchérir (1).

Tout n'est donc pas fait. Mais n'est-ce pas un résultat immense, un pas de géant, que d'avoir groupé dans
une même entente, réuni sous un même lien tant de
peuples différents ? C'est en ce sens que l'on peut dire
« que la Convention offre une date importante dans l'his-
« toire du droit international (2) » et qu'elle est vraiment
« une œuvre de rapprochement fraternel entre les peu-
« ples (3) ». Si l'idéal théorique n'a pas toujours été respecté, quels progrès dans la pratique ! « La suppression
« des formalités multiples qu'un auteur doit remplir

(1) V. Discours de clôture de M. Numa Droz à la Conférence de 1885.

« Ce qu'il y a lieu de constater hautement, c'est que notre Convention
« est destinée à réaliser des progrès sur toute la ligne ; *elle est un minimum à*
« *atteindre pour les pays qui n'accordent pas encore tous les droits qu'elle con-*
« *sacre, mais qui ne manqueront pas, nous le savons à n'en pas douter, de ré-*
« *former sans retard leur législation pour la mettre en harmonie avec les prin-*
« *cipes proclamés par l'Union* ». (*Actes de* 1885, p. 65).

(2) M. Droz ; Discours de clôture de 85. *Actes de* 1885, p. 64).

(3) *Journal du Droit intern. privé*, 1885, p. 496.

« actuellement s'il veut se faire protéger partout, la sup-
« pression du délai de trois années dans lequel une tra-
« duction devait avoir paru pour être protégée, l'unifi-
« cation du droit de reproduction pour les articles de
« journaux et recueils périodiques, la protection expresse
« des œuvres dramatiques et dramatico-musicales, l'as-
« similation aux contrefaçons serviles, de ces nombreuses
« appropriations indirectes qui, sous une forme perfide,
« tendent à dépouiller l'auteur du fruit de son travail,
« l'établissement de présomptions claires et précises
« pour l'ouverture de l'action judiciaire, la reconnais-
« sance explicite d'unions restreintes... (1) »

Voilà l'œuvre accomplie ; voilà le fruit des laborieux
mais féconds efforts qui ont fait l'Union. Et l'on comprend la phrase écrite alors : « Devant ces résultats
« inespérés, ses promoteurs, ravis et émus, se de-
« mandent s'il est bien vrai que l'ère du rêve soit déjà
« close (2) ! »

§ XI.

La Convention de Berne a été signée le 9 septembre
1886 par les représentants de dix pays (3). Conformé-

(1) M. Droz ; Discours de clôture de 85. *Actes de* 1885, p. 64).
(2) Clunet, p. 33.
(3) Ces pays sont : Allemagne, Belgique, Espagne, France, Grande-Bretagne, Haïti, Italie, Libéria, Suisse, Tunisie.
Les pays Slaves sont restés étrangers à la Convention. Parmi les puissances qui ont envoyé des délégués aux premières conférences, l'Autriche-
Hongrie et les Pays-Bas n'ont pu participer à la signature de l'acte, en raison de l'état actuel de leur législation. Les Etats-Unis avaient, dès l'abord,

ment aux exigences de la plupart des législations, cette adhésion devait être approuvée par le pouvoir législatif. Elle l'a été pour la France le 28 mars 1887. Le 5 septembre de la même année, les plénipotentiaires échangeaient les ratifications de leurs gouvernements (1).

L'on espérait bien en 1886 que le cercle de l'Union irait s'élargissant, et tous les pays étaient admis à y rentrer, à seule condition que leur législation fût conforme aux textes adoptés (2). Cet espoir n'a pas été

envoyé un délégué « ad audiendum ». Celui-ci, M. Winchester, déclarait à la Conférence de 1886, que ce n'était nullement par hostilité que son gouvernement réservait sa signature, mais à cause des dispositions de la Constitution américaine. Voici ses propres paroles : « L'attitude des Etats-Unis « est celle d'une réserve expectante. La constitution de ce pays énumère, « parmi les attributions expressément réservées au Congrès, celle de « fa- « voriser le progrès de la science et des arts utiles, en assurant aux auteurs « inventeurs, pour un terme limité, un droit exclusif sur leurs œuvres et « découvertes respectives », ce qui implique que l'initiative des mesures à « prendre et la fixation des limites à observer en ces matières, dépendent « plutôt de l'autorité législative que du pouvoir exécutif. » Il assurait en outre la Conférence « de la sympathie de son gouvernement pour le prin- « cipe de la protection internationale des œuvres littéraires et artistiques ». (*Actes de* 1886, p. 19).

(1) La Convention de Berne est entrée en vigueur le 5 décembre 1887, conformément à l'article 20 :

« La présente Convention sera mise à exécution trois mois après « l'échange des ratifications, et demeurera en vigueur pendant un temps « indéterminé, jusqu'à l'expiration d'une année à partir du jour où la dé- « nonciation en aura été faite.

« Cette dénonciation sera adressée au Gouvernement chargé de recevoir les accessions. Elle ne produira son effet qu'à l'égard du pays qui « l'aura faite, la Convention restant exécutoire pour les autres pays de « l'Union ».

(1) Article 18 de la Convention :

« Les pays qui n'ont point pris part à la présente Convention et qui

déçu, le Luxembourg a été autorisé par sa loi du 23 mai 1888 à fournir son adhésion ; puis, successivement, les Principautés de Monaco (30 mai 1889) et de Monténégro (28 février 1893), sont venues grossir les rangs de la phalange unioniste. Enfin, la Norvège, à la faveur de sa loi du 4 juillet 1893, (1) a suivi leur exemple en 1896.

En outre, comme il est un principe de droit international que les accords diplomatiques ne s'appliquent pas *ipso facto* aux colonies et possessions étrangères, mais ont besoin pour cela de stipulation spéciale (2), la Convention avait expressément réservé ce droit aux Etats contractants (3). La France et l'Angleterre ont de suite accédé pour toutes leurs colonies (4); l'Espagne en a fait

« assurent chez eux la protection légale des droits faisant l'objet de cette
« Convention, seront admis à y accéder sur leur demande.

« Cette accession sera notifiée par écrit au Gouvernement de la Confédé-
« ration suisse, et par celui-ci à tous les autres.

« Elle emportera, de plein droit, adhésion à toutes les clauses et admis-
« sion à tous les avantages stipulés dans la présente Convention ».

(1) V. Lyon-Caen et Delalain, supplément 1890-1896.

(2) Ainsi jugé par la Cour de Paris, le 5 juillet 1879. Un habitant de Cuba réclamait le bénéfice de la Convention franco-espagnole du 30 juin 1876. La Cour le débouta de sa demande « le traité ne faisant « mention ni des colonies françaises ni des possessions d'outre-mer ». (*J. du dr. intern. privé*, 1879, p. 548).

(3) Article 19 :

« Les pays accédant à la présente Convention ont aussi le droit d'y accé-
« der en tout temps pour leurs colonies ou possessions étrangères.

« Ils peuvent, à cet effet, soit faire une déclaration générale par laquelle
« toutes leurs colonies ou possessions sont comprises dans l'accession, soit
« nommer expressément celles qui y sont comprises, soit se borner à indi-
« quer celles qui en sont exclues ».

(4) Sauf, pour l'Angleterre, à dénoncer la Convention en tout temps et

de même lors de l'échange des ratifications (1).

De même que les congrès de 1878, la conférence de 1886 a voulu que le lien qui unissait ses membres subsistât après leur séparation. Il fallait un trait-d'union permanent, une institution centralisant tout ce qui se rapporterait à la Convention, à son application, à son amélioration. Sur la proposition du Conseil fédéral, il a été fondé dans ce but sous le nom de « Bureau de l'Union internationale » un office central, placé sous la direction de la Confédération suisse (2). Les attributions en sont déterminées au Protocole de clôture (article 5) :

« Le bureau international centralisera les renseigne-
« ments de toute nature relatifs à la protection des droits
« des auteurs sur leurs œuvres littéraires et artistiques.
« Il les coordonnera et les publiera. Il procédera aux
« études d'utilité commune intéressant l'Union et rédi-
« gera, à l'aide des documents qui seront mis à sa dis-
« position par les diverses administrations, une feuille
« périodique, en langue française, sur les questions con-
« cernant l'objet de l'Union. Les gouvernements des

dans les formes prévues, pour les possessions suivantes : Indes, Canada, etc. (V. Procès-verbal de signature de 86, art. 1, § 5. — *Actes de* 1886, p. 43).

(1) *Id.*

(2) Article 16 :

« Un office international est institué sous le nom de *Bureau de l'Union* « *internationale pour la protection des œuvres littéraires et artistiques.*

« Ce Bureau, dont les frais sont supportés par les Administrations de tous « les pays de l'Union, est placé sous la haute autorité de l'Administration « supérieure de la Confédération suisse, et fonctionne sous sa surveillance. « Les attributions en sont déterminées d'un commun accord entre les pays « de l'Union ».

« pays de l'Union se réservent d'autoriser, d'un commun
« accord, le bureau à publier une édition dans une ou
« plusieurs autres langues pour le cas où l'expérience en
« aurait démontré le besoin.

« Le bureau international devra se tenir en tout temps
« à la disposition des membres de l'Union pour leur
« fournir, sur les questions relatives à la protection des
« œuvres littéraires et artistiques, les renseignements
« spéciaux dont ils pourraient avoir besoin.

« L'administration du pays où doit siéger une confé-
« rence préparera, avec le concours du bureau interna-
« nal, les travaux de cette conférence ».

Les services rendus depuis 1886 par le bureau n'en
ont pas fait regretter l'institution (1).

§ XII.

Connaissant la nature et la portée de la Convention
d'Union, il nous reste à déterminer exactement le régime sous lequel sont placés, en pays éttangers, les
auteurs qui peuvent l'invoquer.

Tout d'abord, les tribunaux de ce pays devront appliquer les dispositions impératives que nous avons
énoncées ; elles sont désormais loi internationale, et tout

(1) Le budget du Bureau a été fixé à 60.000 fr. Pour établir la part contributive de chaque pays dans les dépenses, l'on a eu recours au système
suivant : chacun d'eux est rangé dans l'une des six classes qui les en-
globent ; à chacune de ces classes est attribué un coefficient, qui, multiplié
par le nombre de pays qu'elle comprend, donne la somme à supporter par
la classe. Une simple division déterminera l'unité de dépense. (Protocole
de clôture, art. 5).

juge doit appliquer la loi. En outre, l'étranger pourra réclamer le bénéfice de la législation interne, en vertu de l'article 2. Et même, dans les cas où cette législation est plus avantageuse que ne le sont les règles formelles de la Convention, elle pourra encore être appliquée : mais ce n'est plus pour l'état protecteur, qu'une simple faculté, qu'une mesure gracieuse. Il faudra enfin tenir compte de la loi d'origine relativement à la durée du droit et aux formalités à remplir.

A cet élément de protection convient-il d'en ajouter un autre ? Faudra-t-il tenir compte des traités particuliers antérieurement conclus ? Sont-ils encore valables ? Ont-ils été abrogés par la Convention ?

Deux partis radicaux s'offrent tout d'abord. Le premier serait le maintien complet de ces traités par les différents pays en cause, dans leurs rapports mutuels. Comme le fait observer Poinsard « cette solution est « inadmissible, car elle constituerait une annulation, au « moins partielle, de l'acte de Berne ».

L'on pourrait encore — et c'est la contre-partie du précédent système — ne plus s'occuper des textes antérieurs à la Convention. Celle-ci, dans tous les cas, serait seule applicable. Résultat encore inacceptable. Si l'Union confère en général aux étrangers des avantages plus grands que ne le font les ententes particulières, il est, par contre, des points sur lesquels celles-ci sont plus larges (v. traité franco-espagnol : droit de traduction) il peut donc être plus avantageux de les invoquer ; et l'on ne peut vraiment, sous prétexte de mieux protéger les auteurs, les pourchasser des positions où ils auraient droit d'asile. Ce serait, en outre, rendre impossible tout accord améliorant l'état de choses de 1886 ; ce serait condamner les unions restreintes. Enfin, il deviendrait par là préférable pour certains états de ne pas se rallier, s'ils ont des traités plus favorables avec les puissances unionistes : ces seules conséquences suffisent à faire rejeter la seconde interprétation.

Les motifs même du rejet des deux premiers systèmes nous indiquent celui qu'il convient d'adopter. Faisant une sélection parmi les clauses des traités antérieurs, nous laisserons subsister celles qui vont au-delà de la Convention ; nous écarterons celles qui restent en deça. Celles-ci ne seront pas abrogées à proprement parler ; mais elles tomberont, comme n'ayant plus d'objet. Nous irons plus loin : certaines dispositions de l'Union peuvent, suivant les circonstances, être tantôt plus, tantôt moins avantageuses que les dispositions similaires du droit conventionnel. Elles pourront, à notre avis, être invoquées dans le premier cas, être omises dans le second. Prenons un exemple relatif au droit de traduction : la convention franco-allemande en subordonne l'exercice à ce qu'une première traduction soit publiée par l'auteur dans un délai de trois ans ; condition que ne pose pas l'acte de Berne ; l'auteur aura donc, en principe, bénéfice à se réclamer de celui-ci. Mais supposons, qu'en fait, cette traduction ait été publiée par l'auteur, allemand ou français, dans le délai voulu : il aimera mieux invoquer le texte de 1883 ; celui-ci, en effet, fixe comme point de départ des dix années de protection, la publication exigée : tandis que l'union, dont la durée de garantie est la même, les fait courir à dater de publication de l'œuvre originale ; il y aura, dans ce cas, profit maximum de trois ans à être régi par le traité franco-allemand : tout ressortissant des deux nations doit en bénéficier.

Pour appliquer logiquement notre texte, il faut donc le concilier avec les arrangements antérieurs, en empruntant à ces derniers ce qu'ils ont de plus et de mieux. Et cette interprétation est la seule qui respecte l'esprit de la Convention, laquelle a pris soin de déclarer que sa protection n'était qu'un minimum : tout ce qui le dépasse doit donc être respecté.

Enfin, elle est consacrée par un texte formel qui ferme le champ à toute discussion. L'acte additionnel, rédigé spécialement en vue de ce cas, porte que :

« La convention conclue à la date de ce jour n'affecte « en rien le maintien des conventions actuellement exis- « tantes entre les pays contractants, en tant que ces « conventions confèrent aux auteurs ou à leurs ayants- « cause des droits plus étendus que ceux accordés par « l'Union, ou qu'elles renferment d'autres stipulations « qui ne sont pas contraires à cette convention ».

Est-il besoin, après cela, d'invoquer certains articles spéciaux, tel que l'article 8 réservant pour les chrestomathies l'effet des conventions antérieures (1). Les arguments sont désormais inutiles : la question est tranchée.

(1) De même, les paroles de M. Numa-Droz « Les lois et les conven- « tions plus libérales pour l'auteur seront maintenues ». Discours de clôture de la Conférence de 1885 ; *Actes de 85*, p. 65).

Nous devons remarquer, qu'en fait, beaucoup d'accords n'ont plus qu'une existence nominale : ceux dont le niveau entier est inférieur au niveau de l'Union ; en face d'une législation plus moderne et plus équitable, leur temps est fini.

Certains pays les ont d'ailleurs expressément dénoncés. Tel a été, en 1887, le sort du traité qui liait la France à la Grande-Bretagne. Cette puissance a fait, depuis, même exécution des accords conclus avec dix-neuf autres pays. L'heure n'est pas éloignée où la Convention de Berne régnera en maîtresse souveraine.

Ami des lettres et des arts, nous lui avons sincèrement donné nos éloges. Analyste et critique, nous avons dû en signaler consciencieusement les défauts et les faiblesses. La Conférence de 1886 n'a pas cru son œuvre impeccable ; elle a promis de travailler à la perfectionner (1). Voyons si elle a tenu son engagement (2).

---

(1) « ART. 17. La présente convention peut être soumise à des révisions « en vue d'y introduire les améliorations de nature à perfectionner le sys- « tème de l'Union.

« Les questions de cette nature, ainsi que celles qui intéressent à d'autres « points de vue le développement de l'Union, seront traitées dans des con- « férences qui auront lieu successivement dans les pays de l'Union entre « les délégués des dits pays.

« Il est entendu qu'aucun changement à la présente convention ne sera « valable pour l'Union que moyennant l'assentiment unanime des pays qui « la composent ». V. « Droit d'auteur, 1890, p. 53 : Le perfectionnement de la Convention de Berne et l'extension de l'Union.

(2) L'exemple donné en 1886 par l'Europe a été suivi de l'autre côté de l'Atlantique. A la suite du Congrès tenu en 1888 à Montévideo une Union a été formée entre plusieurs États de l'Amérique du Sud : République Argentine, Paraguay, Pérou, Uruguay. Nombre des dispositions adoptées ont

été empruntées à la Convention de Berne : c'est ainsi qu'est consacré le libre accès des pays protecteurs (art. 16). Il est toutefois des divergences : le principe en vigueur est celui du traitement originel (art. 2). Les droits de représentation et d'exécution ne sont pas garantis.

Par contre, la protection est plus large sur certains points ; elle s'étend expressément aux œuvres photographiques et chorégraphiques (art. 5) ; le droit de traduction est entièrement assimilé au droit de reproduction (art. 3), etc.

Le traité de Montévidéo présente une importance réelle, car il doit déterminer dans l'Amérique du Sud un mouvement protectionniste et international, qui aura sa répercussion en Europe.

Pour le texte du traité de Montévidéo, V. Lyon-Caen et Delalain, t. II, p. 380. V. aussi « *Droit d'auteur* », 1889, p. 52 ; 1896, p. 63.

CHAPITRE V

§ I.

Elle l'a tenu hier, en mai 1896 (1). Dix années de
pratique ont permis de juger l'œuvre primitive, de voir
les modifications à apporter, les additions à faire. Somme
toute, l'expérience a démontré que cette œuvre était
bonne, que le monument édifié était durable ; si certains
détails d'agencement étaient à changer, il fallait en
laisser intactes les fondations et les grandes lignes. Ce

(1) La date de la Conférence de révision avait été primitivement fixée à
1892. Si l'on a ainsi tardé à la provoquer « c'est vraisemblablement parce
« qu'on redoutait que les tendances ultra-protectionnistes de l'époque, et
« l'état de nervosité européenne qui troublait en ces dernières années les
« relations internationales ne fussent pas très favorables à un nouvel accord,
« même sur des questions de propriété littéraire ».

L'expérience a montré que ces craintes étaient vaines, et « que les esprits
« étaient moins divisés qu'on aurait pu le croire sur la pretection à accor-
« der aux écrivains et aux artistes ». (M. GEORGES MAILLARD : *Examen des
« travaux de la Conférence de Paris* » p. 1). V. sur la Conférence de Paris
« *Droit d'auteur* », 1896, pp. 49 et 77.

qu'il importait surtout, c'était dégager quelques parties,
y faire pénétrer plus amplement la lumière, n'y laisser
aucun dédale ni aucune obscurité. Les indications et
les vœux se sont précisés de manière à faciliter la tâche
des réformateurs, et leur sont venus de plusieurs côtés.
L'administration française, les délégations diverses, le
Bureau international, ont apporté leur contingent au
nouveau travail. Tous les états unionistes ont d'ailleurs
été à même d'apprécier les avantages de la « vie en
commun » (1), et la plupart d'entre eux ne demandent
qu'à en resserrer l'intimité.

La Conférence de réforme prévue en 1886 s'est tenue
à Paris : ainsi avait-il été décidé au moment de la signature de la Convention. Tous les États représentés à
Berne — sauf Haïti — l'étaient également (2). En outre,
les nouveaux adhérents — Luxembourg, Monaco, Monténégro, Norwège — avaient envoyé leurs délégués (3).

La Conférence avait le choix entre deux moyens pour
rattacher ses travaux à l'acte d'Union. Le premier con-
sistait dans une refonte complète, les dispositions adoptées prenant la place des anciennes ; la mise en vigueur
de la Convention nouvelle aurait entraîné l'abrogation

(1) L. RENAULT. *Rapport présenté au nom de la Commission par la délégation française.*

(2) Les représentants français étaient M. Charles de Prégarret, Henri
Marcel, Charles Lyon-Caen, Eugène Pouillet et Louis Renault.

(3) Sur l'invitation du gouvernement français, plusieurs pays étrangers à
l'Union avaient envoyé des délégués. Etaient ainsi représentés : la République Argentine, la Bolivie, le Brésil, la Bulgarie, la Colombie, le Danemark, les Etats-Unis d'Amérique, la Grèce, le Guatémala, le Mexique, le
Pérou, le Portugal, la Roumanie et la Suède.

du texte primitif. C'était là le seul procédé recommandable en théorie, le seul commode en pratique. Il a été repoussé. Pourquoi ?

Dès le début, la Conférence s'est trouvée dans une situation très délicate. D'après l'article 17 de la Convention, aucun changement ne pouvait être admis, qu'avec l'assentiment unanime des pays de l'Union. Or, ni l'Angleterre — à cause de ses relations avec le Canada (1) — ni la Norwège — adhérente de la veille, et qui, pour ce, venait de confectionner une loi spéciale — ne voulaient entendre parler d'innovations. De plus, l'Allemagne battait en brèche la pratique des Unions restreintes. Il fallait à tout prix amener l'entente et empêcher les défections. Pour cela, que faire ? Un parti s'imposait : séparer du texte ancien les dispositions nouvelles, et, celui-ci maintenu, rendre l'adoption de celles-là facultative et non obligatoire. Telle a été la transaction admise. En conséquence, les modifications ont revêtu la forme d'un acte additionnel à l'acte de 1886, et tout indépendant de celui-ci, mais devant être

(1) L'Angleterre, en effet, a accédé pour le Canada à l'Union de Berne. Or, cette colonie répudie la protection étrangère sur son territoire, et n'accepte qu'à contre cœur les règles de l'Union ; elle a voté en 1889 une loi contenant les principes contraires — loi que n'a pas sanctionnée le gouvernement britannique. L'Angleterre a donc intérêt à ménager le Canada, pour n'être pas forcée d'appliquer à son égard la déclaration contenue au procès verbal de signature de la Convention de 1886 (art. 1). V. sur ce sujet « *Droit d'auteur* » 1890, p. 1, 11, 21, 41 : *La protection des droits d'auteur dans le Dominion du Canada et la Convention de Berne*, 1895, p. 43 : *Le conflit anglo-canadien relativement à la loi canadienne de 1889 concernant le droit d'auteur*, — 1896, p. 21.

par chaque pays admis ou rejeté en bloc ; le gouvernement anglais, après hésitations, s'y est rallié ; mais la Norwège s'en est tenue à la Convention pure et simple.

En outre, il a été rédigé une déclaration interprétative, indépendante à son tour de l'acte additionnel ; elle n'apporte aucun changement, mais contient des dispositions de l'Union une interprétation obligatoire dans son ensemble pour qui l'adopte. A l'inverse du texte précédent, la déclaration a été acceptée par la Norwège, mais repoussée par l'Angleterre, sans doute « dans l'intention « arrêtée de s'en tenir au texte primitif, et de laisser aux « tribunaux le soin de l'interpréter (1) ».

Enfin, des vœux ont été émis, qui ont rallié tous les suffrages (2).

Sans doute, cette combinaison n'a pas la simplicité d'un texte unique. Aussi est-ce « à son grand regret » que la Commission l'avait proposée, et « pour ne pas « donner un prétexte à ceux qui pourraient ne pas être « favorables à la Convention, d'attaquer celle-ci dans « son ensemble (3) ». Au reste, la majorité des délégués l'ont si bien compris, qu'ils ont formulé le souhait que « des délibérations de la prochaine conférence sortît un « texte unique de la Convention (4) ».

(1) M. G. MAILLARD ; p. 2.

(2) Nous retrouvons le procédé de l'acte additionnel dans le Congrès postal de Lisbonne (1885) modifiant la Convention de Paris de 1878 ; et dans les travaux de la Conférence internationale des chemins de fer réunie à Paris en 1896 pour reviser la Convention de Berne de 1890 (*Rapport*, p. 29).

(3) *Rapport*, p. 29.

(4) V. aux textes.

§ II.

Ces préliminaires posés, entrons dans le détail de l'œuvre nouvelle, et voyons si elle répond aux critiques que nous formulions plus haut.

Différentes propositions avaient été faites au sujet de l'article 2. La plupart visaient l'alinéa 2 et les conditions et formalités prescrites. En outre, relativement à la durée de la protection, la délégation suisse voulait voir expressément formuler la déduction suivante, que nous avons déjà tirée : la restriction du délai national, concernant les étrangers, au délai que leur accorde leur propre loi est une pure faculté pour le pays dont la durée de protection est supérieure, et nullement une obligation pour lui.

Ces différents amendements ont été repoussés, sur l'opposition formelle de la délégation britannique. Ce rejet peut être sans grand inconvénient quant à la proposition suisse, celle-ci ne faisant qu'interpréter un texte, dont tous admettaient les conséquences logiques. Mais il est regrettable sur l'article des formalités. Cet article sans doute semble aussi clair que le précédent, et la doctrine était unanime à considérer qu'un auteur unioniste, pour être protégé à l'étranger, n'avait qu'une formalité à accomplir : celle de son pays d'origine. Mais tel n'a pas été l'avis des tribunaux anglais qui, argumentant d'une façon judaïque, ont adopté un système de haute fantaisie. D'après eux, les étrangers sont bien dispensés en Angleterre — pour avoir accompli les formalités de leur pays d'origine — des formalités que la loi britannique prescrit aux étrangers, mais non de celles qu'elle impose à ses sujets (1) Dès lors, un Français, après avoir effectué en France le dépôt et l'enregistrement, devra recommencer en Angleterre cette dernière formalité. Cette exigence méconnaît à la fois et l'esprit et la lettre de la Convention. Il eût été important d'y mettre fin, et de trancher une fois pour toutes pareilles difficultés. L'on a voulu respecter le texte de l'article 2. — Toutefois, sur l'initiative de la délégation française, il a été inséré dans la déclaration interprétative un article ainsi conçu : « Aux termes de l'article 2, « alinéa 2, de la Convention, la protection assurée par « les actes précités dépend uniquement de l'accomplis- « sement, dans le pays d'origine de l'œuvre, des condi- « tions et formalités qui peuvent être prescrites par la « législation de ce pays ». Espérons que devant cette leçon formelle les tribunaux anglais entreront dans une voie plus sage. Il résulte d'ailleurs des explications fournies au sein de la Commission, qu'ils s'y seraient rangés d'eux-mêmes (2).

Néanmoins, nous ne retrouvons pas l'article 2 dans sa teneur primitive. Un cinquième alinéa lui est ajouté, concernant les œuvres posthumes (3). Toutes les législations les assimilent aux autres œuvres : beaucoup de conventions les mentionnent expressément ; il n'y avait

(1) V. « *Droit d'auteur* », 1889, p. 25, 35 et 47.

(2) V. *Rapport*, p. 4.

(3) Article 2, alinéa 5 : « Les œuvres posthumes sont comprises parmi les œuvres protégées ».

aucune raison pour ne pas les élever du régime national, au régime international. Simple réparation d'un précédent oubli.

En outre, la rédaction du premier alinéa est modifiée. La Convention parlait des « œuvres soit publiées dans « un des pays de l'Union, soit non publiées ». L'on a voulu préciser qu'il s'agissait d'une publication originaire comme condition de garantie, et non d'une publication ultérieure — ce qui du reste allait de soi. En conséquence, la phrase primitive a été remplacée par celle-ci : « Les auteurs ressortissant à l'un des pays de « l'Union, ou leurs ayants-cause, jouissent dans tous les « autres pays, *pour leurs œuvres soit non publiées, soit* « *publiées pour la première fois dans un de ces pays*, des « droits..., etc. ».

Cette question de la publication, jusqu'alors passée inaperçue, s'est fait jour au sein de la Conférence, où elle a soulevé de grosses discussions (1). Nous avons reconnu l'importance qu'elle présente puisqu'elle détermine le pays d'origine de l'œuvre, duquel pourra dépendre la durée de protection. Aussi s'est-on demandé en quoi consiste la publication, quels faits l'engendrent et l'établissent. Plusieurs délégués avaient été d'avis, vu la difficulté du problème, d'en laisser la solution aux diverses puissances. La majorité de la Commission s'est prononcée en sens contraire, estimant « qu'il y avait là « une véritable question internationale à résoudre (2) ».

---

(1) Ces discussions se sont élevées, il est vrai, à propos de l'article suivant ; mais elles se rattachent tout naturellement à ce que nous venons de voir — V. à ce propos « *Droit d'auteur* » 1896, p. 83.

(2) *Rapport*, p. 5.

La réponse donnée par la Conférence sera différente suivant qu'il s'agira d'œuvres littéraires, d'œuvres artistiques, d'œuvres dramatiques ou musicales ou dramatico-musicales.

Peu de difficultés quant aux premières : pour elles, la publication se confondra avec l'édition. Une œuvre sera éditée dans tel endroit, quand l'entreprise commerciale en relevant y aura son siège, c'est-à-dire quand cette œuvre y sera exploitée par le libraire-éditeur, exposée, annoncée et mise en vente. Nous considérons comme étranger le fait de l'impression ; c'est là un détail purement matériel, auquel il n'y a pas lieu de s'arrêter ; l'imprimeur n'est que le bras de l'éditeur, lequel se charge de « lancer » l'ouvrage et doit seul être pris en considération. Un livre pourra donc sortir de presses russes ; s'il est édité en France ou en Espagne, il sera protégé dans tous les pays de l'Union.

La question devient plus embarrassante quand elle se pose à propos des œuvres dramatiques et musicales. Quels éléments en constitueront la publication ? Sera-ce seulement l'édition telle que nous l'avons définie ? sera-ce, en outre, la représentation ou l'exécution publique ? Inutile de discuter lorsque ces deux faits se passent tous les deux dans un pays de l'Union ou hors de l'Union — ou même si le premier seul y est accompli originairement : l'article 9 étend expressément aux œuvres qui nous occupent les stipulations de l'article 2 (1). Mais il se peut que la représentation ou l'exé-

(1) Supposons, par exemple, qu'un auteur ou compositeur italien se fasse

cution ait précédé l'édition. Dès lors, que décider si l'œuvre a été représentée dans un pays unioniste, puis éditée en dehors de l'Union? ou, à l'inverse, représentée à l'étranger, puis éditée dans un pays de l'Union ? Dans ces deux hypothèses il s'agit de savoir si la représentation ou l'exécution est une publication, laissant indifférente au profit de l'auteur, dans le premier cas, l'édition ultérieure en pays étranger ; rendant inutile à son détriment, dans le second, cette édition en pays unioniste — ou si, au contraire, elle ne constitue pas une publication à proprement parler, engendrant alors les conséquences contraires à celles qui viennent d'être indiquées. Ainsi a été posée la question par la délégation allemande.

La Commission s'est résolument prononcée pour la deuxième solution. Argumentant de la combinaison des articles 2 et 9 ; invoquant en outre la difficulté qu'il y a à constater le fait de la représentation ou de l'exécution publique « tandis que le fait de l'édition est apparent » elle a décidé que « pour une œuvre dramatique, musi- « cale ou dramatico·musicale, la représentation publique « ou l'exécution publique ne doit pas plus constituer la « publication dans le sens de la Convention de Berne, « que pour une œuvre littéraire, pour une poésie par « exemple, la simple lecture faite en public ». Il y aurait peut-être à dire sur cette assimilation, la « fin » de l'œuvre dramatique ou musicale consistant purement dans la représentation ou l'exécution, tandis qu'elle ne réside

éditer en France : il a droit acquis à protection ; peu importe qu'après cela il se fasse représenter ou exécuter en Russie.

nullement dans la lecture publique pour l'œuvre poétique. Toujours est-il que la Conférence a fait siennes les vues de la Commission.

Ainsi donc, désormais — nous reprenons l'exemple cité plus haut — le compositeur italien qui aura fait représenter primitivement son opéra en France ne sera pas, pour cela, protégé, s'il le fait ensuite éditer en Russie. A l'inverse, il pourra faire impunément représenter en premier lieu cet opéra en Russie, s'il prend le soin d'en faire ultérieurement éditer la partition en France. Seul, en définitive, le lieu de l'édition est considéré, soit au profit, soit au détriment des ressortissants de l'Union (1).

Pour les œuvres artistiques, la question ne se pose qu'au cas de leur importation en pays extra-unioniste, suivie de reproduction en ce pays — toute œuvre étant protégée sur le territoire de l'Union, publiée ou non. L'exposition originaire constituera-t-elle une première publication, emportant garantie des reproductions autorisées à l'étranger? Ou bien ces reproductions seront elles considérées comme première publication, non garantie par l'Union comme exécutée au dehors (2)? La Conférence a pensé que la décision adoptée quant à la représentation et l'exécution publique lui en imposait une semblable pour l'exposition d'une œuvre d'art.

(1) Nous voyons le principe contraire adopté par la loi autrichienne du 26 avril 1893, art. 6, al. 2 : « Pour les œuvres musicales et les œuvres « scéniques, le jour de la première représentation publique licite....... est « considéré comme le jour de la publication ».

(2) La question se pose également pour le cas inverse.

« Cette exposition ne saurait constituer sa publication,
« si la représentation ne constitue pas la publication
« d'une œuvre dramatique (1) ».

Un cas aurait été à prévoir par les partisans du système adverse : celui où l'œuvre d'art n'aurait figuré en aucun endroit public, n'aurait pas été exposée, étant restée par exemple dans l'atelier du peintre ou du statuaire. Il n'y aurait eu aucun élément de publication originaire, pas de garantie par conséquent pour les reproductions tirées en pays non unioniste : et pourtant l'œuvre primitive aurait été exécutée dans un pays de l'Union. Ce résultat, rigoureusement déduit, eût été souverainement illogique, et inadmissible. Car il semble difficile de comparer le tableau exécuté, par exemple, au manuscrit, et d'assimiler ces deux productions. Ce débat d'ailleurs n'a plus qu'un intérêt rétrospectif.

Toutes les règles que nous avons énoncées sont contenues dans l'article 2 de la déclaration : « Par œuvres
« publiées, il faut entendre les œuvres éditées dans un
« pays de l'Union. En conséquence, la représentation
« d'une œuvre dramatique ou dramatico-musicale,
« l'exécution d'une œuvre musicale, l'exposition d'une
« œuvre d'art, ne constituent pas une publication dans
« le sens des actes précités ».

Il a été entendu que l'interprétation ainsi donnée ne s'applique pas seulement à l'article 2, mais à tous ceux qui parlent de la publication.

(1) *Rapport*, p. 7.

§ III.

Le traitement des auteurs étrangers à l'Union a été discuté de nouveau. Nous savons que l'article 3 de la Convention, voulant leur ménager un accès indirect, accordait protection à leur éditeur — partant, à leurs œuvres — si celui-ci relevait d'un pays unioniste, ou simplement y était établi. Plusieurs amendements furent présentés par les différentes délégations. L'administration française voulait étendre le bénéfice de l'article 3 aux « entrepreneurs d'exécution ou de repré-« sentation d'œuvres dramatiques ou musicales, ou « dramatico-musicales ». Mais ce n'était là que modification, quand un remaniement complet s'imposait. En outre des motifs que nous avons fait valoir, il a été établi (v. *Mémoire de la délégation allemande*) que le procédé actuel se heurtait à de nombreuses difficultés juridiques. La Conférence a réalisé un grand progrès en admettant un système plus large et plus juste : à l'avenir, il suffira à l'auteur étranger de faire une première publication dans un pays de l'Union, pour être protégé par la Convention ; *le droit ne se fixera plus sur la tête de l'éditeur, mais directement sur celle de l'auteur* (1). C'est une nouvelle application du *jus soli* ; toute condition restrictive disparaît ; il n'est même pas exigé que l'auteur soit domicilié dans l'Union. L'on a considéré le profit moral qu'a tout pays à accueillir la

______

(1) V. aux textes, acte additionnel, art. 1, III.

production étrangère, et trouvé qu'il valait bien ces concessions.

Il semble au premier abord que la situation ainsi faite dans l'Union soit la même pour les ressortissants et pour les dissidents. Nullement. Cette loi n'eut pas été équitable pour les pays unionistes, non plus qu'habile à l'égard des autres. Voici la ligne de démarcation : si la garantie est la même pour les œuvres publiées, elle reste exclusivement assurée aux Unionistes, par la force des choses, dès qu'il s'agit d'œuvres inédites (1). Sans doute, la différence est amoindrie, et l'on peut trouver que l'Union s'est montrée bien généreuse à l'égard ce ceux qui semblent en faire fi. « Mais...
« elle a pensé que cette générosité était plus digne des
« principes élevés qui dominent la Convention, et
« pourrait finir par avoir un effet analogue à celui qu'a
« eu la mesure par laquelle la France, il y a un demi-
« siècle, accordait sans condition la protection aux
« œuvres publiées hors de son territoire (2) ».

§ IV.

L'article 4 de la Convention a-t-il été remanié ? Des propositions furent faites en faveur des œuvres photo-

---

(1) « Par suite, d'après ce qui a été précédemment au sujet du sens
« qu'il convient... d'attacher au mot « publication », un auteur drama-
« tique, un compositeur de musique, un peintre, un sculpteur d'un pays
« étranger à l'Union ne sera pas protégé par la Convention pour l'œuvre
« représentée, exécutée ou exposée, même pour la première fois, dans un
« pays de l'Union ». (*Rapport*, p. 9).

(2) *Rapport*, p. 10).

graphiques, chorégraphiques et architecturales (1). A l'égard de ces dernières, l'on a cru devoir prendre la disposition suivante : « Dans les pays de l'Union où « la protection est accordée non seulement aux plans « d'architecture, mais encore aux œuvres d'architecture « elles-mêmes, ces œuvres sont admises au bénéfice de « la Convention et du présent acte additionnel » (acte additionnel, article 2, modifiant le protocole de clôture, n° 1, A). Il nous semble que tout cela découlait naturellement de l'article 2, et qu'il n'était peut-être pas besoin de le stipuler formellement. En tous cas, nous ne voyons pas là une innovation.

A l'égard de la photographie, aucune mesure impérative n'a été prise (2). Mais sur la motion même des délégués allemands, la condition expresse de reconnaissance comme œuvre d'art par le pays protecteur a été écartée : c'était là l'essentiel (v. article 4 B du protocole de clôture modifié). Les photographes français trouveront donc désormais protection en Allemagne, bien que le pays n'ait pas changé sa législation.

En somme, c'est l'application pure et simple aux œuvres photographiques du principe de l'article 2. Il était donc logique de leur étendre les autres clauses de ce même article, relatives à la durée du droit aux for-

(1) M. de Borchgrave avait chaudement plaidé la cause de l'assimilation de l'œuvre architecturale à l'œuvre d'art. Il ne s'est vu battu que sur l'opposition de l'Allemagne (MAILLARD, p. 10).

(2) Se sont montrés partisans de l'assimilation de la photographie, aux œuvres d'art, les pays suivants : Belgique, Espagne, France, Italie, Monaco, Suisse.

malités etc. ; c'est ce qu'a fait l'article 4, *in fine*, de la déclaration interprétative.

La délégation Suisse, tout en acceptant la simple protection du traitement national, avait voulu stipuler que cette protection ne saurait être inférieure à 20 ans. A quoi l'on répliqua justement que « du mo-« ment où l'on n'exigeait pas de tous les pays de l'Union « qu'ils protégeassent les œuvres photographiques, il « n'était pas logique d'imposer une durée quelconque « de protection à ceux qui les protégeaient (1) ».

Désireuse d'ailleurs de voir la garantie des œuvres photographiques devenir dans toute l'Union uniforme et réciproque, la Conférence a émis le vœu « que, dans « tous les pays de l'Union, la loi protège les œuvres pho-« tographiques ou les œuvres obtenues par des procé-« dés analogues, et que la durée de la protection soit « au moins de quinze ans. » Une fois ce vœu accompli, la question sera mûre pour une solution unique et impérative.

Incidemment à la question des œuvres musicales, celle des instruments sonores mécaniques s'est de nouveaux présentée. La discussion a fourni d'intéressants détails sur cette industrie, et les délégués ont été à même au cours des séances, de voir et d'ouïr les objets incriminés. Depuis 1886, la fabrication des boîtes a musique, orgues mécaniques, pianistas, aristons etc., a fait des progrès tels que les conférences préparatoires de l'Union ne pouvaient les prévoir. Nous n'en

(1) *Rapport*, p, 12, Note.

sommes plus aux articles primitifs, composés essentiellement d'un cylindre piqué, et grinçant lamentablement
le même répertoire. L'on a vu surgir des appareils per-
fectionnés, fonctionnant à l'aide de cartons perforés, soit
par eux-mêmes, soit par leur adjonction à quelque autre instrument, piano, etc., et susceptibles de jouer des
airs à l'infini. Les conditions ont donc changé puisque
l'appareil ne s'identifie plus avec sa notation, qu'il emprunte un élément extérieur pour émettre le son, que
cet élément est indéfiniment renouvelable, et constitue
de véritables partitions. Aussi est-ce à juste titre que la
délégation française a proposé en 1896, d'exclure ces
instruments nouveaux du bénéfice concédé en 1886 (1);
et c'était à bon droit qu'elle considérait cette mesure
non comme une modification, mais comme une interprétation consistant à écarter de la Convention ce qui
était manifestement contraire à son esprit. Elle a dû
renoncer à son projet, devant les difficultés et les mauvaises volontés évidentes. On peut le regretter; à moins
que l'on n'adopte sur ce point l'avis d'un défenseur des
boîtes à musique : « Le joueur d'orgue ne donne point
« une représentation publique, puisque chacun paye pour
« ne pas l'entendre : il n'y a pas rétribution, puisqu'on
« paye pour ne pas entendre cet orgue de barbarie (2) ».

(1) Proposition française : « Le bénéfice de cette disposition (article 3 du
« protocole de clôture) ne s'applique pas aux instruments qui ne peuvent
« reproduire des airs que par l'adjonction de bandes ou cartons perforés ou
« autres systèmes indépendants de l'instrument, se vendant à part et cons-
« tituant des éditions musicales d'une notation particulière ».
(2) M. DELALANDE : *Etude sur la propriété littéraire.*

§ V.

Si nous passons des œuvres garanties aux prérogatives reconnues, nous constatons que sur ce point la
Conférence a réalisé un grand progrès. Le droit de traduction, d'abord discuté puis protégé avec restriction,
a poursuivi sa marche ascendante, et s'est affranchi des
liens qu'on lui avait imposés. C'est à la députation
française, appuyée par les délégations allemande, belge
et suisse, qu'est dû cet heureux résultat. Grâce à elle,
le véritable principe a triomphé : le droit de traduction
est assimilé en tout point au droit de reproduction.
Toutefois, un vestige subsiste des anciennes réserves —
la condition qu'il impose dépend, il est vrai, de la seule
volonté de l'auteur — : celui-ci devra user de son droit
exclusif dans les dix premières années qui suivront la
publication de l'œuvre originale. Nous lisons tout cela
dans le nouvel article 5 : « Les auteurs ressortissant à
« l'Union ou leurs ayants-cause, jouissent, dans les au-
« tres pays, du droit exclusif de faire ou d'autoriser la
« traduction de leurs œuvres *pendant toute la durée du*
« *droit sur l'œuvre originale*. Toutefois, le droit exclu-
« sif de traduction cessera d'exister lorsque l'auteur n'en
« aura pas fait usage dans un délai de dix ans à partir
« de la première publication de l'œuvre originale, en
« publiant ou en faisant publier, dans un des pays de
« l'Union, une traduction dans la langue pour laquelle
« la protection sera réclamée. »
Résumons la situation faite dans l'Union à l'auteur

qui veut faire garantir son droit de traduction.

Il possède ce droit exclusif, à condition d'en user dans les dix années de la publication ; cette exigence disparaît donc à l'égard des œuvres inédites, ce qui « présente un « grand intérêt pratique pour les œuvres dramatiques « ou dramatico-musicales représentées et non pu- « bliées (1) ». Le délai de dix ans doit être compté confor- mément aux indications de l'article 5 (alinéa 2, 3 et 4). Les conditions de durée et de formalités sont régies par l'article 2 (alinéa 2) relatif à l'œuvre originale — ce qui supprime les formalités spéciales parfois exigées pour l'exercice du droit de traduction (Allemagne). Les dis- positions du nouvel article 3 sont certainement applica- bles au cas présent ; l'auteur étranger qui publie en terre unioniste arrive par cela même à notre droit, corollaire désormais du droit principal. La traduction imposée doit être faite dans la langue du pays dont est réclamée pro- tection ; cette règle soit dit en passant, nous paraît un peu dure : autant de pays où l'on demande garantie, autant de traductions à faire dans un délai relativement court ; l'on aurait pu décider qu'une seule traduction parue vaudrait par toute l'Union. Enfin, cette publica- tion dérivée est régie par l'article 6, et protégée partout à l'instar de l'œuvre originale.

Nous ne pouvons nous empêcher, devant ces résul- tats, de penser aux paroles prononcées en 1886 par M. Reichardt, et que nous avons rapportées plus haut. Ce qu'il prévoyait s'est réalisé. Nous en augurons bien

_____

(1) *Rapport*, p. 16.

pour la disparition du dernier obstacle — bien fragile
— qui s'élève entre la réalité et les souhaits que nous
formulions.

§ VI.

Poursuivant l'examen des réformes accomplies, nous
arrivons à l'article 7, visant la reproduction totale ou
partielle des articles de journaux et de recueils périodiques.

La règle, d'après la Convention est la liberté de l'emprunt ; exception est faite en cas de réserve formelle de
la part des auteurs. La délégation française a proposé
de renverser cette proposition, et de décreter la défense
de reproduire, sauf exception résultant de l'autorisation
de l'auteur. La protection devenait ainsi la règle, ce qui
semble plus équitable.

Différents autres amendements ont été émis par la
Norwège, Monaco, la Belgique. Celle-ci acceptait le
principe du projet français ; mais elle s'en séparait en
accordant toujours à un journal le droit de reproduire
l'article paru dans un autre journal, à moins de réserve
expresse de la part de celui-ci, et sous condition d'indiquer la source de l'emprunt. Une démarcation bien nette
était ainsi créée entre les publications quotidiennes et
les recueils périodiques.

L'Allemagne, de son côté, voulait établir comme trois
catégories séparées : dans la première, elle rangeait
les reproductions prohibées sauf autorisation ; dans
la deuxième, les licites sauf interdiction. Les repro-

ductions toujours permises formaient la troisième.

La Conférence n'avait donc que l'embarras du choix. Elle s'est prononcée dans le nouvel article 7. Quelles en sont les innovations ?

Tout d'abord, il consacre une mention spéciale aux romans-feuilletons et aux nouvelles publiées dans les journaux, qui seront toujours protégées sans qu'il soit besoin d'aucune réserve. C'est l'adoption du système proposé par la France en 1885, dans sa déclaration interprétative ; voilà un point nettement tranché, et qui ne peut plus donner lieu à contestation.

Qu'entendre toutefois par ce terme de « nouvelles » ? L'Angleterre et la Norwège lui reprochaient son peu de précision. Comme on l'a fait justement remarquer au sein de la Commission «le mot « Nouvelles », rapproché « des romans-feuilletons, opposé aux nouvelles du jour « dont il est parlé dans le dernier alinéa de l'article, a un « sens suffisamment précis ; il désigne de petits ro- « mans, de petits contes, des œuvres de fantaisie con- « centrées souvent dans un seul article de journal ou de « revue. Le terme équivaut à l'expression anglaise « « *Works of fiction* » et au mot allemand « *Novellen* ».

L'on ne peut que féliciter la Conférence de l'adjonction qu'elle a apportée. La Nouvelle est une des branches de la littérature. Née d'hier, elle a conquis droit de cité. A une époque où la vie est plus fiévreuse et plus remplie, elle répond à ce besoin d'abréviation et de condensation qui semble être en tout la caractéristique de l'heure actuelle. L'œuvre de longue haleine ne se lit plus comme autrefois. Qui va jusqu'au bout d'un « Atala » ou d'une

« Nouvelle Héloïse » ? Mais on dévore ce qui se lit vite. Et la Nouvelle, publiée par la voie de la presse, méritait d'autant plus protection de droit commun que toutes celles qui figurent aujourd'hui dans les œuvres complètes d'un auteur se sont présentées sous cette forme au public. Que de pages de Maupassant, des de Goncourt, de Loti, de Villiers de l'Isle-Adam, de Daudet, etc., etc., ont ainsi vu le jour ! L'œuvre étant la même, la différence de protection était une anomalie.

Pour les articles ordinaires, l'on s'en est tenu au *statu quo* : ils peuvent être reproduits, sauf interdiction expresse.

Toutefois, l'indication de la source est exigée. Cette mention doit comprendre non seulement le renvoi au journal ou au recueil, mais encore le nom de l'auteur, si l'article est signé.

Le dernier alinéa, relatif aux articles politiques et aux faits divers, est maintenu.

On le voit, la distinction proposée par la Belgique n'a pas été admise. La Commission a pensé « bien que « cela ne soit pas dit, que la reproduction qui peut « avoir lieu en l'absence de réserve est la reproduction « dans d'autres journaux ou recueils. On ne pourrait « publier, sans le consentement de l'auteur, un volume « composé d'une série d'articles (1) ». Il n'eût peut être pas été inutile de le dire expressément.

En résumé, le remaniement de l'article 7 porte sur-

______

(1) *Rapport*, p. 18.

tout sur l'assimilation aux œuvres littéraires ordinaires,
des nouvelles et romans-feuilletons.

§ VII.

Nous avons montré précédemment les inconvénients
qui résultent de l'article 9 (réserve préalable, en tête de
l'édition d'une œuvre dramatique ou musicale, du droit
de représentation ou d'exécution). La suppression de
cette formalité déjà combattue en 1885 a été demandée
par la France et la Belgique, qui voulaient voir poser le
principe de la garantie pure et simple, sauf à admettre
toutes les exceptions exigées par les nécessités actuelles.
La Commission ayant été d'avis qu'il convenait d'attendre pour cela que chaque législation eût « concilié
« les droits des auteurs et ceux du public (1) », la Conférence, sans rien décider, s'est contentée d'émettre le
vœu « que les législations des pays de l'Union fixent les
« limites dans lesquelles la prochaine conférence pourrait
« adopter le principe que les œuvres musicales publiées
« doivent être protégées contre l'exécution non auto-
« risée, sans que l'auteur soit astreint à la mention de
« réserve (2) ». Souhaitons la prompte réalisation de ce
vœu.

Divers changements ont été proposés touchant l'adaptation. L'administration française voulait supprimer
l'alinéa 2 de l'article 10, comme « inutile ou nuisible ».

(1) *Rapport*, p. 19.
(2) V. à ce sujet « *Droit d'auteur* » 1892, p 83 ; 1896, p. 100.

En outre, elle demandait, soutenue en cela par plusieurs délégations, que l'on prohibât expressément la transposition en roman d'une pièce de théâtre et vice versa — prohibition que le texte de 1886 ne consacrait qu'implicitement et seulement à l'encontre de la « dramatisation ». Une fois de plus, l'Angleterre s'est mise en travers, arguant que les lois britanniques autorisaient la première de ces transformations. A la vérité, elle se ralliait aux vues de la Conférence pour la seconde : c'était là, concession facile, car l'on ne pouvait dédoubler un amendement qui n'avait de raison d'être que dans son intégrité. Seule d'ailleurs l'adaptation de la première espèce est en honneur ; il est infiniment rare de voir tirer un roman d'une pièce de théâtre : une disposition prohibitive à cet égard fût donc tombée dans le vide. Faute de mieux, la Conférence a inséré dans sa déclaration interprétative que « la transformation d'un roman « en pièce de théâtre, ou d'une pièce de théâtre en ro- « man, rentrait dans les stipulations de l'article 10 (1) ».

Les explications échangées au sein de la Commission nous fournissent d'utiles renseignements sur la façon de comprendre l'article 12. Il comporte faculté et non obligation pour la saisie qu'il édicte. Mais cette faculté appartient a l'intéressé et non à l'état requis. Dès que l'auteur prétend saisir, les moyens doivent lui en être fournis — en respectant les formes d'usage.

De plusieurs côtés a été demandée dans ce même article la suppression des mots « à l'importation » qui

(1) V. « *Droit d'auteur* » mai 1894.

semblent exclure la saisie à l'intérieur pour ne la permettre qu'à la frontière (1). La Conférence, qui n'entendait pas donner à ces mots une portée restrictive, a voté leur retrait de l'article 12 (2).

§ VIII.

Relativement à la rétroactivité, la France pensait que les motifs qui avaient dicté l'article 4 du protocole de clôture n'existaient plus, et que cet article pouvait disparaître. Là encore l'Angleterre a dit non — et l'on s'est incliné.

Bien que maintenu, l'article 4 a subi des transformations. Des difficultés se sont, paraît-il élevées sur le sens de ces mots « œuvres tombées dans le domaine public ». Il est entendu que désormais il faut ajouter « dans le pays d'origine » et non « dans le pays de protection » comme on a voulu le prétendre. L'article 14 de la Convention est formel en ce sens, et l'on ne peut attribuer qu'à un oubli la différence de rédaction.

En raison de la garantie nouvelle accordée au droit de traduction, la Conférence a voulu lui étendre expressément les règles relatives à la rétroactivité. Un alinéa spécial a été ajouté à cet effet à l'article 4 du Protocole de clôture. Si donc un auteur a publié un livre en 1888, il a, à l'heure actuelle, jusqu'en 1898 pour

(1) La France en a pris l'initiative ; les amendements proposés par l'Allemagne, la Belgique et l'Italie étaient dans le même sens.

(2) La délégation britannique a fait ses réserves pour les colonies anglaises dont les lois ne permettraient pas la saisie à l'intérieur.

faire paraître la traduction qui lui en conférera le monopole pendant toute la durée de son droit sur l'œuvre
originale. Si cette œuvre avait paru en 1885, il serait
trop tard pour obéir aux prescriptions du nouvel article 5, le droit de traduction étant tombé depuis 1895
dans le domaine public (1).

Au moment de leur entrée dans l'Union, les pays
nouveaux adhérents ont à prendre, pour l'application
de l'article 14, les mesures transitoires prévues en 1886·
Il a été question de leur accorder un délai de deux ans
pour se mettre en règle, et, ce délai passé, de leur appliquer purement et simplement l'article 14 de la Convention. Sur les scrupules de certains délégués, la Conférence a passé outre à ce projet, et déclaré régies par la
loi commune les recrues de l'Union.

§ IX.

Ici finit la tâche formelle et officielle de la Conférence.
Mais, désireuse de reconnaître certains principes et de
préparer la voie à de nouveaux perfectionnements, elle
a émis des vœux — nous en avons déjà enregistré
plusieurs — qui seront autant d'utiles indications pour
les conférences à venir.

La délégation allemande avait proposé d'ajouter à la
Convention un article 4 *bis* ainsi conçu : « La repro-
« duction non consentie par l'auteur ou ses ayants-cause,

(1) V. aux textes le nouvel article 4 du Protocole de clôture.

Une modification sans grande importance a été apportée à l'article 20
alinéa 2 ; il porte indication du gouvernement Suisse comme chargé de
recevoir les dénonciations qui pourront survenir.

« d'une œuvre protégée d'après la présente Convention
« est illicite, et entraînera les conséquences civiles et
« criminelles respectives, quand même la législation du
« pays permettrait une pareille reproduction des œuvres
« nationales contre le payement de tantièmes ». C'était
là l'extension du système que nous avons soutenu plus
haut (V. ch. IV, p. 156) ; c'était le monopole d'exploitation adopté comme mode de protection internationale.
Il était entendu que cette clause s'appliquerait aux
œuvres dramatiques ou musicales, et c'était surtout en
ce cas qu'elle présentait un intérêt notoire, plusieurs
pays ne subordonnant qu'à une rétribution peu élevée,
la représentation ou l'exécution publique en dehors du
consentement de l'auteur. La Suisse a déclaré ne pouvoir adhérer au projet ; chez elle, a-t-elle dit, le système
ci-dessus est en vigueur ; et, comme l'essence même de
la Convention est l'assimilation des étrangers aux nationaux, il ne peut être question d'accorder aux premiers
un traitement plus favorable qu'aux seconds — anomalie
qui régnait en Belgique avant la loi de 1886. A cela le
remède est bien simple : que la Suisse imite l'exemple
de la Belgique ; qu'elle remanie une loi défectueuse, et
tout obstacle disparaîtra. Mais, devant cette résistance,
l'amendement proposé n'a pu être voté. Nous le regrettons, car le fond en était excellent. La délégation
française avait tenu à « faire constater qu'elle ne pouvait
« qu'adopter le principe même de la disposition qui
« tendait à mieux faire respecter le droit des auteurs ».
L'Allemagne a été plus heureuse dans une autre tenta-
tive. Nous avons déterminé dans quelle mesure doit être

combinée la Convention avec les traités antérieurs. Or, il est des points fort délicats, sur lesquels l'hésitation est permise touchant le maintien de tel ou tel traité, de telle ou telle de ses stipulations. Les délégués allemands voulaient remédier à cette incertitude : les états de l'Union feraient un travail de refonte des divers arrangements conclus entre eux ; les accords incompatibles avec la Convention seraient expressément abrogés ; ceux qui ne le sont qu'en partie seraient ramenés aux clauses utiles. Les décisions adoptées seraient centralisées par le Bureau, qui les transmettrait aux Etats de l'Union. Cette motion a été approuvée par la Conférence, qui a émis le vœu « que les conventions spéciales conclues « entre des pays faisant partie de l'Union fussent exa- « minées par les Parties contractantes respectives en « vue de déterminer les clauses pouvant être consi- « dérées comme restées en vigueur conformément à « l'acte additionnel de la Convention de Berne ; que le « résultat de cet examen fût consacré par un acte « authentique et porté à la connaissance des pays de « l'Union par l'intermédiaire du Bureau international, « avant la réunion de la prochaine conférence ».

Il est très peu de législations qui protègent, en outre de l'œuvre et du titre de l'œuvre, le nom et la signature de l'auteur. C'est une lacune fâcheuse, car ce nom, car cette signature constituent, si l'on nous permet ce rapprochement, comme la marque de fabrique que nul n'a le droit de contrefaire. Aussi la Conférence a-t-elle demandé « que des dispositions pénales fussent insérées « dans les législations nationales, afin de réprimer

« l'usurpation des noms, signatures ou signes des
« auteurs en matière d'œuvres littéraires ou artis-
« tiques ».

Nous ne parlerons que pour mémoire d'une proposition de M. Bœtzman, délégué de Norwège, concernant
la communication au Bureau de Berne, des actes d'enregistrement et de dépôt requis dans certains pays de
l'Union. Il ne s'agissait là nullement — ainsi qu'il ressort des débats — d'une concurrence à l'Institut international de bibliographie fondé en Belgique, mais simplement d'un « service de renseignements pratiques ».
Aucune suite n'a été donnée à ce projet, M. Bœtzman
ayant de lui-même retiré sa proposition.

§ X.

Tous les États de l'Union n'ont pas adhéré à la
révision de 96. Haïti n'y a pris aucune part, indi-
quant par là son intention de s'en tenir au *statu quo*.
D'autre part, la Norwège n'a pas accédé à l'Acte additionnel.

Il se trouve donc que les pays signataires de l'acte de
96 ont formé entre eux une de ces Unions restreintes
dont il a été question — c'est même la première qui ait
été réalisée —; ou plutôt, l'on peut dire, en présence du
petit nombre des abstentionnistes, que ce sont eux qui
forment, de ce chef, une union restrictive. Ils sont libres
d'ailleurs de donner leur adhésion quand il leur plaira.
Il en est de même pour les états ne faisant pas encore
partie de l'Union ; ils pourront, à leur gré, ou accéder

seulement à la Convention de 1886, ou en adopter la révision, s'ils ne sont effrayés par aucune des dispositions nouvelles (1).

§ XI.

Au lendemain de la Conférence de 1896, il est difficile d'apprécier ses travaux. L'on peut dire toutefois que l'étape franchie est considérable. D'importantes améliorations ont été introduites. Rappelons les principales : la situation des auteurs non ressortissants est avantagée. Le droit de traduction est assimilé, sous le rapport de la durée, au droit de reproduction. Les nouvelles et les romans-feuilletons sont garantis en dehors de toute mention de réserve. Les œuvres photographiques et chorégraphiques obtiennent plus large protection. La question des formalités est définitivement tranchée. L'on sait désormais à quoi s'en tenir sur le fait de la publication.

Sur les points qu'elle n'a pu encore fixer, la Conférence a émis des vœux précis ; c'est ainsi qu'elle a demandé pour l'avenir la suppression de la mention de réserve vis-à-vis du droit d'exécution et de représentation ; la répression de la fraude des noms et signatures ; la garantie générale des œuvres photographiques.

Sans doute, le dernier mot n'est pas dit, et plus d'une

(1) V. aux textes article 3 de l'Acte additionnel. Il avait été question d'imposer aux nouveaux adhérents l'accession implicite à la Convention modifiée : cette mesure a été écartée comme pouvant entraver les adhésions futures.

retouche reste à faire à l'œuvre lentement élaborée. La Commission elle-même a reconnu « avoir sacrifié des « idées qui lui étaient bien chères au désir d'une en-« tente et à l'espoir d'une extension de l'Union (1) ».

Au reste « on n'apprécierait pas justement les travaux « de la Conférence de Paris, si l'on s'en tenait aux réso-« lutions votées. Pour mesurer le progrès dans la voie « de la protection des auteurs et des artistes, il faut « prendre en considération les idées qui ont été échangées « entre les délégués, et les espérances que cet échange « d'idées peut légitimement faire naître pour la pro-« chaine révision de la Convention (2) ».

Espérons donc qu'un jour, toutes les imperfections signalées seront effacées, tous les vœux réalisés, que les textes adoptés seront vraiment cette « raison écrite » que nous saluons dans les législations disparues. Devant les résultats acquis, il ne peut plus être question de rêve ni d'utopie ; le regard jeté dans le passé permet la confiance dans l'avenir. L'expérience nous a montré qu'une idée juste peut-être un instant négligée ou méconnue : tôt ou tard, elle reparaîtra et creusera son sillon. Plus il aura fallu appuyer, plus le sillon sera profond.

(1) *Rapport*, p. 30).
(2) MAILLARD ; p. 9. Cette réunion se tiendra à Berlin, dans un délai de 6 à 10 ans.

APPENDICE

Notre étude serait incomplète, si nous ne cherchions à préciser quelle est, à l'heure actuelle, la situation d'un auteur étranger en France.

Le décret de 1852 lui confère d'une façon générale les mêmes droits qu'aux nationaux. Or, la plupart des conventions lui sont moins favorables. C'est ainsi que, d'après notre interprétation, le décret assimile le droit de traduction au droit de reproduction, alors que les traités ultérieurs restreignent considérablement la portée de cette assimilation ; même désavantage au point de vue des formalités. Il s'agit de savoir quel code l'emportera sur l'autre, du code légal ou du code conventionnel ? de celui qui accorde le plus ou de celui qui concède le moins. Le second a-t-il annulé le premier ? Celui-ci est-il devenu lettre morte ?

Cette dernière opinion est la plus généralement admise. Sans doute, disent ses partisans, le décret de 1852 à force de loi ; et, en principe, toute loi ne peut être abrogée que par une loi contraire. Si donc la France avait voulu, de son propre mouvement, retirer aux étrangers les avantages qu'elle leur avait concédés, il aurait fallu l'intervention du pouvoir législatif. Mais ici le cas est différent : ce sont les nations étrangères elles-mêmes qui, en contractant avec la France, ont renoncé au bénéfice du décret de 1852 ; il n'y a pas retrait de la part du « tradens » ; il y a renonciation de la part de « l'accipiens » : une loi n'est pas nécessaire pour en registrer cette renonciation. Donc, le décret de 1852 s'efface devant les conventions conclues depuis lors.

Qu'il nous soit permis de hasarder une autre opinion. Dans toute convention, publique ou privée, l'on doit rechercher l'intention des parties. Or, conçoit-on que celles-ci se dépouillent gratuitement d'avantages qu'elles possèdent. L'on ne voit guère quel intérêt auraient eu les puissances contractantes à renoncer au bénéfice du décret. Nous proposons en conséquence la solution déjà indiquée à propos de la Convention d'Union : le décret de 1852 subsiste dans ses dispositions avantageuses, il est implicitement abrogé quant aux autres.

Prenons un exemple : le décret exige la formalité du dépôt en France ; la plupart des traités le limitent au pays d'origine de l'œuvre ; les ressortissants des pays qui ont traité dans ces conditions ne seront soumis qu'à la formalité originaire. A l'inverse, le droit de traduction,

restreint par les conventions, n'en appartiendra pas
moins aux étrangers dans son intégrité parce que telle
semble être la solution donnée par le décret. C'est ce
qu'à soutenu, lors de l'enquête anglaise de 1875,
M. Gavard, notre premier secrétaire d'ambassade à Londres. « Dans mon opinion comme jurisconsulte — di-
« sait-il — les étrangers jouissent en France d'un double
« privilège : celui de la Convention, s'il en existe une, et,
« en tous cas, de la loi générale ». Tel est également
l'avis d'un maître en la matière, M. Pouillet « Est-ce
« que les lois ne sont pas au-dessus des traités, et ne
« faut-il pas, si le traité porte atteinte à une loi, qu'il
« reçoive l'approbation du législateur ? »

Nous n'avons d'ailleurs opposé le décret de 1852
qu'aux conventions particulières. La question a perdu
presque tout intérêt, elle n'est plus guère que théorique
depuis la Convention d'Union ; celle-ci assure à tous
ses ressortissants le bénéfice du traitement national ; en
outre, elle consacre certaines solutions plus avantageuses que les clauses similaires du décret : il serait
quelque peu hors de propos à l'heure actuelle d'exhumer des textes inutiles. Le problème ne pourrait se poser qu'à l'égard des pays restés en dehors de l'Union ;
mais aucune convention — sauf pour la Suède — ne les
lie à la France.

Aujourd'hui donc la protection en France d'une
œuvre étrangère dépend : des dispositions de nos lois,
et, relativement, a sa durée, du traitement originel conformément à l'article 2 de la Convention de Berne ; des

stipulations générales formulées par celle-ci ; de quelques clauses plus avantageuses des traités ultérieurs, enfin, le cas échéant, de l'application du traitement de la nation la plus favorisée.

16

TEXTES

I

Convention concernant la création d'une Union internationale
pour la protection des œuvres littéraires et artistiques signée
à Berne le 9 septembre 1886.

Article premier

Les pays contractants sont constitués à l'état d'Union
pour la protection des droits des auteurs sur leurs
œuvres littéraires et artistiques.

Art. 2.

Les auteurs ressortissant à l'un des pays de l'Union,
ou leurs ayants-cause, jouissent, dans les autres pays,
pour leurs œuvres, soit publiées dans un de ces pays,
soit non publiées, des droits que les lois respectives
accordent actuellement ou accorderont par la suite aux
nationaux.

La jouissance de ces droits est subordonnée à l'accomplissement des conditions et formalités prescrites
par la législation du pays d'origine de l'œuvre ; elle ne

peut excéder, dans les autres pays, la durée de la protection accordée dans ledit pays d'origine.

Est considéré comme pays d'origine de l'œuvre, celui
de la première publication, ou, si cette publication a
lieu simultanément dans plusieurs pays de l'Union,
celui d'entre eux dont la législation accorde la durée de
protection la plus courte.

Pour les œuvres non publiées, le pays auquel appartient l'auteur est considéré comme pays d'origine de
l'œuvre.

ART. 3.

Les stipulations de la présente Convention s'appliquent également aux éditeurs d'œuvres littéraires ou
artistiques publiées dans un des pays de l'Union, et
dont l'auteur appartient à un pays qui n'en fait pas
partie.

ART. 4.

L'expression « œuvres littéraires et artistiques » comprend les livres, brochures ou tous autres écrits ; les
œuvres dramatiques ou dramatico-musicales, les compositions musicales avec ou sans paroles ; les œuvres de
dessin, de peinture, de sculpture, de gravure ; les lithographies, les illustrations, les cartes géographiques ; les
plans, croquis et ouvrages plastiques, relatifs à la géographie, à la topographie, à l'architecture ou aux
sciences en général ; enfin toute production quelconque
du domaine littéraire, ou scientifique, ou artistique qui

pourrait être publiée par n'importe quel mode d'impression ou de reproduction.

Art. 5.

Les auteurs ressortissant à l'un des pays de l'Union, ou leurs ayants cause, jouissent, dans les autres pays, du droit exclusif de faire ou d'autoriser la traduction de leurs ouvrages jusqu'à l'expiration de dix années à partir de la publication de l'œuvre originale dans l'un des pays de l'Union.

Pour les ouvrages publiés par livraisons, le délai de dix années ne compte qu'à dater de la publication de la dernière livraison de l'œuvre originale.

Pour les œuvres composées de plusieurs volumes publiés par intervalles, ainsi que pour les bulletins ou cahiers publiés par des sociétés littéraires ou savantes ou par des particuliers, chaque volume, bulletin ou cahier est, en ce qui concerne le délai de dix années, considéré comme ouvrage séparé.

Dans les cas prévus au présent article, est admis comme date de publication, pour le calcul des délais de protection, le 31 décembre de l'année dans laquelle l'ouvrage a été publié.

Art. 6.

Les traductions licites sont protégées comme des ouvrages originaux. Elles jouissent, en conséquence, de la protection stipulée aux articles 2 et 3 en ce qui concerne leur reproduction non autorisée dans les pays de l'Union.

Il est entendu que, s'il s'agit d'une œuvre pour laquelle le droit de traduction est dans le domaine public, le traducteur ne peut pas s'opposer à ce que la même œuvre soit traduite par d'autres écrivains.

Art. 7.

Les articles de journaux ou de recueils périodiques publiés dans l'un des pays de l'Union peuvent être reproduits, en original ou en traduction, dans les autres pays de l'Union, à moins que les auteurs ou éditeurs ne l'aient expressément interdit. Pour les recueils, il peut suffire que l'interdiction soit faite d'une manière générale en tête de chaque numéro du recueil.

En aucun cas, cette interdiction ne peut s'appliquer aux articles de discussion politique ou à la reproduction des nouvelles du jour et des *faits divers*.

Art. 8.

En ce qui concerne la faculté de faire licitement des emprunts à des œuvres littéraires ou artistiques pour des publications destinées à l'enseignement ou ayant un caractère scientifique, ou pour des chrestomathies, est réservé l'effet de la législation des pays de l'Union et des arrangements particuliers existants ou à conclure entre eux.

ART. 9.

Les stipulations de l'article 2 s'appliquent à la représentation publique des œuvres dramatiques ou dramatico-musicales, que ces œuvres soient publiées ou non.

Les auteurs d'œuvres dramatiques ou dramatico-musicales, ou leurs ayants cause, sont, pendant la durée de leur droit exclusif de traduction, réciproquement protégés contre la représentation publique non autorisée de la traduction de leurs ouvrages.

Les stipulations de l'article 2 s'appliquent également à l'exécution publique des œuvres musicales non publiées ou de celles qui ont été publiées, mais dont l'auteur a expressément déclaré sur le titre ou en tête de l'ouvrage qu'il en interdit l'exécution publique.

ART. 10.

Sont spécialement comprises parmi les reproductions illicites auxquelles s'applique la présente Convention, les appropriations indirectes non autorisées d'un ouvrage littéraire ou artistique, désignées sous des noms divers, tels que : *adaptations, arrangements de musique,* etc., lorsqu'elles ne sont que la reproduction d'un tel ouvrage, dans la même forme ou sous une autre forme, avec des changements, additions ou retranchements, non essentiels, sans présenter d'ailleurs le caractère d'une nouvelle œuvre originale.

Il est entendu que, dans l'application du présent article, les tribunaux des divers pays de l'Union tiendront compte, s'il y a lieu, des réserves de leurs lois respectives.

ART. 11.

Pour que les auteurs des ouvrages protégés par la présente Convention soient, jusqu'à preuve contraire, considérés comme tels et admis, en conséquence, devant les tribunaux des divers pays de l'Union à exercer des poursuites contre les contrefaçons, il suffit que leur nom soit indiqué sur l'ouvrage en la manière usitée.

Pour les œuvres anonymes ou pseudonymes, l'éditeur dont le nom est indiqué sur l'ouvrage est fondé à sauvegarder les droits appartenant à l'auteur. Il est, sans autres preuves, réputé ayant cause de l'auteur anonyme ou pseudonyme.

Il est entendu, toutefois, que les tribunaux peuvent exiger, le cas échéant, la production d'un certificat délivré par l'autorité compétente, constatant que les formalités prescrites, dans le sens de l'article 2, par la législation du pays d'origine ont été remplies.

ART. 12.

Toute œuvre contrefaite peut être saisie à l'importation dans ceux des pays de l'Union où l'œuvre originale a droit à la protection légale.

La saisie a lieu conformément à la législation intérieure de chaque pays.

ART. 13.

Il est entendu que les dispositions de la présente

Convention ne peuvent porter préjudice, en quoi que ce soit, au droit qui appartient au Gouvernement de chacun des pays de l'Union de permettre, de surveiller, d'interdire, par des mesures de législation ou de police intérieure, la circulation, la représentation, l'exposition de tout ouvrage ou production à l'égard desquels l'autorité compétente aurait à exercer ce droit.

ART. 14.

La présente Convention, sous les réserves et conditions à déterminer d'un commun accord, s'applique à toutes les œuvres qui, au moment de son entrée en vigueur, ne sont pas encore tombées dans le domaine public daus leur pays d'origine.

ART. 15.

Il est entendu que les Gouvernements des pays de l'Union se réservent respectivement le droit de prendre séparément, entre eux, des arrangements particuliers en tant que ces arrangement conféreraient aux auteurs ou à leurs ayants cause des droits plus étendus que ceux accordés par l'Union, ou qu'ils renfermeraient d'autres stipulations non contraires à la présente Convention.

ART. 16.

Un office international est institué sous le nom de *Bureau de l'Union internationale pour la protection des œuvres littéraires et artistiques.*

Ce Bureau, dont les frais sont supportés par les Administrations de tous les pays de l'Union, est placé sous la haute autorité de l'administration supérieure de la Confédération Suisse, et fonctionne sous sa surveillance. Les attributions en sont déterminées d'un commun accord entre les pays de l'Union.

Art. 17.

La présente Convention peut être soumise à des révisions en vue d'y introduire les améliorations de nature à perfectionner le système de l'Union.

Les questions de cette nature, ainsi que celles qui intéressent à d'autres points de vue le développement de l'Union, seront traitées dans des Conférences qui auront lieu successivement dans les pays de l'Union entre les délégués desdits pays.

Il est entendu qu'aucun changement à la présente Convention ne sera valable pour l'Union que moyennant l'assentiment unanime des pays qui la composent.

Art. 18.

Les pays qui n'ont point pris part à la présente Convention et qui assurent chez eux la protection légale des droits faisant l'objet de cette Convention, seront admis à y accéder sur leur demande.

Cette accession sera notifiée par écrit au Gouvernement de la Confédération Suisse, et par celui-ci à tous les autres.

Elle emportera, de plein droit, adhésion à toutes les

clauses et admission à tous les avantages stipulés dans la présente Convention.

Art. 19.

Les pays accédant à la présente Convention ont aussi le droit d'y accéder en tout temps pour leurs colonies ou possessions étrangères.

Ils peuvent, à cet effet, soit faire une déclaration générale par laquelle toutes leurs colonies ou possessions sont comprises dans l'accession, soit nommer expressément celles qui y sont comprises, soit se borner à indiquer celles qui en sont exclues.

Art. 20.

La présente Convention sera mise à exécution trois mois après l'échange des ratifications, et demeurera en vigueur pendant un temps indéterminé, jusqu'à l'expiration d'une année à partir du jour où la dénonciation en aura été faite.

Cette dénonciation sera adressée au Gouvernement chargé de recevoir les accessions. Elle ne produira son effet qu'à l'égard du pays qui l'aura faite, la Convention restant exécutoire pour les autres pays de l'Union.

Art. 21.

La présente Convention sera ratifiée, et les ratifications en seront échangées à Berne, dans le délai d'un an au plus tard.

ARTICLE ADDITIONNEL

Les Plénipotentiaires réunis pour signer la Convention concernant la création d'une Union internationale pour la protection des œuvres littéraires et artistiques, sont convenus de l'article additionnel suivant, qui sera ratifié en même temps que l'acte auquel il se rapporte :

La Convention conclue à la date de ce jour n'affecte en rien le maintien des Conventions actuellement existantes entre les pays contractants, en tant que ces Conventions confèrent aux auteurs ou à leurs ayants cause des droits plus étendus que ceux accordés par l'Union, ou qu'elles renferment d'autres stipulations qui ne sont pas contraires à cette Convention.

PROTOCOLE DE CLOTURE

Au moment de procéder à la signature de la Convention conclue à la date de ce jour, les Plénipotentiaires soussignés ont déclaré et stipulé ce qui suit :

1. Au sujet de l'article 4, il est convenu que ceux des pays de l'Union où le caractère d'œuvres artistiques n'est pas refusé aux œuvres photographiques s'engagent à les admettre, à partir de la mise en vigueur de la Convention conclue en date de ce jour, au bénéfice de ses dispositions. Ils ne sont, d'ailleurs, tenus de protéger les auteurs desdites œuvres, sauf les arrangements internationaux existants ou à conclure, que dans la mesure où leur législation permet de le faire.

Il est entendu que la photogaaphie autorisée d'une

œuvre d'art protégée jouit, dans tous les pays de l'Union, de la protection légale, au sens de ladite Convention, aussi longtemps que dure le droit principal de reproduction de cette œuvre même, et dans les limites des conventions privées entre les ayants droit.

2. Au sujet de l'article 9, il est convenu que ceux des pays de l'Union dont la législation comprend implicitement, parmi les œuvres dramatico-musicales, les œuvres chorégraphiques, admettent expressément lesdites œuvres au bénéfice des dispositions de la Convention conclue en date de ce jour.

Il est d'ailleurs entendu que les contestations qui s'élèveraient sur l'application de cette clause demeurent réservées à l'appréciation des tribunaux respectifs.

3. Il est entendu que la fabrication et la vente des instruments servant à reproduire mécaniquement des airs de musique empruntés au domaine privé ne sont pas considérées comme constituant le fait de contrefaçon musicale.

4. L'accord commun prévu à l'article 14 de la Convention est déterminé ainsi qu'il suit :

L'application de la Convention aux œuvres non tombées dans le domaine public au moment de sa mise en vigueur aura lieu suivant les stipulations y relatives contenues dans les conventions spéciales existantes ou à conclure à cet effet.

A défaut de semblables stipulations entre pays de l'Union, les pays respectifs régleront, chacun pour ce qui le concerne, par la législation intérieure, les modalités relatives à l'application du principe contenu à l'article 14.

5. L'organisation du Bureau international prévu à l'article 16 de la Convention sera fixée par un règlement que le Gouvernement de la Confédération Suisse est chargé d'élaborer.

La langue officielle du Bureau international sera la langue française.

Le Bureau international centralisera les renseignements de toute nature relatifs à la protection des droits des auteurs sur leurs œuvres littéraires et artistiques. Il les coordonnera et les publiera. Il procédera aux études d'utilité commune intéressant l'Union et rédigera, à l'aide des documents qui seront mis à sa disposition par les diverses Administrations, une feuille périodique, en langue française, sur les questions concernant l'objet de l'Union. Les Gouvernements des pays de l'Union se réservent d'autoriser, d'un commun accord, le Bureau à publier une édition dans une ou plusieurs autres langues, pour le cas où l'expérience en aurait démontré le besoin.

Le Bureau international devra se tenir en tout temps à la disposition des membres de l'Union pour leur fournir, sur les questions relatives à la protection des œuvres littéraires et artistiques, les renseignements spéciaux dont ils pourraient avoir besoin.

L'Administration du pays où doit siéger une Conférence préparera, avec le concours du Bureau international, les travaux de cette Conférence.

Le Directeur du Bureau international assistera aux

séances des Conférences et prendra part aux discussions sans voix délibérative. Il fera sur sa gestion un rapport annuel qui sera communiqué à tous les membres de l'Union.

Les dépenses du Bureau de l'Union internationale seront supportées en commun par les pays contractants. jusqu'à nouvelle décision, elles ne pourront pas dépasser la somme de soixante mille francs par année. Cette somme pourra être augmentée au besoin par simple décision d'une des Conférences prévues à l'article 17.

Pour déterminer la part contributive de chacun des pays dans cette somme totale des frais, les pays contractants et ceux qui adhéreraient ultérieurement à l'Union seront divisés en six classes contribuant chacune dans la proportion d'un certain nombre d'unités, savoir :

1re classe	. . . .	25 unités,
2me »	. . . .	20 »
3me »	. . . . . .	15 »
4me »	. . . .	10 »
5me »	. . . . . .	5 »
6me »	. . . . . .	3 »

Ces coefficients seront multipliés par le nombre des pays de chaque classe, et la somme des produits ainsi obtenus fournira le nombre d'unités par lequel la dépense totale doit être divisée. Le quotient donnera le montant de l'unité de dépense.

Chaque pays déclarera, au moment de son accession, dans laquelle des susdites classes il demande à être rangé.

L'Administration suisse préparera le budget du Bureau et en surveillera les dépenses, fera les avances nécessaires et établira le compte annuel, qui sera communiqué à toutes les autres Administrations.

6. La prochaine Conférence aura lieu à Paris, dans le délai de quatre à six ans à partir de l'entrée en vigueur de la Convention.

Le Gouvernement français en fixera la date dans ces limites, après avoir pris l'avis du Bureau international.

7. Il est entendu que, pour l'échange des ratifications prévu à l'article 21, chaque partie contractante remettra un seul instrument, qui sera déposé, avec ceux des autres pays, aux archives du Gouvernement de la Confédération suisse. Chaque partie recevra en retour un exemplaire du procès-verbal d'échange des ratifications, signé par les Plénipotentiaires qui y auront pris part.

Le présent Protocole de clôture, qui sera ratifié en même temps que la Convention conclue à la date de ce jour, sera considéré comme faisant partie intégrante de cette Convention, et aura même force, valeur et durée.

PROCÈS-VERBAL DE SIGNATURE

Les Plénipotentiaires soussignés, réunis ce jour à l'effet de procéder à la signature de la Convention concernant la création d'une Union internationale pour la protection des œuvres littéraires et artistiques, ont échangé les Déclarations suivantes :

1° En ce qui concerne l'accession des colonies ou possessions étrangères prévues à l'article 19 de la Convention :

Les Plénipotentiaires de Sa Majesté Catholique le Roi d'Espagne réservent pour leur Gouvernement la faculté de faire connaître sa détermination au moment de l'échange des ratifications.

Le Plénipotentiaire de la République française déclare que l'accession de son pays emporte celle de toutes les colonies de la France.

Les Plénipotentiaires de Sa Majesté Britannique déclarent que l'accession de la Grande-Bretagne à la Convention pour la protection des œuvres littéraires et artistiques comprend le Royaume-Uni de la Grande-Bretagne et d'Irlande et toutes les colonies et possessions étrangères de Sa Majesté Britannique.

Ils réservent toutefois au Gouvernement de Sa Majesté Britannique la faculté d'en annoncer en tout temps la dénonciation séparément pour une ou plusieurs des colonies ou possessions suivantes, en la manière prévue par l'article 20 de la Convention, savoir : les Indes, le Dominion du Canada, Terre-Neuve, le Cap, Natal, la Nouvelle-Galles du Sud, Queensland, la Tasmanie, l'Australie méridionale, l'Australie occidentale et la Nouvelle-Zélande.

2° En ce qui concerne la classification des pays de l'Union au point de vue de leur part contributive aux frais du Bureau international (chiffre 5 du Protocole de clôture) :

Les Plénipotentiaires déclarent que leurs pays respectifs doivent être rangés dans les classes suivantes, savoir :

Allemagne . . dans la 1re classe.
Belgique . . . » » 3me »
Espagne . . . » » 2me »
France. . . . » » 1re »
Grande-Bretagne » » 1re »
Haïti . . . . » » 5me »
Italie . . . . » » 1re »
Suisse . . . . » » 3me »
Tunisie. . . . » » 6me »

Le Plénipotentiaire de la République de Libéria déclare que les pouvoirs qu'il a reçus de son Gouvernement l'autorisent à signer la Convention, mais qu'il n'a pas reçu d'instructions quant à la classe où ce pays entend se ranger au point de vue de sa part contributive aux frais du Bureau international. En conséquence, il réserve sur cette question la détermination de son Gouvernement, qui la fera connaître lors de l'échange des ratifications.

En foi de quoi, les plénipotentiaires respectifs ont signé le présent procès-verbal.

Fait à Berne, le neuvième jour du mois de Septembre de l'an mil huit cent quatre-vingt-six.

(Suivent les signatures).

TEXTES ADOPTÉS PAR LA CONFÉRENCE DE PARIS

I

Acte additionnel du 4 mai 1896, modifiant les articles 2. 3, 5, 7, 12 et 20, de la Convention du 9 septembre 1896 et les numéros 1 et 4 du protocole de clôture y annexé.

ARTICLE PREMIER

LA CONVENTION INTERNATIONALE du 9 septembre 1886 est modifié ainsi qu'il suit :

I. — *Article 2.* Le premier alinéa de l'article 2 aura la teneur suivante :

« Les auteurs ressortissant à l'un des pays de l'Union, ou leurs ayants cause, jouissent, dans les autres pays, pour leurs œuvres, *soit non publiées, soit publiées pour la première fois dans un de ces pays,* des droits que les lois respectives accordent actuellement ou accorderont par la suite aux nationaux ».

Il est, en outre, ajouté un cinquième alinéa ainsi conçu :

« *Les œuvres posthumes sont comprises parmi les œuvres protégées* ».

II. — *Article 3*. L'article 3 aura la teneur suivante :

« *Les auteurs ne ressortissant pas à l'un des pays de l'Union, mais qui auront publié ou fait publier, pour la première fois, leurs œuvres littéraires ou artistiques dans l'un de ces pays, jouiront, pour ces œuvres, de la protection accordée par la Convention de Berne et par le présent Acte additionnel* ».

III. — *Article 5*. Le premier alinéa de l'article 5 aura la teneur suivante :

« Les auteurs ressortissant à l'un des pays de l'Union, ou leurs ayants cause, jouissent, dans les autres pays, du droit exclusif de faire ou d'autoriser la traduction de leurs œuvres *pendant toute la durée du droit sur l'œuvre originale. Toutefois, le droit exclusif de traduction cessera d'exister lorsque l'auteur n'en aura pas fait usage dans un délai de dix ans à partir de la première publication de l'œuvre originale, en publiant ou en faisant publier, dans un des pays de l'Union, une traduction dans la langue pour laquelle la protection sera réclamée* ».

IV. — *Article 7*. L'article 7 aura la teneur suivante :

« *Les romans-feuilletons, y compris les nouvelles, publiés dans les journaux ou recueils périodiques d'un des pays de l'Union, ne pourront être reproduits, en original ou en traduction, dans les autres pays, sans l'autorisation des auteurs ou de leurs ayants cause.*

« *Il en sera de même pour les autres articles de journaux ou de recueils périodiques, lorsque les auteurs ou éditeurs auront expressément déclaré, dans le journal ou le recueil même où ils les auront fait paraître, qu'ils en interdisent la reproduction.* Pour les recueils, il suffit que l'interdiction soit faite d'une manière générale en tête de chaque numéro.

« *A défaut d'interdiction, la reproduction sera permise à la condition d'indiquer la source.*

« En aucun cas, l'interdiction ne pourra s'appliquer aux articles de discussion politique, aux nouvelles du jour et aux *faits divers* ».

V. — *Article 12.* L'article 12 aura la teneur suivante :
Toute œuvre contrefaite peut être saisie *par les autorités compétentes des pays de l'Union* où l'œuvre originale a droit à la protection légale.

« La saisie a lieu conformément à la législation intérieure de chaque pays ».

VI. — *Article 20.* Le deuxième alinéa de l'article 20 aura la teneur suivante :

« *Cette dénonciation sera adressée au Gouvernement de la Confédération suisse.* Elle ne produira son effet qu'à l'égard du pays qui l'aura faite, la Convention restant exécutoire pour les autres pays de l'Union ».

ARTICLE 2

Le PROTOCOLE DE CLÔTURE annexé à la Convention du 9 septembre 1886 est modifié ainsi qu'il suit :

I. — *Numéro 1.* Ce numéro aura la teneur suivante :
« 1. Au sujet de l'article 4, il est convenu ce qui suit :

« A. — *Dans les pays de l'Union où la protection est accordée non seulement aux plans d'architecture, mais encore aux œuvres d'architecture elles-mêmes, ces œuvres sont admises au bénéfice des dispositions de la Convention de Berne et du présent Acte additionnel.*

« B. — *Les œuvres photographiques et les œuvres obtenues par un procédé analogue sont admises au bénéfice des dispositions de ces actes, en tant que la législation intérieure permet de le faire, et dans la mesure de la protection qu'elle accorde aux œuvres nationales similaires.*

Il est entendu que la photographie autorisée d'une œuvre d'art protégée jouit, dans tous les pays de l'Union, de la protection légale, *au sens de la Convention de Berne et du présent Acte additionnel*, aussi longtemps que dure le droit principal de reproduction de cette œuvre même, et dans les limites des conventions privées entre les ayants droit ».

II. — *Numéro* 4. Ce numéro aura la teneur suivante :

« 4. L'accord commun prévu à l'article 14 de la Convention est déterminé ainsi qu'il suit :

« L'application de la Convention de Berne et du présent Acte additionnel aux œuvres non tombées dans le domaine public *dans leur pays d'origine* au moment *de la mise en vigueur de ces actes*, aura lieu suivant les stipulations y relatives contenues dans les Conventions spéciales existantes ou à conclure à cet effet.

« A défaut de semblables stipulations entre pays de l'Union, les pays respectifs règleront, chacun pour ce qui le concerne, par la législation intérieure, les modalités relatives à l'application du principe contenu dans l'article 14.

« *Les stipulations de l'article 14 de la Convention de Berne et du présent numéro du Protocole de clôture, s'appliquent également au droit exclusif de traduction, tel qu'il est assuré par le présent Acte additionnel.*

« *Les dispositions transitoires mentionnées ci-dessus sont applicables en cas de nouvelles accessions à l'Union* (1). »

ARTICLE 3.

Les Pays de l'Union qui n'ont point participé au présent Acte additionnel seront admis à y accéder en tout temps sur leur demande. Il en sera de même pour les pays qui accéderont ultérieurement à la Convention du 9 septembre 1886. Il suffira, à cet effet, d'une notification adressée par écrit au Conseil fédéral suisse, qui notifiera à son tour cette accession aux autres Gouvernements.

ARTICLE 4.

Le présent Acte additionnel aura même valeur et durée que la Convention du 9 septembre 1886.

Il sera ratifié et les ratifications en seront échangées à Paris dans la forme adoptée pour cette Convention, aussitôt que faire se pourra, et au plus tard dans le délai d'une année.

---

(1) Les lettres italiques indiquent les modifications et les additions apportées à l'Acte de 1886.

Il entrera en vigueur, trois mois après cet échange, entre les Pays qui l'auront ratifié.

II

Déclaration du 4 mai 1896, interprétant certaines dispositions de la Convention de Berne du 9 septembre 1886, et de l'Acte additionnel, signé à Paris le 4 mai 1896.

Les Plénipotentiaires soussignés de l'Allemagne, de la Belgique, de l'Espagne, de la France, de l'Italie, du Luxembourg, de Monaco, du Monténégro, de la Norvège, de la Suisse et de la Tunisie, dûment autorisés à cet effet par leurs Gouvernements respectifs sont convenus de ce qui suit, en ce qui concerne l'interprétation de la Convention de Berne du 9 septembre 1886 et de l'Acte additionnel de ce jour :

1º Aux termes de l'article 2, alinéa 2, de la Convention, la protection assurée par les actes précités dépend uniquement de l'accomplissement, dans le pays d'origine de l'œuvre, des conditions et formalités qui peuvent être prescrites par la législation de ce pays. Il en sera de même pour la protection des œuvres photographiques mentionnées dans le nº 1, lettre B, du Protocole de clôture modifié.

2º Par œuvres *publiées*, il faut entendre les œuvres *éditées* dans un des pays de l'Union. En conséquence, la représentation d'une œuvre dramatique ou dramatico-musicale, l'exécution d'une œuvre musicale, l'exposition d'une œuvre d'art, ne constituent pas une *publication* dans le sens des actes précités.

3° La transformation d'un roman en pièce de théâtre, ou d'une pièce de théâtre en roman, rentre dans les stipulations de l'article 10.

Les pays de l'Union qui n'ont point partitipé à la présente Déclaration seront admis à y accéder en tout temps, sur leur demande. Il en sera de même pour les pays qui accéderont, soit à la Convention du 9 septembre 1886, soit à cette Convention et à l'Acte additionnel du 4 mai 1896. Il suffira, à cet effet, d'une notification adressée par écrit au Conseil fédéral suisse, qui notifiera à son tour cette accession aux autres Gouvernements.

La présente Déclaration aura même valeur et durée que les actes auxquels elle se rapporte.

Elle sera ratifiée et les ratifications en seront échangées à Paris dans la forme adoptée pour ces actes, aussitôt que faire se pourra, et au plus tard dans le délai d'une année.

III

Vœux émis par la Conférence de Paris dans sa séance du 1er mai 1896.

Il est désirable :

I. — Que, dans tous les pays de l'Union, la loi protège les œuvres photographiques ou les œuvres obtenues par des procédés analogues, et que la durée de la protection soit de quinze ans au moins.

II. — Que les législations des pays de l'Union fixent les limites dans lesquelles la prochaine Conférence pourrait adopter le principe que les œuvres musicales publiées doivent être protégées contre l'exécution non autorisée, sans que l'auteur soit astreint à la mention de réserve.

III. — Que les conventions spéciales conclues entre des pays faisant partie de l'Union soient examinées par les Parties contractantes respectives en vue de déterminer les clauses pouvant être considérées comme restées en vigueur conformément à l'article additionnel de la Convention de Berne ; que le résultat de cet examen soit consacré par un acte authentique et porté à la connaissance des pays de l'Union par l'intermédiaire du Bureau international, avant la réunion de la prochaine Conférence.

IV. — Que des dispositions pénales soient insérées dans les législations nationales afin de réprimer l'usurpation des noms, signatures ou autres signes des auteurs d'œuvres littéraires ou artistiques.

V. — Que des délibérations de la prochaine Conférence sorte un texte unique de Convention.

TABLE DES MATIÈRES

Avant-propos.   I
Bibliographie.   III

CHAPITRE I

ÉTUDE THÉORIQUE SUR LE DROIT D'AUTEUR

§ I. — Le droit de l'auteur. Sa légitimité. Son fondement. Sa
      double manifestation   1

§ II. — Nature du droit d'auteur. Ce n'est pas un droit de pro-
      priété. C'est un droit « sui generis ». C'est un droit
      naturel.   11

§ III. — Mode d'exercice du droit pécuniaire. Domaine public
      payant. Monopole d'exploitation.   24

§ IV. — Ce monopole doit-il être perpétuel, ou temporaire ? Diffé-
      rents systèmes   28

§ V. — Œuvres à protéger.   33

§ VI. — Formes diverses de la contrefaçon. Contrefaçon directe, to-
      tale ou partielle ; reproduction ; citation ; droit de tra-
      duction ; droit du traducteur ; droits de représentation
      et d'exécution. Contrefaçon indirecte, appropriation ;
      adaptation. Vente, introduction et exportation des
      œuvres contrefaites.   38

§ VII. — Protection des œuvres étrangères. Systèmes suivis . . .   52

CHAPITRE II

DE LA PROTECTION LÉGALE DES ŒUVRES ÉTRANGÈRES

§ I. — Historique de la protection du droit d'auteur. Les Privilèges.   61

§ II. — Historique de la contrefaçon internationale.   67

§ III. — La protection des œuvres étrangères sous le régime des
Privilèges. 70
§ IV. — La protection des œuvres étrangères en France pendant la
Révolution. Lois des 13-19 janvier 1791 et du
19 juillet 1793. 75
§ V. — Régime du Code civil. 82
§ VI. — Décret du 5 janvier 1810. 85
§ VII. — Décret-loi du 28 mars 1852 91
§ VIII. — Protection des œuvres étrangères en Belgique. Loi du
22 mars 1886. 107
Note. Législation des autres pays. 112

CHAPITRE III

DE LA PROTECTION CONVENTIONNELLE

§ I. — Historique de la protection conventionnelle. 116
§ II. — Conventions signées par la France. Convention franco-espagnole du 16 juin 1880. Etude de la clause de la nation la plus favorisée. 120
§ III. — Convention franco-allemande du 19 avril 1883. . . . 132
§ IV. — Conditions de validité requises en France pour les conventions relatives à la protection des œuvres littéraires et
artistiques. 138

CHAPITRE IV

UNION INTERNATIONALE. CONVENTION DE BERNE DE 1886

§ I. — Nécessité d'une loi internationale. Congrès et Conférences
préparatoires de l'Union. 140
§ II. — Etude de la Convention de Berne. L'Union (art. 1). Les
Unions restreintes (art. 15). Terminologie. . . . 151
§ III. — Principe fondamental de la Convention (art. 2). Restriction
de la loi d'origine relativement à la durée du droit.
Monopole d'exploitation. Caution « judicatum solvi ». 154
§ IV. — Formalités. Détermination du pays d'origine de l'œuvre.
Personnes protégées. Règle de l'article 3. 157
§ V. — Œuvres protégées (art. 4). Protection des œuvres photo-
graphiques (art. 1 du protocole de clôture). 162

§ VI. — Prérogatives reconnues : Droit de traduction (art. 5); Droits de représentation et d'exécution (art. 9). Reproduction sonore mécanique (art. 3 du Protocole de clôture). 166

§ VII. — Articles de journaux (art. 7). Romans. Feuilletons. Chrestomathies (art. 8). 175

§ VIII. — Appropriation indirecte. Adaptation (art. 10). . . . 182

§ IX. — Mesures applicatives : Preuve des formalités (art. 11) ; saisie en douane (art. 12) ; rétroactivité (art. 14 ; art. 4 du Protocole de clôture). 186

§ X — Nature de la Convention d'Union ; analyse de ses dispositions. 193

§ XI. — Signature et accessions. Accession pour les colonies (art. 19) ; Bureau international (art. 16 ; art. 5 du protocole de clôture). 198

§ XII. — Situation juridique d'un auteur unioniste. Combinaison de la Convention de 1886 avec les traités antérieurs (acte additionnel). Revision. 202

APPENDICE : Traité de Montévidéo. 206

CHAPITRE V

RÉVISION DE LA CONVENTION DE BERNE. CONFÉRENCE DE PARIS
(4 MAI 1896.)

§ I. — Forme adoptée pour la revision de la Convention de Berne. 208

§ II. — Réformes accomplies. Propositions et modifications touchant l'article 2. Définition de la publication. 212

§ III. — Protection des auteurs étrangers à l'Union (modification de l'article 3). 219

§ IV. — Œuvres protégées ; architecture, photographie, chorégraphie. Reproduction sonore mécanique. 220

§ V. — Droit de traduction (article 5). 224

§ VI. — Article 7. Garantie des Nouvelles et des Romans-feuilletons. 226

§ VII. — Propositions touchant les articles 9, 10 et 12 ; modification de ce dernier. 229

§ VIII. — Article 4 : rétroactivité. Addition à l'article 4 du protocole de clôture. 231

§ IX. — Vœux émis par la Conférence. 232
§ X. — Adhésions obtenues par l'acte de 1896. 235
§ XI. — Appréciation des travaux de la Conférence de Paris. Con-
      clusion. 236
APPENDICE. Le Décret-loi de 1852 et les conventions ultérieures.
      Traitement actuel en France d'un auteur étranger. . 238
Textes. Convention de Berne de 1886. 243
Textes adoptés par la Conférence de Paris. 259

ADDENDA ET ERRATA

—

Pages V, ligne 26, *au lieu de* : Serriguy, *lisez* : Serrigny.
—   4, — 14,   —   résidu,   —   rendu.
—   9, — 23,   —   précédée, —   précédé.
— 12, note, *ajoutez* : p. 75.
— 15, note 1, *ajoutez* : p. 147.
— 16, ligne 24, *au lieu de* : vous, *lisez* : nous.
— 24, dernière ligne, *au lieu de* : éloignés, *lisez* : éloigné.
— 28,   —   —   portés,   —   porté.
— 32, ligne 16,   —   24,   —   80.
— 45, note 1,   —   Pouillit, — Pouillet.
— 48, — 2, *ajoutez* : p. 182.
— 52, — 1,   —   p. 21.
— 52, ligne 12, *au lieu de* : il, *lisez* : elle.
— 52, — 13,   —   étroit, mesquin, maladroit, *lisez* :
                      étroite, mesquine, maladroite.
— 69, note 1, *ajoutez* : p. 145.
— 70, — 2,   —   p. 114.
— 71, ligne 2,   —   p. 50.
— 71, note   —   p. 214.
— 73, ligne 13, *au lieu de* : 1177   *lisez* : 1777.
— 75, — 4,   —   législative —   constituante, et sup-
                      primez la note 1.
— 77, ligne 18, *au lieu de* : l'article, *lisez* : l'article 1.
— 89, note 2, *ajoutez* : p. 91.
— 103, note 3, *au lieu de* : 42,   *lisez* : 52.
— 185, ligne 25,   —   ici ni,   saisir.
— 209, note 2,   —   Prégarret   Freycinet.
— 263, ligne 5,   —   Romans. Feuilletons, *lisez* : Romans-
                 feuilletons.

www.ingramcontent.com/pod-product-compliance
Lightning Source LLC
LaVergne TN
LVHW050409060726
842524LV00002B/522